Roland Föll

Niederrhein

50 Touren zwischen Rhein und Maas

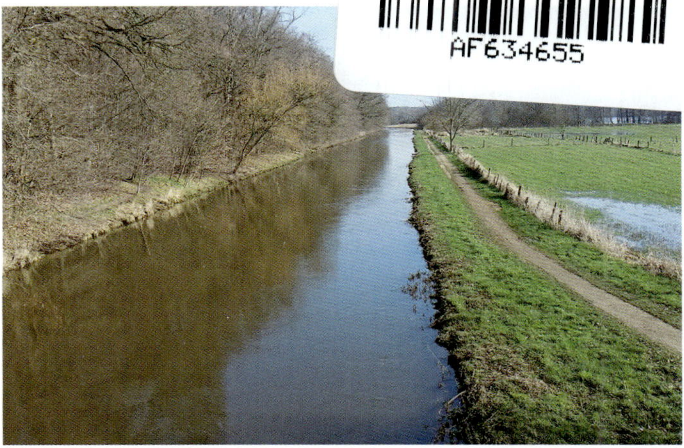

ROTHER
BERGVERLAG

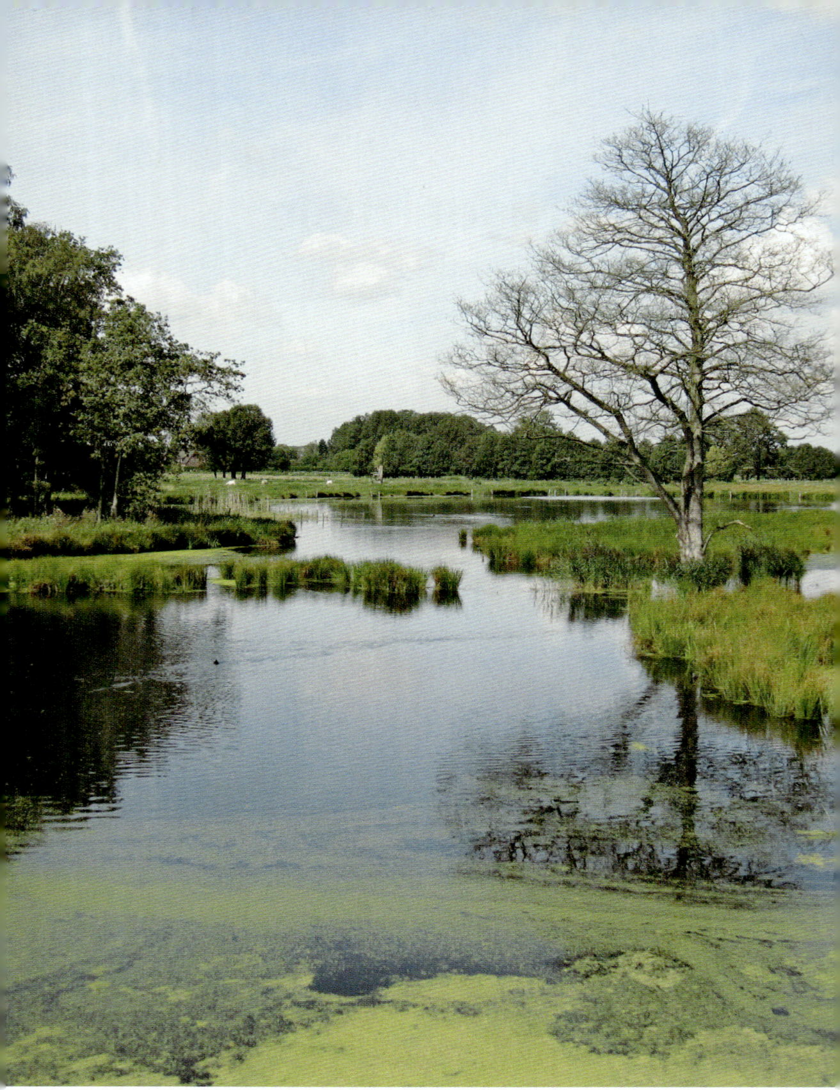

Nettelandschaft bei Leuth (Tour 36).

Vorwort

Freizeit am Niederrhein? Da denkt jeder gleich an Radtouren auf einem bestens ausgebauten Radwegenetz. Freizeit am Niederrhein kann man aber auch hervorragend zu Fuß erleben, genussvoll und ohne größere Steigungen. Zwar begeht man vielfach dieselben Wege, auf denen auch Radfahrer unterwegs sind. Beim Wandern ist das Naturerlebnis aber oft intensiver, weil man sich langsamer fortbewegt und folglich mehr sieht. Außerdem wandert man auch auf Wegen, die man mit dem Fahrrad nicht benutzen kann (oder besser: nicht benutzen sollte).

Über viele Jahre, in denen ich am Niederrhein lebte, habe ich die Landschaft dort per pedes kennen- und schätzen gelernt. Man kann spontane Tagestouren unternehmen und dies kombinieren mit der Besichtigung der so zahlreichen Schlösser oder Burgen. Reizvoll ist unterwegs die Einkehr in den beliebten Bauernhofcafés oder in historischen Gasthöfen. Die typischen Wind- oder Wassermühlen, die Kopfweidenalleen, die Birken- und Kiefernwälder und gemächlich fließende Wasserläufe, aber auch Heide- oder Dünenlandschaften lassen einen die für den Niederrhein typische Ruhe und Gelassenheit in der Landschaft genießen.

Eines der ersten Bilder, das sich mir vom Niederrhein als charakteristisch eingeprägt hat, war diese Weite, die gerade den unteren Niederrhein auszeichnet. Sie wird flankiert von der Lebensader Rhein, der gerade dort schon stattliche Ausmaße besitzt und immer wieder von gewaltigen Brücken überspannt wird. Andererseits beeindrucken auch Landschaften wie der Xantener Altrhein oder der Naturpark Schwalm-Nette und viele andere mehr.

Der Niederrhein ist aber noch vielseitiger. Man denke nur an die vielen historischen Sehenswürdigkeiten wie Schloss Moyland, Schloss Dyck, die Schwanenburg in Kleve, Schloss Anholt oder den Xantener Dom (ich könnte hier endlos weitermachen …), an malerische Stadtkerne wie die von Straelen, Brüggen, Kempen oder Kalkar, aber auch an Stätten moderner Industriekultur wie den Braunkohletagebau in Garzweiler.

Der Niederrhein, das sind Wiesen- und Heidelandschaften, Naturschutzgebiete in ehemaligen Munitionsdepots, Auenlandschaften, Schwarz-Bunt-Vieh, langsam auf dem Rhein tuckernde Binnenschiffe und mittelalterliche Städte, aber auch riesige Spargel- und Gemüsefelder und Streuobstplantagen. All dies gibt es grenzenlos, denn wie oft ist es mir schon passiert, dass ich im Wald nahe der niederländischen Grenze gewandert bin und mich unversehens in einem niederländischen Café wiederfand, ohne etwas von einer »Grenze« bemerkt zu haben.

Ich wünsche Ihnen unbegrenzten Genuss bei Ihren Wanderungen in der Region Niederrhein.

Lüdinghausen, im Frühjahr 2021 — Roland Föll

Inhaltsverzeichnis

Liebe Leserinnen und Leser,

infolge der Corona-Krise können sich Änderungen ergeben haben, die bei Redaktionsschluss noch nicht absehbar waren. Soweit möglich werden wir aktuelle Hinweise unter www.rother.de (beim Buch) zur Verfügung stellen. Bitte informieren Sie sich vor der Wanderung zusätzlich über die derzeitigen Gegebenheiten.
Sollten Sie geänderte Gegebenheiten vor Ort feststellen, freuen wir uns über Korrekturhinweise per E-Mail an leserzuschrift@rother.de.

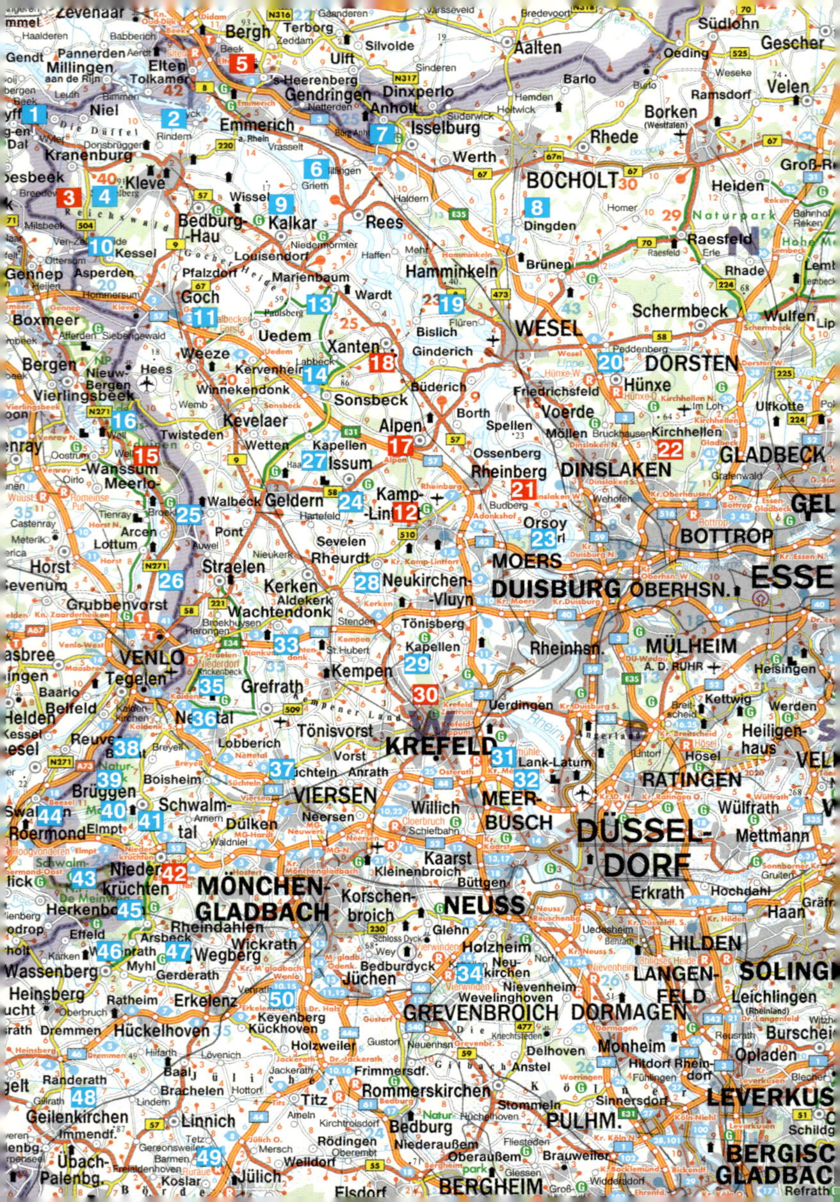

Zevenaar
Bergh
Terborg
Silvolde
Aalten
Südlohn
Gescher
Millingen aan de Rijn
Elten
Tolkamer
Ulft
's-Heerenberg
Gendringen
Dinxperlo
Anholt
Barlo
Oeding
Velen
Borken (Westfalen)
Ramsdorf
Niel
Emmerich
Isselburg
Rhede
Kranenburg
Werth
Groß-Reken
Kleve
Wissel
Kalkar
Rees
BOCHOLT
Heiden
Bedburg-Hau
Dingden
Raesfeld
Kessel
Louisendorf
Gennep
Asperden
Pfalzdorf
Marienbaum
Hamminkeln
Brünen
Rhade
Goch
Wardt
Boxmeer
Uedem
Xanten
Bislich
WESEL
Schermbeck
Wulfen
Ginderich
Weeze
Bergen
Hees
Kervenheim
Büderich
DORSTEN
Hünxe
Vierlingsbeek
Winnekendonk
Sonsbeck
Friedrichsfeld
Voerde
Ulfkotte
Kevelaer
Alpen
Borth
Spellen
Möllen
Kirchhellen
Twisteden
Wetten
Kapellen
Issum
Ossenberg
GLADBECK
Wanssum
Meerlo
Rheinberg
DINSLAKEN
Walbeck
Geldern
Kamp-Lintfort
Orsoy
Arcen
Lottum
Pont
Sevelen
Rheurdt
BOTTROP
Horst
Straelen
MOERS
DUISBURG
OBERHSN.
ESSEN
Kerken
Aldekerk
Neukirchen-Vluyn
Grubbenvorst
Wachtendonk
Tönisberg
VENLO
Tegelen
Kapellen
Rheinhsn.
MÜLHEIM A. D. RUHR
Grefrath
Kempen
Heisingen
Baarlo
Belfeld
Nettetal
Uerdingen
Kettwig
Werden
Tönisvorst
Vorst
KREFELD
Heiligenhaus
Reuver
Lobberich
Anrath
Lank-Latum
RATINGEN
Boisheim
VIERSEN
Willich
MEER-BUSCH
Brüggen
Schwalmtal
Dülken
Neersen
Wülfrath
Roermond
Elmpt
DÜSSEL-DORF
Mettmann
Niederkrüchten
MÖNCHEN-GLADBACH
Kaarst
Kleinenbroich
Korschenbroich
Büttgen
NEUSS
Erkrath
Hochdahl
Haan
Herkenbosch
Rheindahlen
Glehn
HILDEN
Effeld
Arsbeck
Wickrath
Holzheim
Wassenberg
Wegberg
Jüchen
Bedburdyck
Neukirchen
Nievenheim
LANGEN-FELD
SOLINGEN
Heinsberg
Ratheim
Erkelenz
Wevelinghoven
GREVENBROICH
DORMAGEN
Leichlingen
Dremmen
Hückelhoven
Keyenberg
Kückhoven
Monheim
Burscheid
Opladen
Holzweiler
Delhoven
Frimmersdf.
Anstel
Baal
Hitdorf
Rheindorf
Randerath
Brachelen
Rommerskirchen
LEVERKUSEN
Geilenkirchen
Linnich
Titz
Stommeln
Sinnersdorf
PULHEIM
Bedburg
Übach-Palenberg
Rödingen
Niederaußem
Oberaußem
Brauweiler
BERGISCH GLADBACH
Welldorf
Jülich
Elsdorf
BERGHEIM
Refrath

Der Umwelt zuliebe ...

Auch als Wanderer hinterlassen wir einen ökologischen Fußabdruck, aber im Einklang mit der Natur unterwegs zu sein, ist gar nicht so schwer!

VORBEREITUNG UND ANFAHRT

- Sich vorab informieren, worauf in Bezug auf Natur und Umwelt in der jeweiligen Wanderregion besonders zu achten ist.
- Soweit möglich mit Bus und Bahn anreisen, Wander- und Rufbusse nutzen.
- Ist eine Anfahrt mit dem Auto nötig, Fahrgemeinschaften bilden.
- Bei weiten Anfahrten Mehrtagestouren planen oder von einem Quartier vor Ort aus mehrere Touren absolvieren.
- Flugreisen möglichst reduzieren und durch Beiträge zu Klimaschutzprojekten kompensieren.

KLEIDUNG UND AUSRÜSTUNG

- Beim Kauf von Outdoor-Kleidung auf umweltfreundliche und faire Herstellung achten und Kleidungsstücke möglichst viele Jahre nutzen.
- Ausrüstung kann man eventuell auch gebraucht kaufen oder ausleihen.
- Reparieren statt neu kaufen.

VERPFLEGUNG

- Beim Einkauf Bio-Ware, regionale und saisonale Erzeugnisse bevorzugen.
- Hütten und Gasthäuser auswählen, die regionale Produkte verwenden.
- Auf Einwegflaschen und Plastikverpackungen verzichten, stattdessen wiederverwendbare Trinkflaschen und Brotzeitboxen verwenden.

ÜBERNACHTUNG

- Bei lokalen Anbietern buchen, damit Menschen vor Ort profitieren.
- Auf Hütten und in anderen Unterkünften Strom und Wasser sparen.

UNTERWEGS

- Wege benutzen und Abkürzer vermeiden.
- Sperrungen von Wegen und Schutzgebieten respektieren.
- Keine Blumen pflücken und keine Pflanzen entnehmen.
- Waldbrandgefahr beachten.
- Müll wieder mit nach Hause nehmen und dort entsorgen.
- Toilettengänge in freier Natur möglichst vermeiden.
- Lärm vermeiden.
- Hunde an die Leine nehmen.

ROTHER
BERGVERLAG

Allgemeine Hinweise

Anforderungen

Generell sind die Wege am Niederrhein nicht sonderlich anspruchsvoll, sondern größtenteils befestigt und ohne wesentliche Höhenunterschiede, weshalb hier auf Angaben zu Anstiegen verzichtet wurde. Lediglich bezüglich ihrer Länge bildet sich hier ein Unterscheidungsmerkmal. Außerdem spielt bei der Kategorisierung zum Beispiel eine unübersichtliche Wegführung oder eine schlechte oder fehlende Wegmarkierung eine Rolle, weshalb die Tournummern blau oder rot markiert wurden.

Leicht Diese Touren verlaufen auf einfach begehbaren und gut markierten Wegen. Außerdem sind diese Wanderunge nicht allzu lang und mit einer Gehzeit von bis zu vier Stunden gut machbar.

Mittel Diese Touren erfordern mit eine Gehzeit über vier Stunden ein bisschen mehr Kondition und sind manchmal etwas unübersichtlich oder auch bei schlechter Witterung schwieriger zu begehen.

Die Quelle der Niers in Kuckum (Tour 50). Nach 110 Kilometern durch schönes Wald- und Grasland mündet der ruhige Fluss in die Maas.

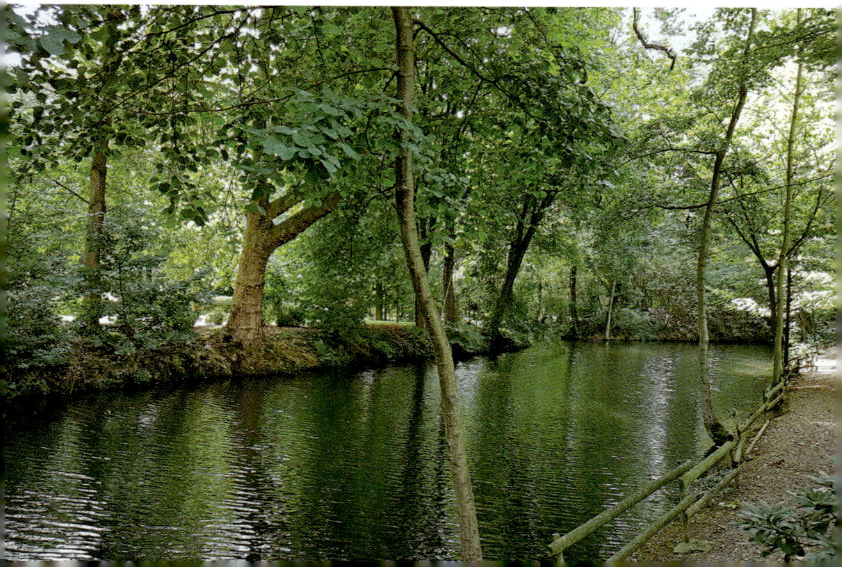

Symbole

	mit Bahn/Bus erreichbar		Aussichtsplatz
	Einkehrmöglichkeit unterwegs		Picknickplatz
	für Kinder geeignet		Kirche, Kapelle, Kloster
			Burg, Schloss, Ruine
	Ort mit Einkehrmöglichkeit		Turm, Aussichtsturm
	Einkehrmöglichkeit		Windmühle
	Schutzhaus, Unterstand		Wassermühle
	Forst-, Privathaus/-hütte		Denkmal, Gedenkstätte
P	eingerichteter Parkplatz		archäologische Stätte,
	Bahnhof		Naturdenkmal
	Fähr-/Bootsanlegestelle		Wegverzweigung
	Brücke, Steg		Wegkreuzung

Gehzeiten und Höhenunterschiede

Die angegebenen Gehzeiten verstehen sich ohne Pausen für zum Beispiel eine Einkehr oder für Besichtigungen. Als Grundlage dient eine durchschnittliche Gehgeschwindigkeit von etwa vier Kilometern pro Stunde. Da es am Niederrhein keine nennenswerten Anstiege gibt, spielen auch dadurch hervorgerufene Gehzeitverlängerungen keine Rolle.
Bei den in der Kurzinfo angegebenen Höhenunterschieden, die sich überwiegend im zweistelligen Bereich bewegen, handelt es sich um die Summe aller An- und Abstiege im Tourenverlauf.

Anfahrt

In der Kurzinfo jeder Tour ist beim Ausgangspunkt eine Anfahrtsbeschreibung im Telegrammstil sowie zur schnelleren Orientierung der Startort zur Eingabe ins Navigationsgerät enthalten. Viele Ausgangspunkte sind auch mit öffentlichen Verkehrsmitteln erreichbar, was sowohl in der Kurzinfo beschrieben als auch mit einem Symbol im Tourenkopf gekennzeichnet ist.

Ausrüstung

Dass man für Wanderungen am Niederrhein festes Wanderschuhwerk und – für den Fall der Fälle – auch regenfeste Kleidung benötigt, dürfte für jeden selbstverständlich sein. Im Sommer, beziehungsweise an heißen und sonnigen Tagen sollte man unbedingt an Sonnenschutz und eine Flasche Wasser zusätzlich denken, die man dann im Rucksack griffbereit hat. In diesen gehören neben etwas Proviant auch ein paar Plastikbeutel für den evtl. unterwegs anfallenden Müll.

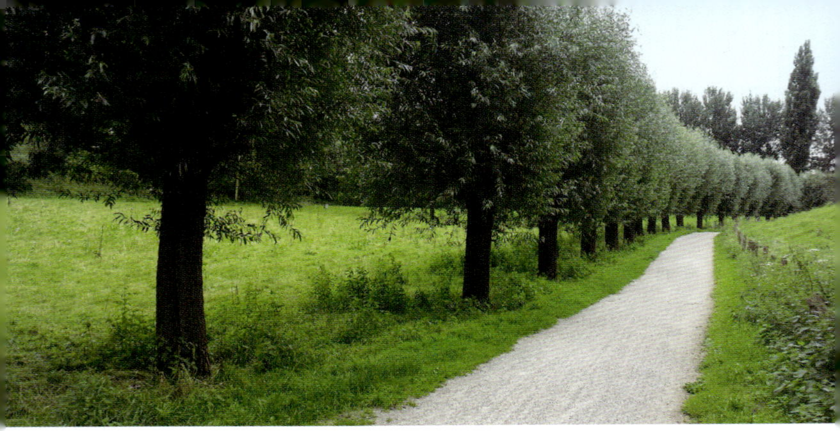

Kopfweiden bei Kalkar (Tour 9).

Orientierung und Karten

Nahezu alle ausgewählten Wege sind markiert mit den Wegzeichen, die vom Verein Niederrhein e.V. angebracht werden (siehe S. 15). In Ausnahmefällen kann man auch die Markierungen der Radwege zur Orientierung heranziehen. Das Wegezeichen-System am Niederrhein folgt jenem des Sauerländischen Gebirgsvereins; Übersicht: www.sgv.de/wegezeichen.html.
Ergänzend zu den jeweiligen Tourenkarten dieses Wanderführers im Maßstab 1:50.000 empfiehlt sich zum Überblick die Mitnahme einer Wanderkarte, die auch über Alternativwege Auskunft geben kann, wenn etwa die geplante Route nicht begehbar ist. Kartenempfehlungen sind in der Kurzinfo zu jeder Tour angegeben.

GPS-Tracks und Koordinaten der Ausgangspunkte

Zu diesem Wanderführer stehen auf www.rother.de GPS-Tracks und Koordinaten der Ausgangspunkte zum kostenlosen Download bereit.
3. Auflage, Passwort: 446903nrh
Sämtliche GPS-Daten wurden vom der Autor im Gelände erfasst. Verlag und Autor haben die Tracks und Wegpunkte nach bestem Wissen und Gewissen überprüft. Dennoch können wir Fehler oder Abweichungen nicht ausschließen, außerdem können sich die Gegebenheiten vor Ort zwischenzeitlich verändert haben. GPS-Daten sind zwar eine hervorragende Planungs- und Navigationshilfe, erfordern aber nach wie vor sorgfältige Vorbereitung, eigene Orientierungsfähigkeit sowie Sachverstand in der Beurteilung der jeweiligen (Gelände-)Situation. Man sollte sich für die Orientierung auch niemals ausschließlich auf GPS-Gerät und -Daten verlassen.

Beste Jahreszeit und Wegezustand

Das Klima am Niederrhein ist so, wie es für flache Regionen Mitteleuropas eigentlich typisch ist: in der Regel eher milde, oft auch feuchte Witterung, die sich im Sommer mal mit Hitze, im Winter mit feuchtkaltem, nebligem, aber schneearmem Wetter zeigt.

Da viele Wege am Niederrhein für die Benutzung mit dem Fahrrad eingerichtet sind, ist der Untergrund, wenn nicht asphaltiert, dann doch oft befestigt. Pfade oder schmale Wege mit witterungsbedingt schlechtem Untergrund sind also eher die Ausnahme. Was jedoch gerade am Niederrhein in jüngerer Zeit öfter anzutreffen ist, sind überschwemmte Wege, die nicht so viel über dem Wasserspiegel von Flüssen oder Seen liegen und zum Beispiel nach Unwettern in Mitleidenschaft gezogen werden.

Wandern mit Kindern

Ob eine Wanderung kindergeeignet ist, ist natürlich von der individuellen Konstitution und Motivation des Nachwuchses abhängig. Die Touren mit entsprechendem Symbol im Tourenkopf wurden so ausgewählt, dass sie in der Regel nicht zu lang sind. Zudem wurde darauf geachtet, dass während oder nach der Wanderung Einrichtungen zur Verfügung stehen, die Kindern zur Unterhaltung dienen, wie zum Beispiel Freizeitparks oder -bäder, Klettergärten oder -wälder, Wildparks etc.

Einkehr

Bei der Mehrzahl der Wanderungen gibt es unterwegs Einkehrmöglichkeiten. Darauf weist ebenfalls ein Symbol im Tourenkopf hin, in der Kurzinfo finden sich wesentliche Angaben zu Öffnungszeiten und ggf. eine Website oder Telefonnummer.

Auf dem Weg zur Dalheimer Mühle (Tour 45).

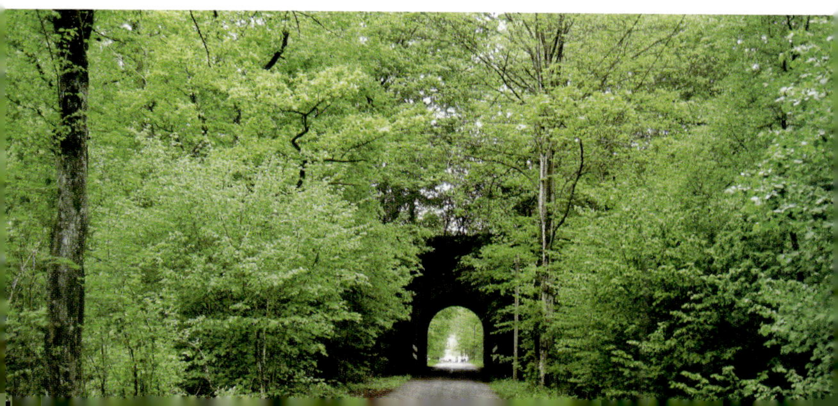

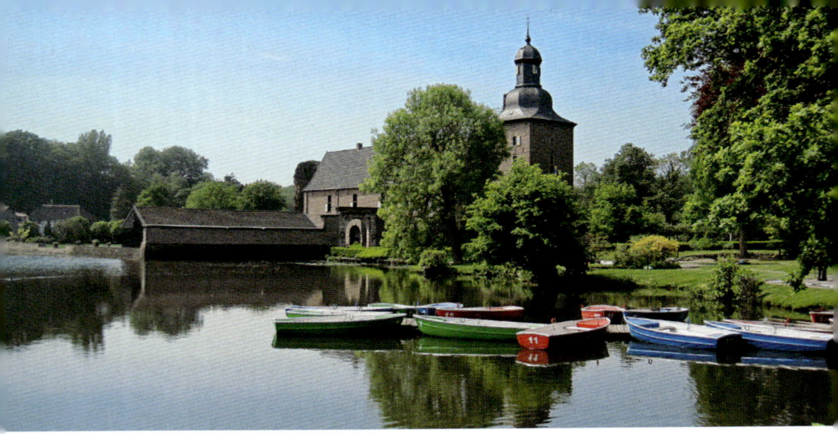

Wasserschlösser wie Tüschenbroich (Tour 47) sind eine Niederrhein-Attraktion.

Top-Touren am Niederrhein

Der Duivelsberg und die Düffel

Ausblicke auf niederländische Landschaft in Deutschland und das Winterquartier der sibirischen Gänse (Tour 1, 3.00 Std.).

Entlang der Niers von Weeze nach Goch

Idyllische Wanderung an einem der typischsten Abschnitte der Niers (Tour 11, 3.30 Std).

Durch die Bosscherheide

Rund um den See Reindersmeer durch schönste Heidelandschaft in den Maasduinen (Tour 16, 3.00 Std.).

Durch die Kirchheller Heide

Feuchtbiotope und sandige Heidelandschaft am Übergang zum Münsterland (Tour 22, 3.30 Std.).

An Rhein und Ilvericher Bruch

Idyllische Auenlandschaft vor dem Hintergrund lebendigen Schiffs-, Flug- und Straßenverkehrs. Ein Spiegelbild von Nordrhein-Westfalen auf engstem Raum (Tour 32, 3.30 Std.).

Durch die Nettetaler Seenplatte

Natur pur und typische niederrheinische Kulturlandschaft am Hinsbecker Bruch und am Nettebruch (Tour 36, 4.00 Std.).

Vom Galgenvenn zum Weißen Stein

Durch beeindruckende Mammut- und Maronenwälder und zu historischen Gerichtsplätzen (Tour 38, 3.30 Std.).

Das Naturschutzgebiet Brachter Wald

Wanderung durch ein sich entwickelndes Naturparadies auf dem ehemaligen britischen Truppenübungsplatz (Tour 39, 4.00 Std.).

Schwalmtaler Mühlentour

Romantische Tour im »Tal der Mühlen«, vorbei an historischen Wassermühlen am Schwalmbruch zwischen Rickelrath und Niederkrüchten (Tour 42, 4.00 Std.).

Rund um Wegberg

Ein malerisches Wasserschloss, viele Mühlen und ein Flachsmuseum als idealtypische Landschaft des mittleren Niederrheins (Tour 47, 3.30 Std.).

Genusswandern

Wie schon im Vorwort angesprochen, ist der Niederrhein in erster Linie als Radparadies bekannt, und viele der im vorliegenden Wanderführer empfohlenen Wege werden auch als Radwege genutzt. Doch, auch wenn es sehr reizvoll ist, Landschaften mit dem Rad zu erfahren, so hat es entscheidende Vorteile, wenn man die Natur beim Wandern erfährt. Denn zum einen ist das Wandern intensiver, weil man langsamer unterwegs ist und so mehr Zeit zum Kennenlernen hat. Zum anderen gibt es immer Wege, die man nur zu Fuß erwandern kann und sollte, weil man so noch naturschonender unterwegs ist. Zu guter Letzt hält das Wandern als die ursprüngliche Art, sich fortzubewegen, den Kopf frei und stärkt so Körper und Geist gleichermaßen.

Landschaftsbild und Ökosystem

Der Niederrhein ist geografisch oft nicht so einfach abzugrenzen, wenn man die westliche, natürliche Grenze zur Maas einmal ausklammert. Im Norden bildet der Rhein die natürliche Grenze, wobei dies im Nordosten und Osten schon nicht mehr so klar ist. Denn dort ist die Grenze zum Münsterland eher fließend, während weiter südlich wieder der Rhein die Ostgrenze darstellt. Nach Süden wiederum haben wir wieder einen eher sanften Übergang in die Voreifel. Generell aber prägt ganz überwiegend der Rhein mit seinen wichtigen Nebenflüssen wie der Niers, der Erft und der Lippe die Region.
Geformt ist die niederrheinische Landschaft schließlich auch durch die Eiszeit, was man sehr oft an den zahlreichen Seen, Heide- und Dünenlandschaften, aber auch an den sanften Höhenzügen wie den Süchtelner Höhen, den Schaephuysener Höhen oder auch der Bönninghardt feststellen kann.
Lange Zeit war der Niederrhein eine eher monoton erscheinende Region, bestimmten doch die endlosen Wiesen- und Weidelandschaften mit den obligatorischen schwarzbunten Rinderherden im mittleren und nördlichen Bereich, der Braunkohletagebau im südlichen Bereich die Landschaft.
In jüngerer Zeit ist jedoch ein deutlicher Zuwachs an Naturschutzgebieten zu verzeichnen, ebenso an Flächen und Gebieten, in denen Flüsse renaturiert werden, Auenlandschaften und natürliche Flussläufe entstehen. Durch diese

In den Auen der Bislicher Insel bei Xanten sind zahlreiche Vogelarten heimisch.

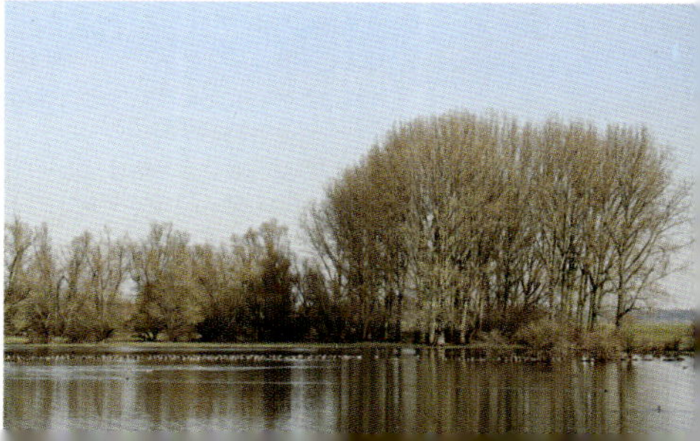

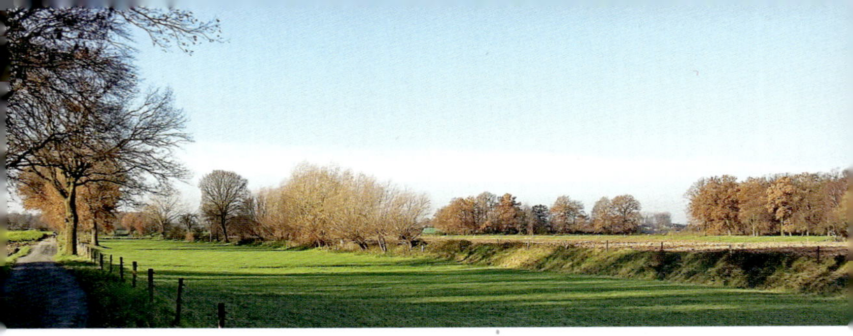

Wallanlage der Fossa Eugeniana beim Dachsberg (Tour 12).

Entwicklung ist die Region zu einem wahren Vogelparadies geworden. Dabei sollte man nicht nur an die Tausenden überwinternden Gänse diverser Arten denken, sondern auch an die vielen Vogelarten, die nach langer Zeit wieder an den Niederrhein zurückgekehrt sind, wie der Storch oder der Eisvogel – um hier nur zwei Beispiele zu nennen. Nicht vergessen sollte man auch Tierarten, die wieder am Niederrhein anzutreffen sind, wie der Lachs (Salm), der allmählich hier wieder heimisch wird.

Historische Aspekte des Niederrheins

Die Geschichte des Niederrheins prägten zu einem bedeutenden Teil die Römer, die sich ab 50 v. Chr. am Niederrhein ansiedelten und großen Einfluss auf Kultur und Wirtschaft hinterließen. Sie errichteten Kastelle, die sich später zu Siedlungen entwickelten, wie zum Beispiel Xanten oder Neuss, außerdem Straßen und Wasserleitungen. Im Mittelalter waren Grafen und Adlige sowie auch die Kirche verantwortlich für den Bau vieler Burgen, Kirchen und Schlösser sowie von Parks und Gartenanlagen, die heute noch das Bild des Niederrheins prägen.

Größeren Einfluss auf die Region hatte auch der Achtzigjährige Krieg zwischen Spanien und den Niederlanden, der Ende des 16. Jahrhunderts begann und gerade am unteren Niederrhein zum Beispiel durch den Nordkanal, die Fossa Eugeniana und die vielen Schanzen Zeugnisse hinterließ.

In der jüngeren Geschichte hat der Zweite Weltkrieg verheerende Spuren zum Beispiel in Städten wie Wesel hinterlassen, das völlig zerstört wurde. Auch Kleve, Emmerich oder Krefeld waren schwer von Kriegsschäden gezeichnet.

Seit Ende der 1970er-Jahre sind die Niederrheinischen Gemeinden und Kreise Mitglieder in der Euregio Rhein-Maas Nord bzw. der Euregio Rhein-Waal zur grenzüberschreitenden Zusammenarbeit im sozioökonomischen, kulturellen, ökologischen und anderen Bereichen – ein wichtiges Instrument bei der europäischen Integration.

Hauptwanderwege

Für die Anlage und Pflege der Wanderwege hat der Verein Niederrhein e.V. in Krefeld (www.verein-niederrhein.org) das alleinige Unterhaltsrecht. Dazu gehört zum einen der auf den Niederrhein entfallende Teil des **Fernwanderwegs E8**, der linksrheinisch von Kranenburg bis Aachen verläuft.

Zum anderen zählen hierzu die mit dem Andreaskreuz »X« und entsprechender Nummerierung bezeichneten **Hauptwanderwege**, die folgendermaßen unterteilt sind:

- X1 Kleve – Aachen
- X2 Kleve – Düren
- X3 Dormagen (Zons) – Nettetal (Hombergen)
- X4 Krefeld (Uerdingen) – Brüggen (Dilborn)
- X5 Meerbusch (Langst-Kierst) – Goch
- X6 Xanten – Nettetal (Hinsbeck)
- X7 Wyler – Kranenburg – Reichswald – Griethausen – Niel
- X8 Kerpen (Horrem) – Wassenberg
- X8A Jülich – Langerwehe
- X9 Krefeld – Nettetal (Kaldenkirchen)
- X10 Krefeld – Wassenberg
- X11 Krefeld – Straelen
- X12 Rheinberg (Orsoy) – Nettetal (Hinsbeck)
- X13 Kalkar – Weeze – Kevelaer – Straelen – Geldern – Xanten

Im Naturpark Maas-Schwalm-Nette, dem Bereich des mittleren Niederrheins und der benachbarten niederländischen Region entstanden in den letzten Jahren unter dem Begriff **WasserWanderWelt** sogenannte **Premiumwanderwege**, von denen es bisher neun gibt:

- W1 Schwalmbruch
- W2 Galgenvenn
- W3 Zwei-Seen-Runde (Borner See – Hariksee)
- W4 Meinvennen
- W5 Birgeler Urwald
- W6 Rode Beek
- W7 Het Leudal
- W8 Molenplas
- W9 Netteseen

Für den Bereich der Niederlande, die mit den weiß-rot markierten **Lange-Afstand-Wandelpaden** (LAWs = Fernwanderwege) und den gelb-rot markierten **Streekpaden** (SPs, Rundwanderungen) landesweit abgedeckt sind, entfallen auf das Gebiet des Niederrheins folgende:

- LAW 6 Grote Rivierenpad (Hoek van Holland – Kleve)
- LAW 9-2 Pieterpad Deel 2 (Vorden – Sint Pietersberg bei Maastricht)
- SP 3 Streekpad Nijmegen
- SP 10 Maas-Niederrheinpad

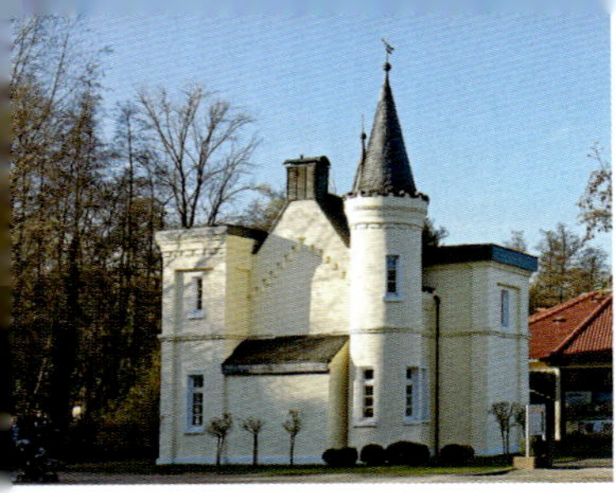

Das Restaurant Inselschlösschen am Hariksee.

Freizeit und Gastronomie

Über Wander- und Fahrradrouten hinaus ist das Freizeitangebot am Niederrhein sehr vielfältig und schließt Infrastruktur ein wie Freizeitparks, Parks und Schlossanlagen, Badeseen, Boots- und Kanuverleih an Seen und Flüssen oder auch Kletterparks und Reiterhöfe. Hinzu kommen die Schiffsreiseangebote auf dem Rhein. Kulinarisch ragen außer den zahllosen Ausflugslokalen und Gasthöfen die immer weiter verbreiteten Bauernhofcafés heraus, die von den ansässigen Bauernfamilien betrieben werden. Umfassende Informationen und Adressen dazu findet man auf der Website der Niederrhein Tourismus GmbH: www.niederrhein-tourismus.de.

Literatur

Niederrhein-Reiseführer gibt es im Handel einige, die je nach Umfang zwischen 8,90 € und 22,90 € kosten. Drei persönliche Empfehlungen:

- »111 Orte am Niederrhein, die man gesehen haben muss« von Peter Eickhoff (Emons Verlag 2018, 16,95 €) – mit ausgewählten, typischen Plätzen.
- »Faszination Niederrhein« von Georg Verbücheln und Klaus van de Weyer (Mercator Verlag 2013, 19,90 €) – ein Naturführer zur Region.
- »Sagen und Legenden vom Niederrhein« von Tilman Röhrig (Regionalia Verlag 2020, 9,95 €) – die schönsten Mythen vom Niederrhein neu erzählt.

Wichtige Telefonnummern und Adressen

Notruf

Tel. 112: Zentrale EU-Notrufnummer für Polizei, Rettungsdienst, Feuerwehr

Touristische Informationen

Niederrhein Tourismus, Willy-Brandt-Ring 13, 41747 Viersen, Tel.+49 2162 817903, www.niederrhein-tourismus.de

Tourismus NRW, Völklinger Str. 4, 40219 Düsseldorf, Tel. +49 211 91320-500, www.nrw-tourismus.de

Tourismusbüro Limburg (NL), www.limburgtourismus.de (für die niederländische Seite der Grenzregion)

Vor Ort informieren die lokalen Tourismusbüros, Verkehrsvereine etc.

Öffentliche Verkehrsmittel

Verkehrsverbund Rhein-Ruhr (VRR), Tel. 0180 6 504030, www.vrr.de

Niederrheinische Verkehrsbetriebe (NIAG), Tel. 0180 6 504030, www.niag-online.de (für den nördlichen Niederrhein)

Aachener Verkehrsverbund, Tel. 0180 6 504030, www.avv.de (für den südlichen Niederrhein)

Deutsche Bahn (DB), Tel. 0180 6 996633, www.bahn.de

Im Naturschutzgebiet Reichswald südwestlich von Kleve (Tour 12).

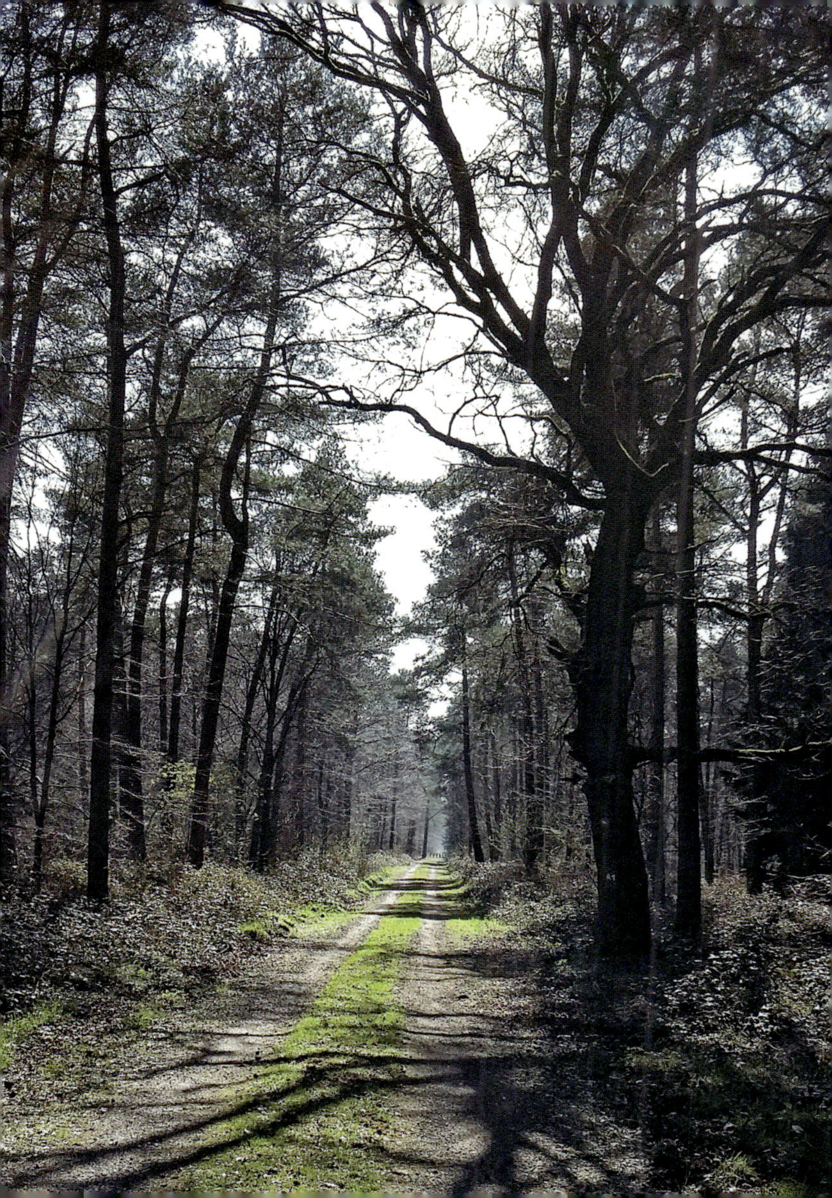

TOP **1**

Der Duivelsberg und die Düffel

3.00 Std.

Ein Stück Niederlande am Niederrhein

Das Naturschutzgebiet »Die Düffel« steht für die Weite, für endlose Weiden mit grasendem Schwarzbuntvieh, Kopfweiden, schilfgesäumte Gräben und Pappelalleen. Spätestens im Herbst kommt dann Leben in diese Weiten, wenn zahlreiche Gänsearten in dieser Region überwintern.

Ausgangspunkt: Wyler, Parkplatz bei der Kirche (Navi: Wyler / Am Treppchen). Anfahrt über A57, Ausfahrt Kleve, dann B504 Richtung Kranenburg. Bus 59 ab Bahnhof Kleve bis Kranenburg-Wyler Hauptstraße.
Höhenunterschied: 100 m.
Länge: 10,2 km.
Anforderungen: Rundwanderung mit anfangs leichten An- und Abstiegen.
Einkehr: Pannenkoekenrestaurant De Duivelsberg, Tel. +31 24 6841439, www.duivelsberg.nl, April–Okt. tgl. geöffnet, Nov.–März Mo. Ruhetag; Gaststätte Haus Polm, Kirchstr. 7, Zyfflich, Tel. +49 2826 350, geöffnet ab 17 Uhr, Mi. Ruhetag; Restaurant Rütten Verhoeven, Krumme Str. 5, Wyler, Tel. +49 2826 1225.
Karte: Outdoorkarte 1:50 000 Blatt 61 »Niederrhein – Kleve – Wesel« (Kümmerly + Frey).

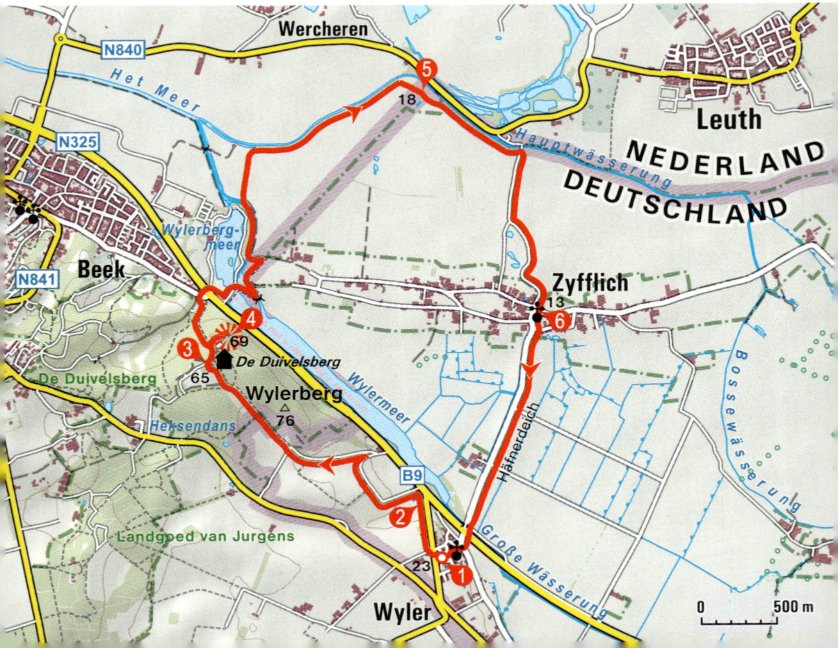

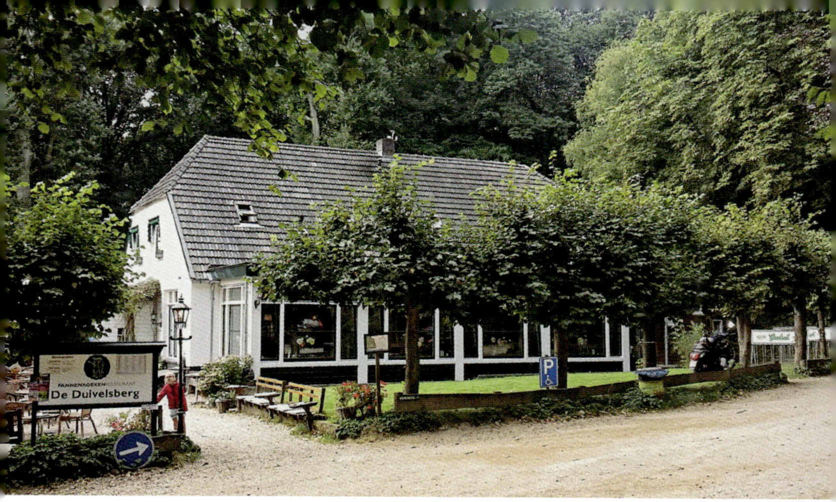

Das Pannenkoekenrestaurant De Duivelsberg serviert die traditionellen niederländischen Pfannkuchen.

In **Wyler** gehen wir von der **Kirche (1)** in Richtung der B9, biegen aber kurz vorher hinter der **Haltestelle Hauptstraße (2)** links ab in die Straße Vogelsang, die uns ansteigend zu einer Anhöhe bringt. Von dieser haben wir einen schönen Blick über die Düffel. Nach einem kurzen Stück bergab wechseln wir wieder nach links in einen Hohlweg und in einer Linkskurve in einen Pfad, der mit einem rot-weißen Pfosten markiert ist.
Dieser Pfad geht dann in eine geschotterte Straße über, die bergauf führt und auf der wir bald das **Pannenkoekenrestaurant De Duivelsberg (3)** sehen. Den **Duivelsberg** erreichen wir über Treppen, der Berg selbst ist aber nicht so spektakulär, weil die Bäume rundherum Ausblicke verhindern. Viel interessanter ist der **Aussichtspunkt (4)** in der Nähe.
Nun wandern wir das kleine Stück zum Duivelsberg zurück, biegen aber davor auf den mit einem grünen Pfosten markierten Weg rechts ab und setzen unseren Weg bergab fort bis zur B9. Dort gehen wir zunächst rechts bis zur Abbiegung zum Wylerbergmeer, halten uns aber rechts auf dem Weg, der um den kleinen See herumführt und rot-weiß mit dem Zeichen des »Pieterpads« markiert ist. Dann nehmen wir die zweite Abzweigung rechts bis zur asphaltierten querenden Straße.

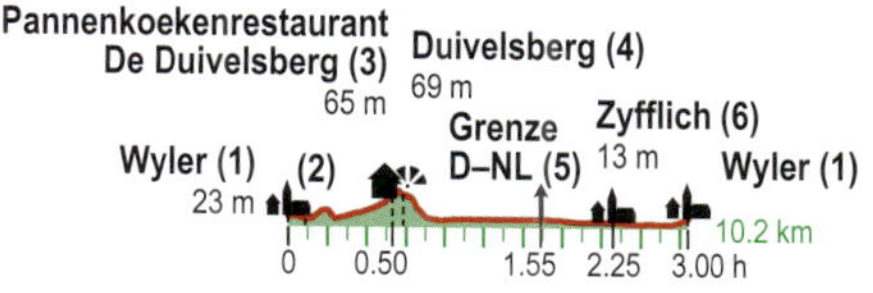

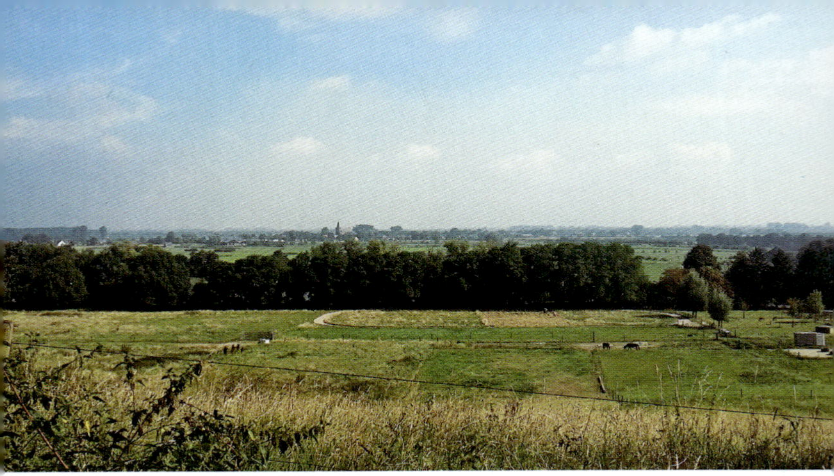

Weitblick vom Aussichtspunkt am Duivelsberg.

Hier halten wir uns links und nähern uns wieder dem Wylerbergmeer, dabei kommen wir abermals auf niederländisches Gebiet. Wir gehen rechts am Wylerbergmeer entlang, bis dieser Weg nach rechts abzweigt und am **Kanal Het Meer** nach rechts weiterverläuft. An diesem entlang kommen wir zu einer Brücke, an der wir nach rechts vorbeigehen und wieder die **Landesgrenze (5)** überschreiten.
Wir sind nun auf dem Mosterdeich, folgen diesem bis zur Abbiegung nach rechts und nähern uns **Zyfflich (6)**. Hier finden wir eine Einkehrmöglichkeit in der **Gaststätte Haus Polm.** Von Zyfflich nehmen wir den Häfnerdeich, um zurück nach Wyler zu kommen. Die Straße war lange bekannt für seine malerische Allee aus Pappeln, die allerdings leider vor ein paar Jahren beseitigt wurden. Stattdessen finden wir nun nur junge Bäume vor.
Auf dem Häfnerdeich weiter südwärts erreichen wir wieder **Wyler** und den Parkplatz bei der **Kirche (1)**, unseren Ausgangspunkt.

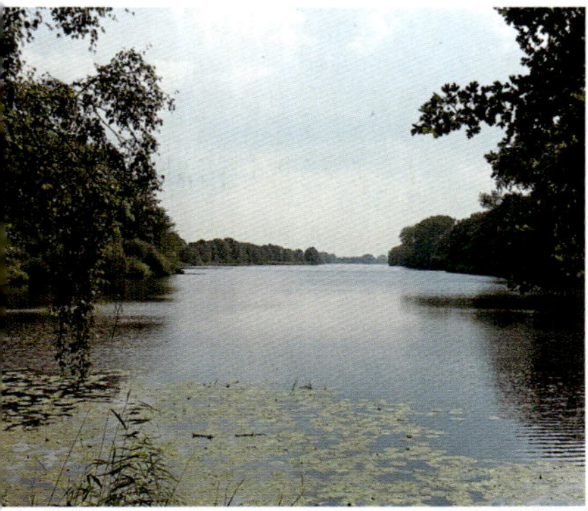

Das grenznahe Wylerbergmeer ist ein beliebtes Ziel von Naherholern.

3.00 Std.

Salmorth und Schenkenschanz 2

Mal deutsch, mal niederländisch

Das Naturschutzgebiet Salmorth ist ein Paradies für Vögel, die überwintern oder auf der Durchreise Pause machen. Der Name Salmorth erinnert an die Zeit, als hier noch Lachse (Salme) gefangen wurden. Mittendrin steht Schenkenschanz, eine Festung mit Deichen gegen das Hochwasser, früher ein umkämpftes Bollwerk, das bis 1815 noch zu den Niederlanden gehörte.

Ausgangspunkt: Griethausen, Rheintor (Navi: Griethausen / Rheinstraße, Rheintor). Anfahrt auf der A3, Ausfahrt Emmerich, dann Richtung Emmerich und Griethausen; dort Parkplatz am Rheintor. Bus Linie 50 ab Kleve Van-de-Bergh-Straße (Bahnhofsnähe) bis Griethausen Ortsmitte.
Höhenunterschied: 30 m.
Länge: 11,7 km.
Anforderungen: Einfache Rundwanderung auf überwiegend asphaltierten Wegen.
Einkehr: Café Schanz in Schenkenschanz, geöffnet für Gruppen nach Anmeldung unter Tel. +49 2821 3438, www.heimatverein-schenkenschanz.de; Zum Johanna-Sebus-Denkmal, Johanna-Sebus-Str. 50, Wardhausen, Tel. +49 2821 7156273, www.johannasebusdenkmal.de, April–Sept. tgl., Okt.–März nur Do.–So.; Dorfkneipe Zum Wolf, Postdeich 200, Griethausen, Tel. +49 2821 93738, www.zumwolf.de, Mo./Di. Ruhetag (liegt etwas abseits im südlichen Ortsteil von Griethausen).
Karte: Outdoorkarte 1:50 000 Blatt 61 »Niederrhein – Kleve – Wesel« (Kümmerly + Frey).
Hinweis: Der Fährbetrieb Düffelward – Schenkenschanz wurde 2016 eingestellt. Von Ostern bis Ende Okt. existiert jedoch ein Übersetzboot, das an Wochenenden und Feiertagen mit evtl. folgendem Brückentag in Betrieb ist (kostenlos, nach Bedarf und auf Zuruf), Infos: www.heimatverein-schenkenschanz.de.

Die historische Eisenbahnbrücke in Griethausen überspannt seit 1865 den Rhein.

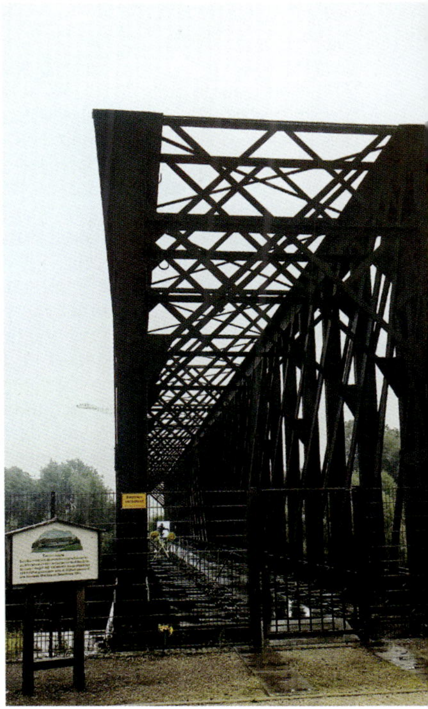

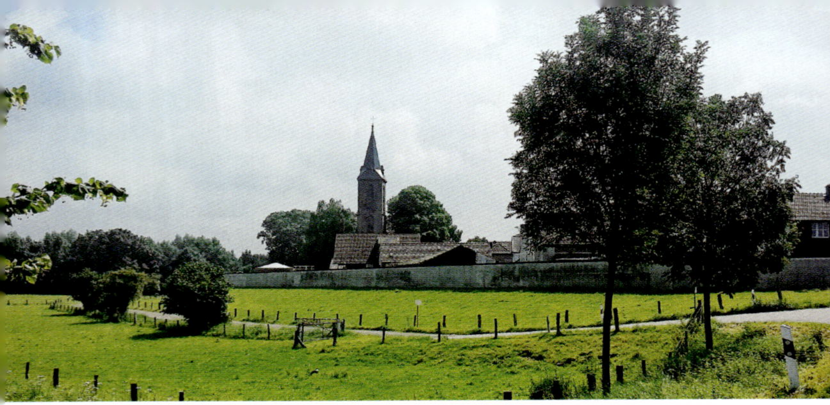

Hochwasserschutzmauern umgeben den kleinen Ort Schenkenschanz.

Vom Parkplatz in **Griethausen (1)** aus gehen wir durch das Rheintor in Richtung Rhein nach Salmorth und sehen gleich links von uns die Altrheinbrücke, die älteste noch erhaltene Eisenbahnbrücke im deutschen Abschnitt des Rheins, die allerdings seit 1987 außer Betrieb ist. Wir ignorieren die Abbiegung nach Schenkenschanz (Einmündung Rückweg-Variante) und nähern uns den **Ölwerken Spyck (2)** am Rhein. Am Fabrikgelände gehen wir links vorbei und sehen dabei vor uns die Kirche von Hochelten. Am Rhein macht die Straße einen Linksknick und führt uns am Ufer entlang, bis sie an einem **Parkplatz (3)** endet und in einen Feldweg übergeht.
Vor einem Hinweis auf das Naturschutzgebiet biegen wir an einer Gruppe von Eichen links ab und nähern uns **Schenkenschanz (4)**, dessen Kirchturm wir bald sehen. Das Dorf entstand während des Achtzigjährigen Krieges zwischen den Niederlanden und Spanien und galt lange als eine der stärksten Festungen Europas. Zudem wurde der Ort fast jährlich durch das Rheinhochwasser in Mitleidenschaft gezogen, was eine andere Erklärung für die massiven Schutzmauern und -dämme rund um den Ort liefert. Wir verlassen Schenkenschanz und nähern uns der ehemaligen Fähre nach Düffelward, deren Betrieb 2016 mangels Rentabilität eingestellt worden ist. Seit Sommer 2020 kann man aber wieder – zumindest an Wochenenden – per Rad- und Fußgängerboot vom **Anleger Schenkenschanz (5)** über den Griethauser Altrhein nach Düffelward übersetzen (siehe Hinweis).

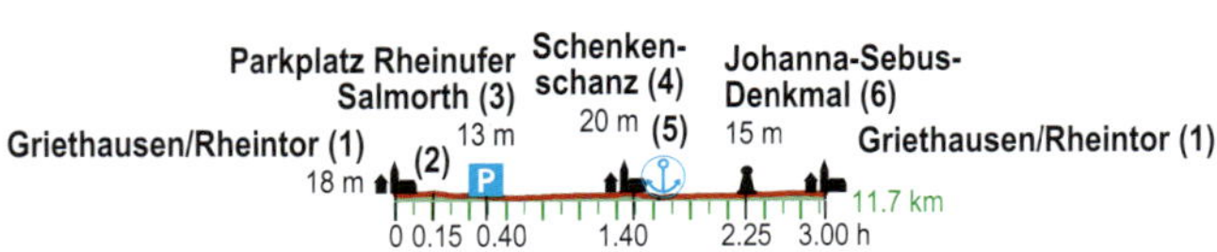

Dort folgen wir gleich links dem Weg (X7), der uns am Altrhein entlangführt, bis wir in **Wardhausen** am **Johanna-Sebus-Denkmal (6)** ankommen. Auf der gleichnamigen Straße 200 Meter weiter erreichen wir auch das Gasthaus Zum Johanna-Sebus-Denkmal. Ohne dortige Einkehr überqueren wir gleich an der Schleuse nach links den Spoykanal und gehen dann, weiterhin X7 folgend, den Weg zurück nach **Griethausen (1)**, wo wir gleich am Ortsanfang auf die Altrheinbrücke treffen und am Ausgangspunkt ankommen. Sollte das Übersetzboot nicht genutzt werden können, nehmen wir die einzige ständige Verbindung von Schenkenschanz zum Festland, die über die Martin-Schenk-Straße führt. In diese biegen wir vor dem Anleger links ein und folgen ihr etwa fünf Kilometer bis zur Einmündung in die Straße nach Spyck, wo es rechts wieder zurück nach Griethausen geht.

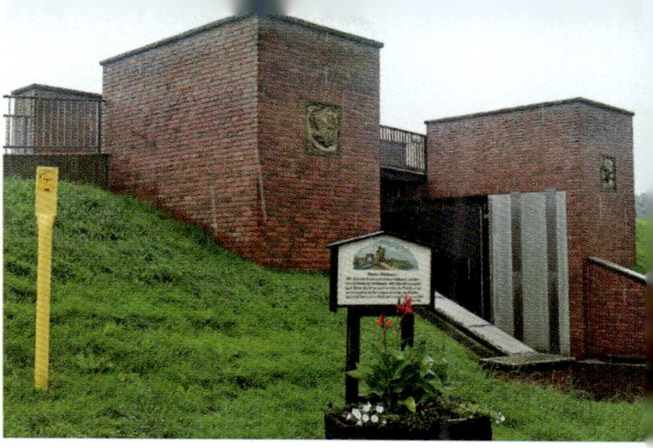

Am Rheintor in Griethausen startet und endet die Tour.

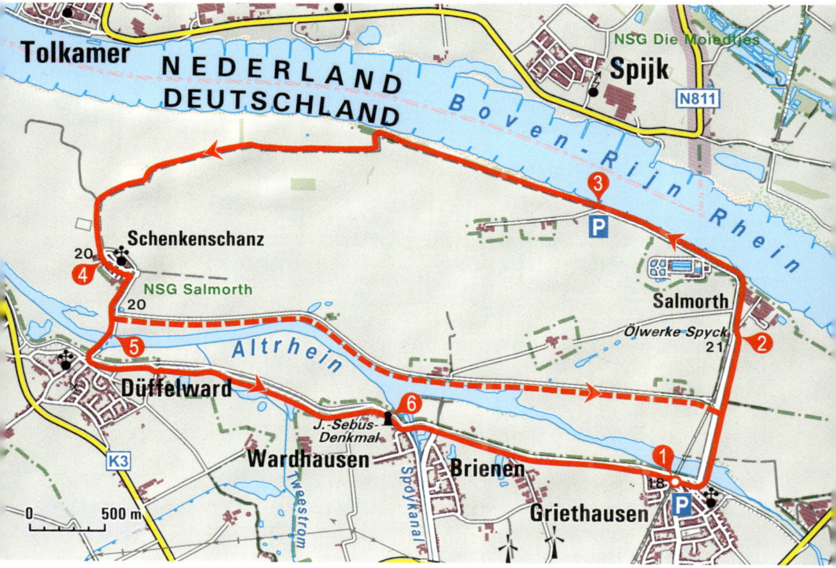

3 Reichswald (Grafwegen)

4.15 Std.

Im größten Waldgebiet des Niederrheins

Der Reichswald ist mit über 5000 ha Fläche der größte zusammenhängende Staatsforst in Nordrhein-Westfalen und kann auf eine wechselhafte Geschichte zurückblicken, denn zuletzt gegen Ende des Zweiten Weltkriegs wurde er durch die alliierten Bombardements dermaßen in Mitleidenschaft gezogen, dass er nach dem Krieg fast komplett neu aufgeforstet werden musste.

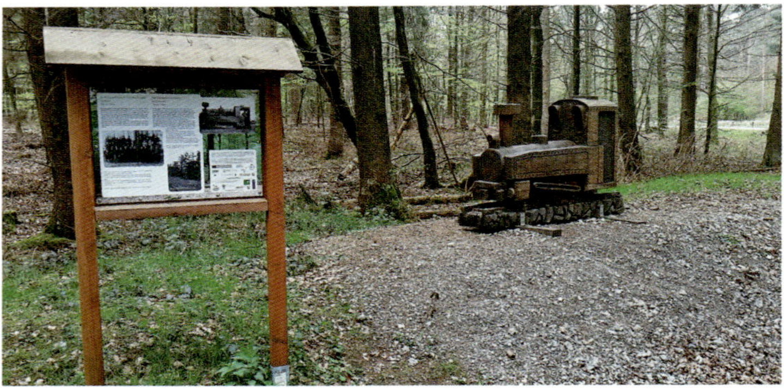

Im Reichswald erinnert ein Denkmal an die Klever Waldbahn.

Ausgangspunkt: Kranenburg, Wanderparkplatz Hövel (Navi: Kranenburg / Hövel). Anfahrt auf der A57, Ausfahrt Kleve, dann Richtung Kranenburg auf die B504 und in Richtung Frasselt bis zum Wanderparkplatz. Bus SB 58 ab Bahnhof Kleve, umsteigen in Bus 55 bis Kranenburg-Frasselt Kirche.
Höhenunterschied: 150 m.
Länge: 14,8 km.
Anforderungen: Rundwanderung mit gelegentlichen leichten Steigungen.
Einkehr: Boscafé Merlijn, Grafwegenerstr. 32, Kranenburg, Tel. +31 6 41880085, www.boscafemerlijn.com, Mo./Di. Ruhetag, Okt.–Ostern auch Mi.
Karte: Outdoorkarte 1:50 000 Blatt 61 »Niederrhein – Kleve – Wesel« (Kümmerly + Frey).

Wir gehen vom **Wanderparkplatz Hövel (1)** in den Wald, biegen vor der rotweißen Schranke links ab (A2, X7) und bleiben am Rand des Waldes. Dann passieren wir einen Zaun mit Eisentor, halten uns an der folgenden Weggabelung links und erreichen eine Kreuzung, an der der Markierungsstein für den **Beginenberg** steht. Dort setzen wir unsere Tour geradeaus auf dem unmarkierten Weg leicht ansteigend fort.

An der folgenden Kreuzung bleiben wir geradeaus auf dem schmaleren Pfad, der dann wieder breiter wird und am Markierungsstein 58E vorbei und bergab bis zu einem querenden Weg führt. Dort biegen wir rechts ab und befinden uns am Anfang der sogenannten **Himmelsleiter (2)**, einem aufwärts verlaufenden Hohlweg (schwarz-weiße Raute), der dann bald ebenerdig wird und in der Folge mal links, mal rechts abknickt, aber gleich markiert bleibt. Kurz vor einem querenden Wanderweg sehen wir auf der linken Seite das **Reichswaldbahn-Denkmal (3)** für die von 1917 bis 1945 zwischen Pfalzdorf und dem Forstamt Nergena-Nord betriebene Schmalspurbahn. Diese war für militärische Zwecke vorgesehen, wurde dann aber zum Holztransport genutzt.

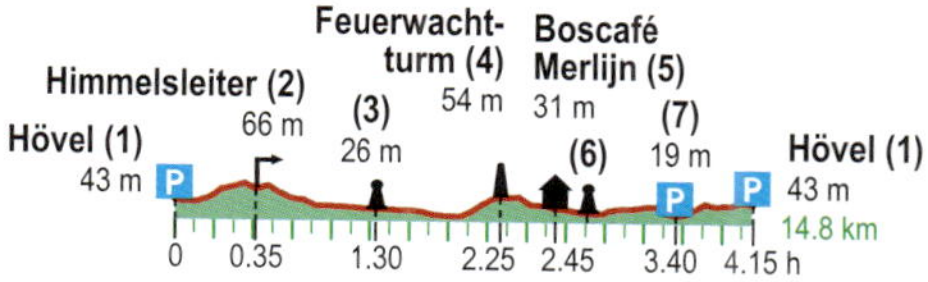

Am querenden Weg biegen wir links ab und sehen auf der rechten Seite ein Biotop (schwarz-weiße Raute, A5). Bald überqueren wir eine asphaltierte

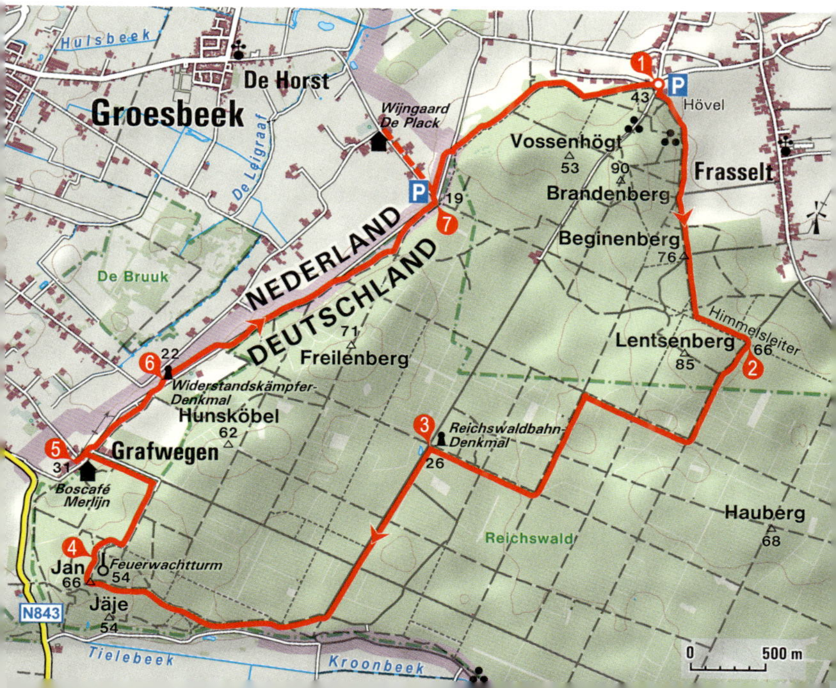

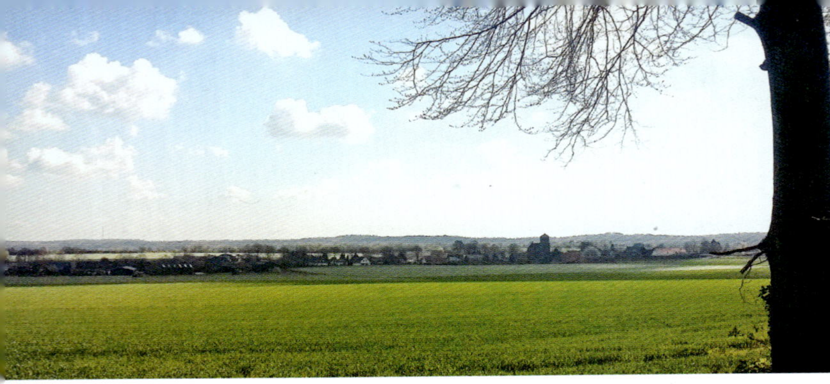

Blick in Richtung Frasselt.

Straße (in der Karte als »Kartenspielerweg« bezeichnet) und kommen in der Folge zu einer Rechtsabbiegung des Weges A5, der uns näher an den Waldrand führt. Kurz danach erreichen wir eine Gabelung, an der wir uns rechts halten. Hier steht eine siebenstämmige Buche. Hier bietet sich eine schöne Aussicht auf das Koningsven und die Landschaft südlich des Reichswalds.
Dann passieren wir bei einer Bank die dicke Buche, hinter der es wieder leicht bergauf geht. Im weiteren Verlauf kommen wir bei einer Sternkreuzung an einer steinernen Bank vorbei und sehen den **Feuerwachtturm (4)** rechts vor uns (A5). Wir lassen den Turm in einem Bogen hinter uns und nähern uns dem Parkplatz, an dem das sogenannte Goldene Kalb liegt, ein Findling, der wohl aus der Eiszeit stammt. Am Ende des Parkplatzes biegen wir links ab in Richtung Waldrand. An der dann querenden Straße haben wir die Möglichkeit, links in das nahe **Grafwegen** zu gehen, wo sich mit dem **Boscafé Merlijn (5)** eine gemütliche Einkehrmöglichkeit bietet.
Unsere Tour setzen wir fort, indem wir zurückgehen und den parallel zur Straße verlaufenden Radweg benutzen, der dann hinter einem Gehöft wieder in die Straße einmündet. Kurz danach kommen wir an ein **Denkmal (6)** für zwei Widerstandskämpfer im Zweiten Weltkrieg. Dahinter zweigt halb rechts ein parallel zur Straße verlaufender Waldweg ab, der an einem roten Stahltor an einem **Parkplatz (7)** endet und durch das wir vor zur Straße nach rechts gehen (A2). Wer noch einen Abstecher machen möchte, überquert nach dem Tor geradeaus haltend am Parkplatz die Grafwegener Straße in die Ketelsstraat, in der sich nach etwa 500 Metern das **Weingut De Plack** befindet, das auch besichtigt werden kann und eine Einkehrmöglichkeit bietet. Bemerkenswert ist der relativ nördlich gelegene Standort des Weinguts.
An der Stelle, an der die Straße sich vom Reichswald entfernt, zweigt ein Waldweg (A2) rechts von der Straße ab und führt parallel zum Waldrand in Richtung Ausgangspunkt **Hövel (1)**.

2.30 Std.

Reichswald (Geldenberg) 4

Vom Britischen Ehrenfriedhof zum Feuerwachtturm am Geldenberg

Der Reichswald ist für den Unteren Niederrhein das, was ein Waldgebiet eigentlich sein sollte: eine Oase der Ruhe und der Entspannung auch für Flora und Fauna. Auch kriegerische Konflikte oder Umwelteinflüsse, wie die Stürme gegen Ende des 20. Jahrhunderts, haben zwar Spuren hinterlassen, ihn aber nicht zerstören können.

Ausgangspunkt: Kleve, Waldparkplatz am Britischen Ehrenfriedhof (Navi: Kleve / Grunewaldstraße, Ehrenfriedhof). Anfahrt auf der A57, Ausfahrt Kleve, dann rechts Richtung Kranenburg auf die B504. In Grunewald rechts Richtung Kleve bis zum Waldparkplatz hinter dem Ehrenfriedhof auf der rechten Seite.
Höhenunterschied: 90 m.

Länge: 9,6 km.
Anforderungen: Waldwanderung ohne besondere Schwierigkeiten.
Einkehr: Keine Möglichkeit. Gastronomie in Kleve.
Karte: Wanderkarte 1:25 000 »Reichswald« (Public Press) oder Outdoorkarte 1:50 000 Blatt 61 »Niederrhein – Kleve – Wesel« (Kümmerly + Frey).

Unterwegs im Reichswald beim Geldenberg.

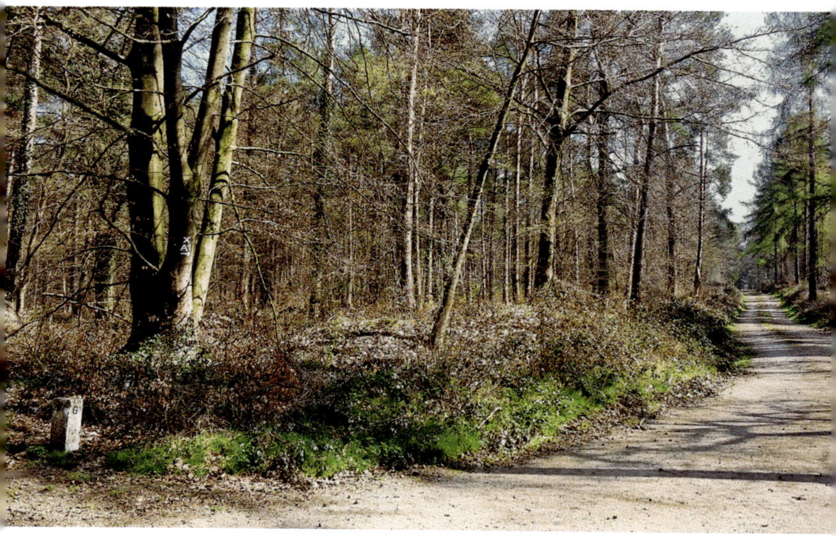

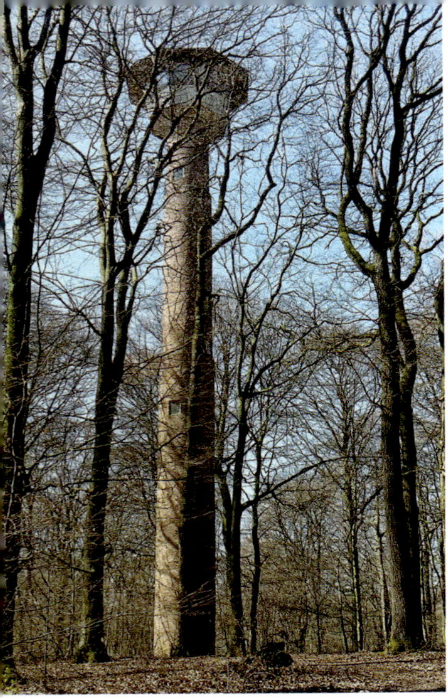

Vom **Waldparkplatz (1)** aus gehen wir zur Landstraße vor und überqueren diese in Richtung Naturschutzgebiet Geldenberg (X7). Die asphaltierte Route führt immer geradeaus und steigt im Verlauf allmählich an. Vor dem **Geldenberg** knickt der Wanderweg rechts ab und leitet uns in einem Bogen um die Anhöhe herum. Wir wandern an der Abbiegung geradeaus an der rot-weißen Schranke vorbei und sehen den **Feuerwachtturm (2)** vor uns. Nachdem wir diesen rechtsseitig passiert haben geht es nun wieder bergab bis zum nächsten querenden Weg (A1). Nicht weit von hier, im Jagen 119, stand die imposante, etwa 600 Jahre alte Kurfürsteneiche, die Anfang 1990 einem Orkan zum Opfer fiel.

Feuerwachtturm auf dem Geldenberg.

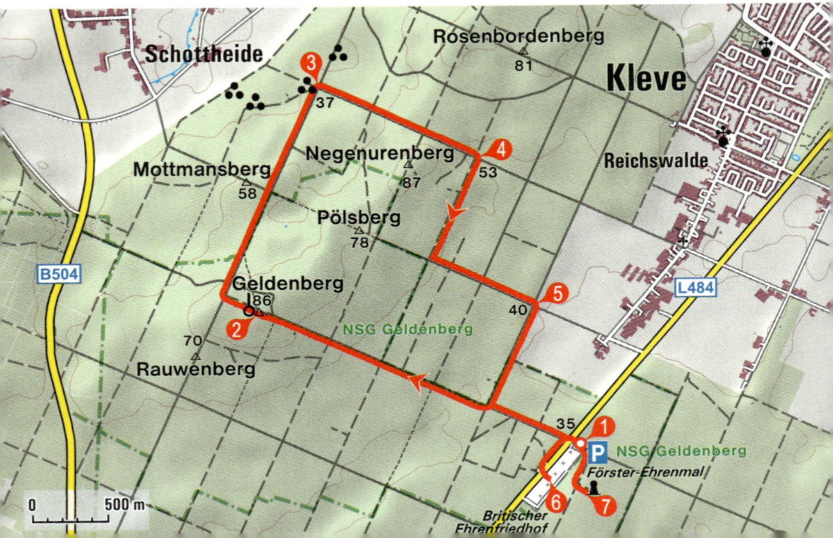

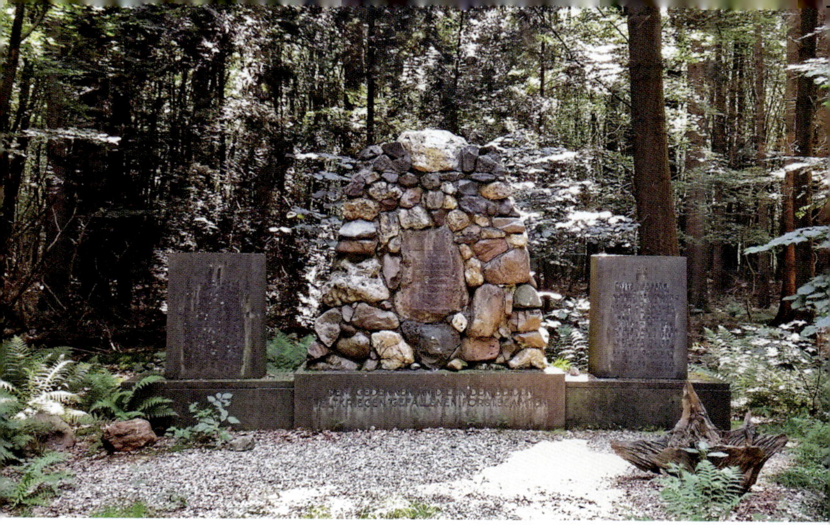

Das Förster-Ehrenmal wurde 1930 errichtet und 1964/65 erweitert.

Wir folgen dem Wanderweg A1. Nachdem dieser an der übernächsten **Kreuzung (3)** rechts abknickt, steigt unsere Route an. Wir kommen an einer **Lichtung (4)** vorbei und biegen dahinter rechts auf den bergauf führenden Weg ab, der dann gleich wieder bergab weitergeht. Hinter roten Holzpfosten biegen wir links ab und nähern uns dem Waldrand, an dem ein rotes **Metalltor (5)** steht. Vor diesem biegen wir rechts ab (A1) und treffen wieder den asphaltierten Weg, den wir vom Beginn der Tour kennen.
Auf diesem erreichen wir wieder den Ausgangspunkt. Wir können aber, wenn wir vor der Grunewaldstraße rechts abbiegen, noch den **Britischen Ehrenfriedhof (6)** anschauen, den größten Kriegsgräberfriedhof der Engländer in Deutschland. Weiterhin sehen wir, wenn wir den Waldparkplatz in die andere Richtung schräg rechts auf einem Pfad verlassen, nach etwa 200 Metern das **Förster-Ehrenmal (7)**, das im Gedenken an die in beiden Weltkriegen umgekommenen Forstbeamten errichtet wurde.
Auf demselben Weg kehren wir schließlich zurück zum **Waldparkplatz (1)**.

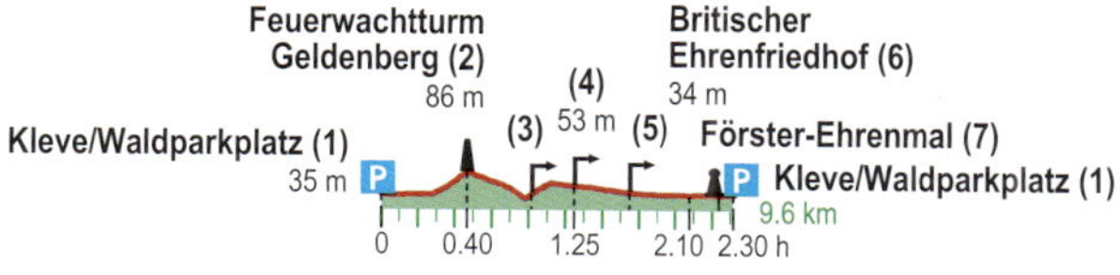

5 Von Hochelten nach Montferland

4.00 Std.

Vom Eltenberg über die Grenze

Hochelten ist ein beliebtes Ausflugsziel, sowohl für Niederländer als auch für Deutsche. Neben St. Vitus, eine aus dem 12. Jahrhundert stammende romanische Kirche, sind noch der 75 Meter tiefe Drususbrunnen und die Skulptur Steintor Attraktionen im Ort. Hochelten ist der Ausgangspunkt der Tour auf den Hulzenberg und zur Anhöhe von Montferland.

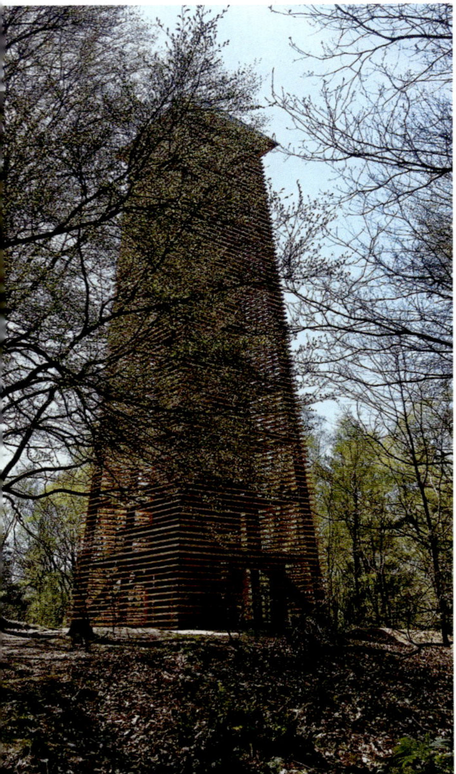

Ausgangspunkt: Hochelten, Pannekoekenhuis (Navi: Elten / Luitgardisstraße). Anfahrt auf der A3, Ausfahrt Elten Richtung Elten, dort vor der Kirche links nach Hochelten zum Parkplatz beim Pannekoekhuis. Bus 94 ab Bahnhof Emmerich bis Elten Berg, dann hinauf nach Hochelten.
Höhenunterschied: 180 m.
Länge: 14,4 km.
Anforderungen: Rundwanderung mit gelegentlichen leichten Auf- und Abstiegen.
Einkehr: Hotel-Restaurant Het Montferland, Tel. +31 314 651444, www.hetmontferland.com, täglich geöffnet. Am Ausgangspunkt: Pannekoekhuys Hoch-Elten, Tel. +49 2828 1793, www.pannekoekhuys-hochelten.nl, Mo./Di. Ruhetag.
Karte: Outdoorkarte 1:50 000 Blatt 61 »Niederrhein – Kleve – Wesel« (Kümmerly + Frey).

In **Hochelten (1)** gehen wir am **Pannekoekhuys** links vorbei in die Luitgardisstraße (schwarzweiße Raute, A8) und in den Wald. Dann treffen wir auf einen querenden Weg, auf dem wir nach links zur Stokkumer Straße kommen, der wir nach rechts folgen. Wir überqueren die Autobahn A3 und biegen nach der

Aussichtsturm auf dem Hulzenberg.

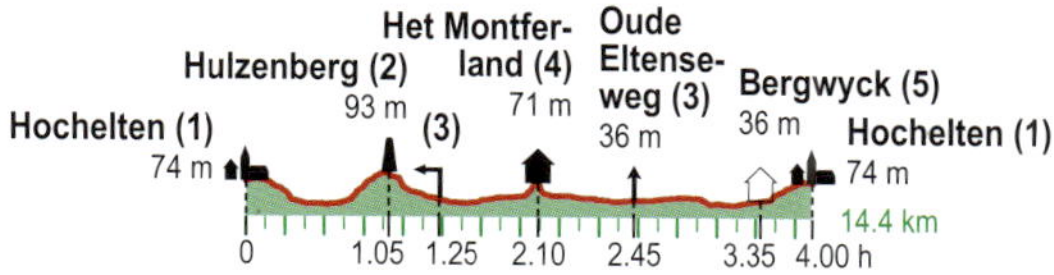

Überführung links ab. Ab hier ist unsere Route mit einem rot-weißen Querbalken markiert. Auf sandigem Boden geht es nun bergauf zum **Hulzenberg (2)**, wo ein **Aussichtsturm** steht.

Wir verlassen den Turm und folgen unserer Route bergab weiter, passieren eine hölzerne Barriere und halten uns bei der nächsten Kreuzung rechts. Dann verlassen wir den Wald und folgen im Weiteren dem Boterweg, einem Radweg, der in den **Oude Eltenseweg (3)**, auch ein Radweg, einmündet. Der Weg verläuft im Großen und Ganzen geradeaus und führt dann wieder in den Wald (schwarz-weiße Raute).

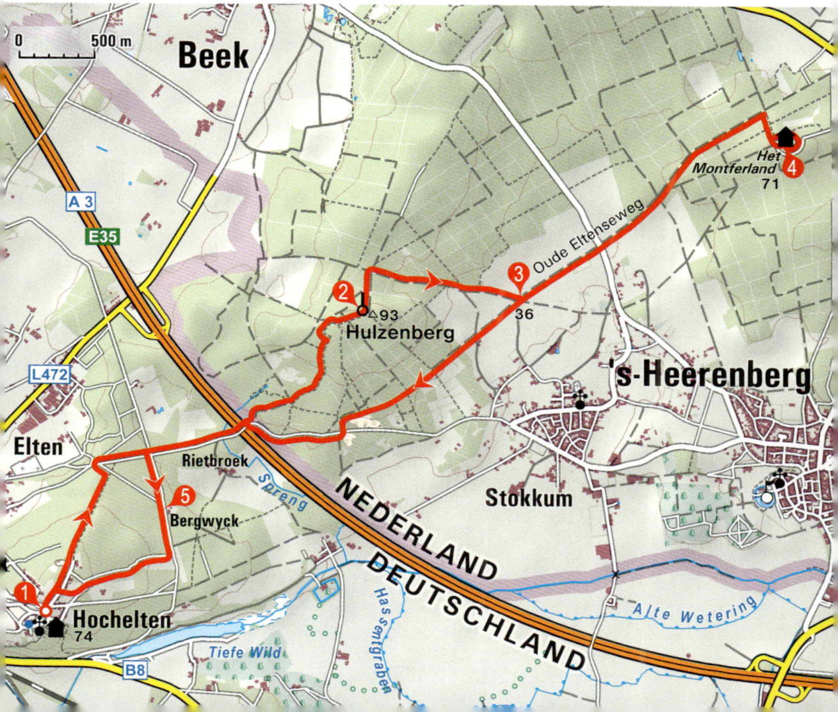

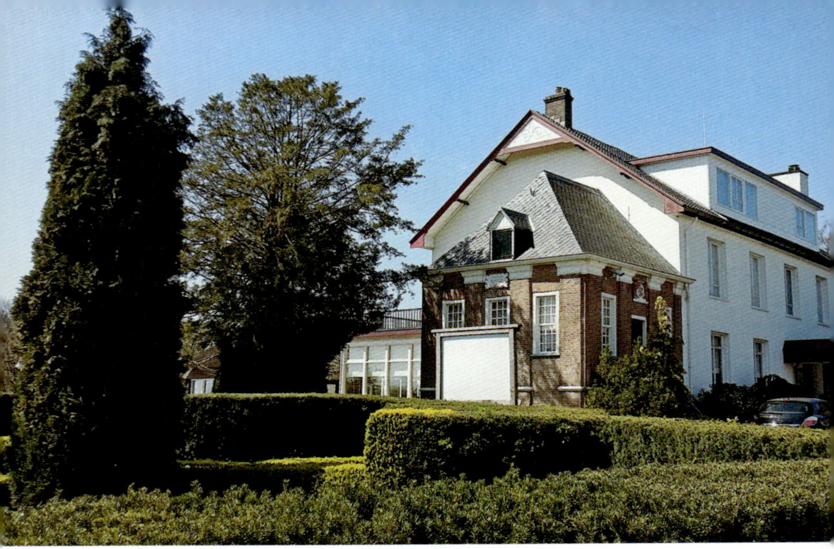

Das schön gelegene Hotel-Restaurant Het Montferland.

An einer Wegkreuzung, an der es rechts zum Landgoed Huis Bergh geht, biegen wir auch rechts ab und steigen an zum **Hotel Het Montferland (4)**, wo man in dessen Restaurant einkehren kann.
Anschließend wandern wir entsprechend dem Hinweg zurück bis zur Abzweigung des Boterwegs vom **Oude Eltense Weg (3)**. Dort gehen wir jetzt aber geradeaus weiter (schwarz-weiße Raute) und kommen wieder in den Wald und zur Autobahnüberführung. Dahinter folgen wir dem Weg (A9) bis zur nächsten Wegkreuzung und setzen unsere Tour dort links weitergehend fort (A1). Wir passieren das links von uns stehende Haus **Bergwyck (5)** und biegen bei der nächsten Gelegenheit rechts auf A1 ab. Auf diesem Weg, der anfangs lange am Waldrand entlangführt, erreichen wir bald wieder **Hochelten (1)** und unseren Ausgangspunkt.

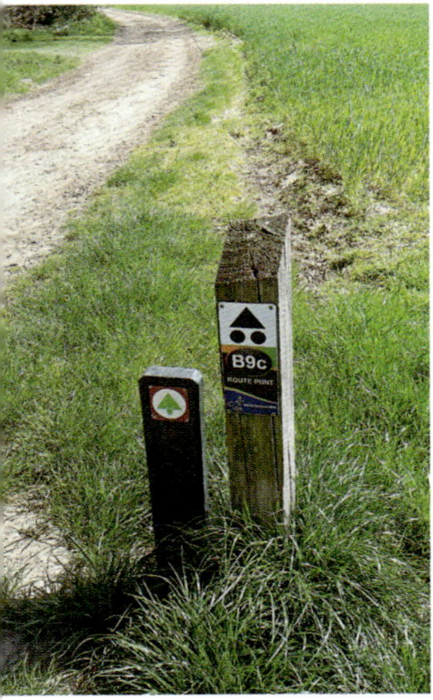

Wegmarkierung am Oude Eltense Weg.

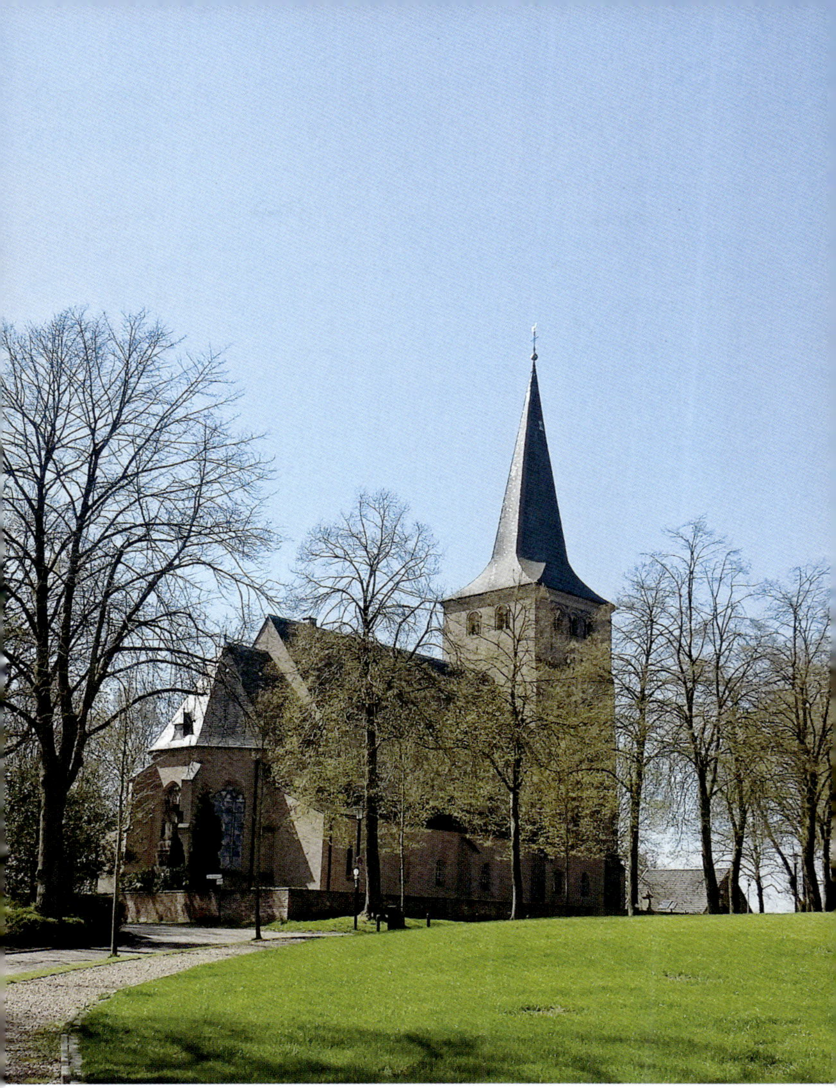

Die romanische Stiftskirche St. Vitus in Hochelten.

6 Die Hetter

3.15 Std.

Vom Bienener Altrhein nach Grietherort

Das Feuchtwiesengebiet der Hetter, durch die diese Tour führt, ist nicht nur eines der wichtigsten Brutgebiete für Wasservögel in Nordrhein-Westfalen, sondern auch ein Rast- und Überwinterungsgebiet für Zugvögel.

Ausgangspunkt: Rees-Bienen, Parkplatz Kirchweg (Navi: Rees, Bienen / Kirchweg). Anfahrt auf der A3, Ausfahrt Rees, dann Richtung Rees und Bienen, Parken an der Kirche. Bus 88 ab Bahnhof Emmerich bis Rees-Bienen.
Höhenunterschied: 30 m.
Länge: 12,9 km.
Anforderungen: Rundwanderung auf größtenteils asphaltierten Wegen.

Einkehr: Inselgasthof Nass, Tel. +49 2851 6324, Grietherort 1, www.inselgasthof-nass.de, Mo. Ruhetag.
Karte: Outdoorkarte 1:50 000 Blatt 61 »Niederrhein – Kleve – Wesel« (Kümmerly + Frey).
Hinweis: Aktuelle Informationen zur Personenfähre Grietherort – Grieth erhält man unter Tel. +49 2824 6171 oder www.niederrheinfaehre.de.

Schiffermast in Grieth mit Rheinblick.

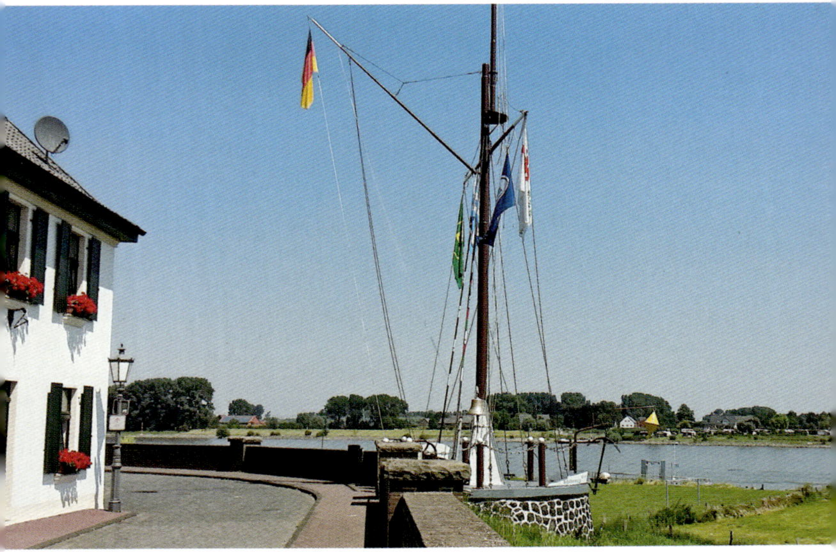

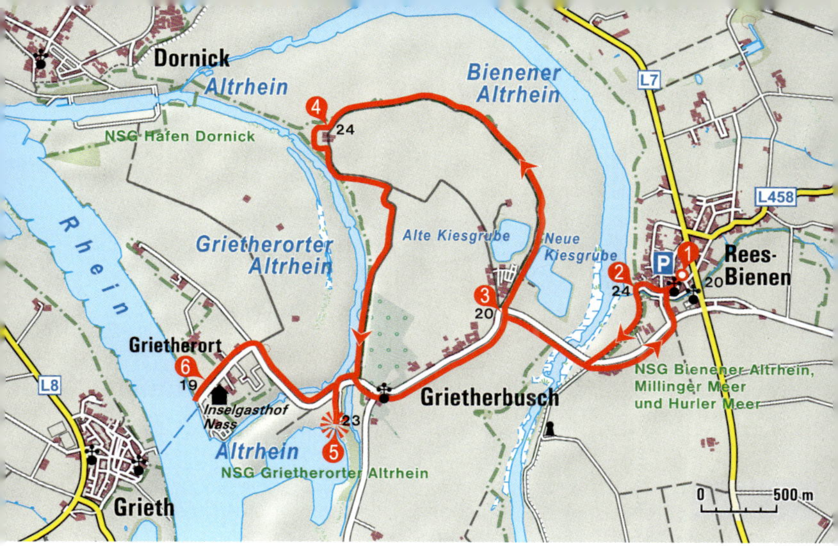

In **Rees-Bienen (1)** spazieren wir an der Kirche vorbei ortsauswärts zum **Damm (2)** und dort links weiter bis zur Straße, die nach Grietherort führt. Dann folgen wir der Straße nach rechts bis zur Rechtsabbiegung zum **Campingplatz Grietherbusch (3)**. An der gleich folgenden Gabelung nehmen wir den rechten Weg (A1, A2), der über die Halbinsel führt.

Auf Höhe einer Schleuse, bei der auch ein **Bauernhof (4)** steht, gehen wir um diesen herum und am Grietherorter Altrhein entlang. Bald zweigt der A1 links ab, und danach folgen wir dem A2 nach rechts bis zur Straße nach Grietherort, wo wir rechts abbiegen.

Vor Überschreiten des Altrheinarms biegen wir links ab zu einer **Beobachtungsplattform (5)** für Wasservögel. Hier bietet sich ein schöner Ausblick über den Rheinarm bis zum Wunderland Kalkar, einem Freizeitpark auf der linken Rheinseite.

Zurück auf der Straße setzen wir unsere Tour nach **Grietherort** fort. Dabei überqueren wir wieder den Griethener Altrhein und passieren einen Campingplatz. Am Rhein gibt es eine Einkehrmöglichkeit im **Inselgasthof**

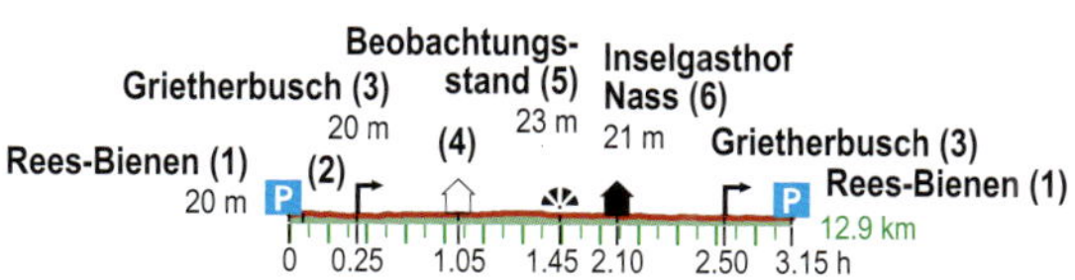

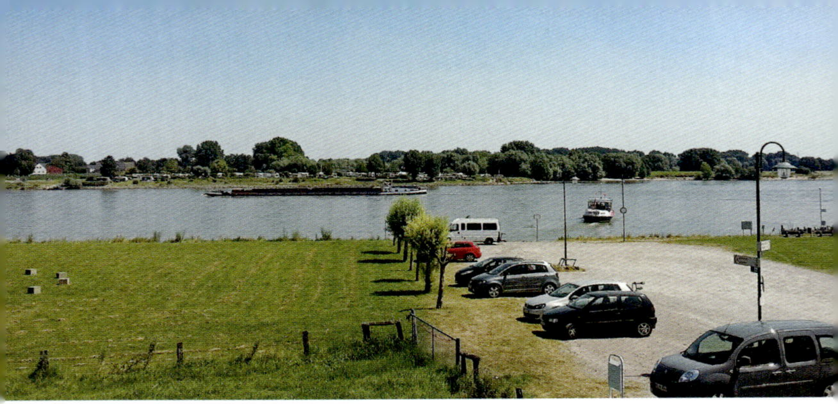

Die Rheinfähre legt von Grieth ab nach Grietherort.

Nass (6). Außerdem haben wir am nahen Rheinufer die Möglichkeit, mit der Personenfähre Grieth zu besuchen. Diese verkehrt allerdings nicht täglich (siehe Kurzinfo-Hinweis).

Nun gehen wir den Weg zurück über den Griethener Altrhein, bei **Griether-busch (3)** rechts und über den Damm. Alternativ können wir auch auf der Grietherbuscher Straße bleiben und so nach **Rees-Bienen (1)** zurückkehren, wo wir links abzweigend wieder an der Kirche ankommen. Dies empfiehlt sich auch für den Hinweg falls der Damm, der nach Regen etwas sumpfig sein kann, nicht begehbar sein sollte.

In der Auenlandschaft des Bienener Altrheins.

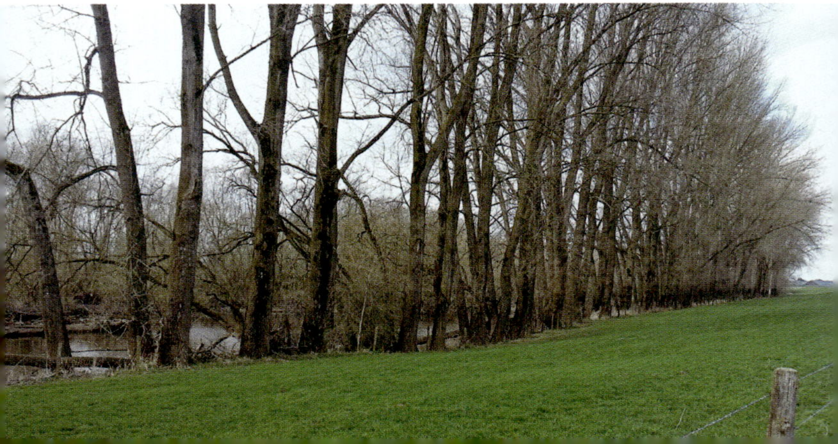

2.00 Std.

Anholter Schweiz 7

Von der Wasserburg zum Wildpark

Mit der Anlage des Landschaftsparks Anholter Schweiz wurde Ende des 19. Jahrhunderts begonnen, Vorbild war dabei der Vierwaldstätter See. Der Biotopwildpark wurde im Jahr 1993 eröffnet und nach und nach ausgebaut. Heute leben hier rund 50 überwiegend europäische Wildtierarten, darunter auch einige bedrohte Spezies. Die Wasserburg Anholt ähnelt einem Loireschloss und zählt zu den schönsten Burganlagen Nordrhein-Westfalens.

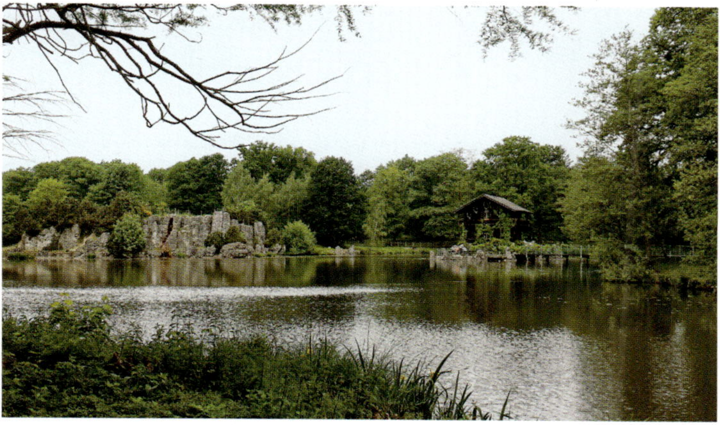

Blick zum Schweizer Häuschen in der Anholter Schweiz.

Ausgangspunkt: Anholt, Wasserburg (Navi: Anholt / Schloss). Anfahrt A3, Ausfahrt Rees, dann Richtung Rees und Anholt. Parken am Wasserschloss. Bus 61 ab Bahnhof Bocholt bis Schloss Anholt.
Höhenunterschied: 10 m.
Länge: 8,9 km.
Anforderungen: Bequeme Rundwanderung auf teilweise asphaltierten Wegen.
Einkehr: Direkt am Weg keine Möglichkeit. Schweizer Häuschen im Wildpark, Mo. Ruhetag; Wasserpavillion im Schlosspark Anholt, Tel. 02874-4590, Öffnungszeiten erfragen (gehobene Küche).
Karte: Outdoorkarte 1:50 000 Blatt 61 »Niederrhein – Kleve – Wesel« (Kümmerly + Frey).
Hinweis: Mit Besuch des Biotopwildparks Anholter Schweiz sollte man 1.30 Std. zusätzlich einplanen. Der Wildpark ist geöffnet 16. März–1. Nov. tgl. 9–18 Uhr, 2. Nov.–14. März Mo.–Fr. 11–15, Sa./So./Fei. 10–16 Uhr, Eintritt 8 €, Kinder (3–12 J.) 4,50 €; Tel. +49 2874 45355, www.anholter-schweiz.de.

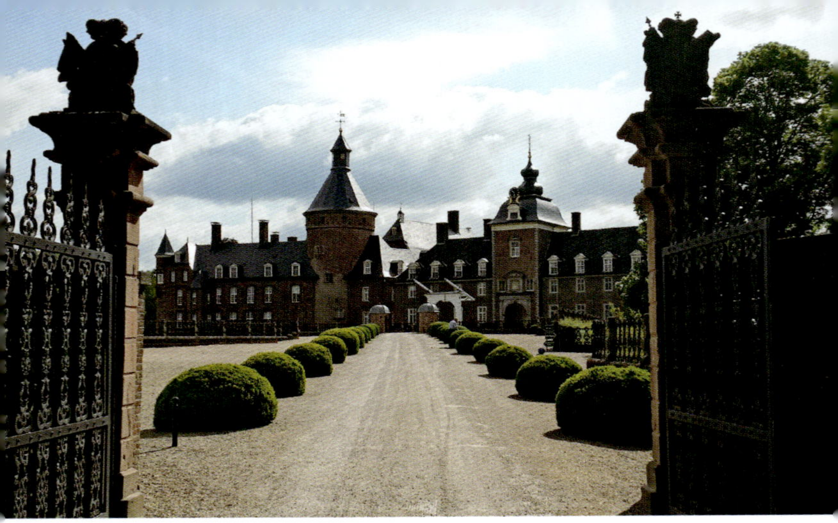

Schloss Anholt war früher eine Wasserburg und ist heute ein exklusives Hotel.

Wir beginnen die Wanderung am **Schloss Anholt (1)** und nehmen die Straße, die nach Millingen führt (schwarz-weiße Raute) nach links. Gleich hinter der Brücke über die Issel gehen wir rechts, am Fluss entlang und dann wieder links weiter auf dem asphaltierten Weg (schwarz-weiße Raute). Dann durchqueren wir einen Bauernhof, bis wir den Wald erreichen. Hier geht es zunächst links und dann gleich wieder rechts bis zu einer Gabelung, an der wir den linken Weg nehmen, die **Sternenbuschstraße**. Nun biegen wir links in die **Königstraße (2)** ab, die wieder zur Straße nach Millingen führt.
Die Landstraße überquerend sehen wir auf der linken Seite schon bald danach die ersten Vorboten des Wildparks. Auf diesem Weg erreichen wir über den Parkplatz den **Eingang (3)** zum **Biotopwildpark**. Hier gibt es eine detaillierte Information mit Einzeichnung der verschiedenen Wege und der jeweiligen Tierarten, die man sehen kann, sowie eine Auflistung der Fütterungszeiten. Es gibt nur den einen **Zugang (3)** zum Wildpark, über den wir ihn nach der Besichtigung wieder verlassen.

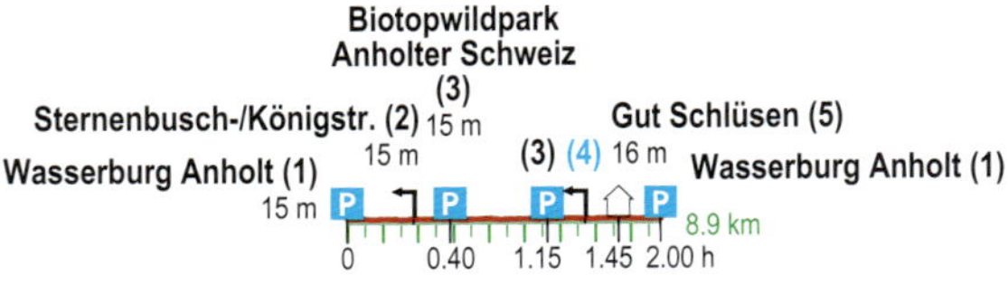

Wir gehen über den Parkplatz zur Straße und folgen dieser nach links, bis wir links zuerst einen Golfplatz und ein einzeln stehendes Haus sehen. Hinter diesem und vor dem Bach **Wolfstrang (4)** folgen wir einem Weg, der links abknickt. An der Stelle ist auch ein Wegweiser nach Anholt sowie die rot-weiße Markierung des »Noaberpads« zu sehen. Auf Deutsch »Nachbarpfad«, handelt es sich hierbei um einen etwa 400 km langen niederländischen Weitwanderweg, der von der Provinz Groningen bis nach Kleve verläuft. Früher, als es hier noch Grenzen gab, war dies ein Schmugglerweg.
Auf diesem Weg erreichen wir nun **Gut Schlüsen (5)** auf dem Gelände des Golfclubs Wasserburg Anholt, das wir bis zur Landstraße durchqueren. An der Straße angekommen, gehen wir rechts Richtung Anholt und zurück zum Parkplatz an der **Wasserburg Anholt (1)**.
Die Burg ist eigentlich ein Schloss mit englischem Landschaftsgarten und gehört zu den größten Wasserschlössern im Münsterland. In einem Teil des Ende des Zweiten Weltkriegs weitgehend zerstörten Gebäudekomplexes residiert heute ein exklusives Parkhotel mit ebensolchem Restaurant im Schlossteich. Der andere Teil ist Museum mit einer der bedeutendsten Bildersammlungen in Nordrhein-Westfalen, einer Porzellankollektion des 17. und 18. Jahrhunderts sowie Renaissance- und Barockmöbeln (Besichtigung nur im Rahmen von Führungen).

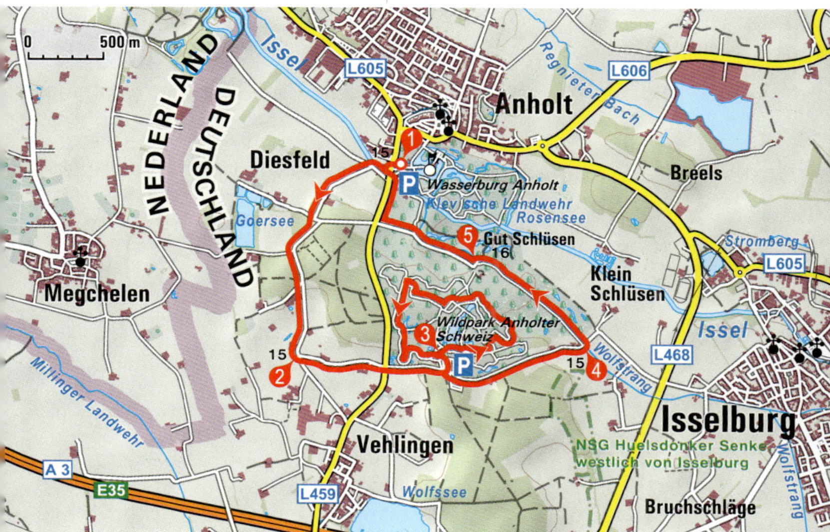

8 Durch die Dingdener Heide

2.15 Std.

Am Übergang vom Niederrhein zum Münsterland

Die Geschichte der Kulturlandschaft Dingdener Heide war in den letzten Jahrhunderten sehr wechselhaft. So wandelte sich ursprünglich der Wald zur Heide, wurde wieder zu Wald, während sich Wiesen zu Ackerland veränderten. Entsprechend vielseitig ist auch diese Rundwanderung.

Ausgangspunkt: Dingden, Parkplatz am Freibad in der Krechtinger Straße (Navi: Dingden / Krechtinger Straße). Anfahrt auf der A3, Ausfahrt Hamminkeln, dann B473 Richtung Hamminkeln und Dingden. In Dingden an der Kreuzung in Richtung Freibad und zum Parkplatz. Bus 64 ab Bahnhof Bocholt bis Dingden Neustraße.
Höhenunterschied: 45 m.
Länge: 9,2 km.

Anforderungen: Kurze Rundwanderung über Wald- und Sandwege, am Schluss auch asphaltiert.
Einkehr: Gaststätte Jagdemann, Klausenhofstr. 83, Dingden, Tel. +49 2852 2271, Di.–So. 10–13 u. 16–1 Uhr, Mo. Ruhetag.
Karte: Outdoorkarte 1:50 000 Blatt 61 »Niederrhein – Kleve – Wesel« (Kümmerly + Frey).

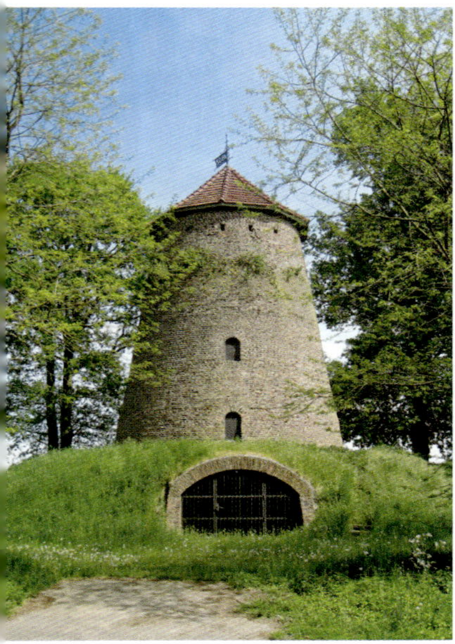

Vom **Freibad Dingden (1)** folgen wir der Krechtinger Straße ortsauswärts und biegen hinter dem Kindergarten links ab (X) bis zum Uhlandsweg. Hier gehen wir rechts zunächst leicht ansteigend und dann auf der Anhöhe auf Höhe eines **Angel- und Badesees (2)** links in einen Pfad (X) bis zu einer querenden Straße. Hier folgen wir rechts der Straße an den Fischzuchtteichen entlang bis zur nächsten Linksabbiegung, an der wir schräg rechts weitergehen (X).
Wir befinden uns nun auf dem Rundwanderweg und folgen ihm bis zum **Rastplatz Beltingshof (3)**. Hier gehen wir rechts und bleiben auf dem Rundwanderweg, bis wir, wieder im Wald, rechts abbiegen (A4). Kurz vor dem Ende des Wald-

Die ehemalige Turmwindmühle »Königsmühle« in Dingden.

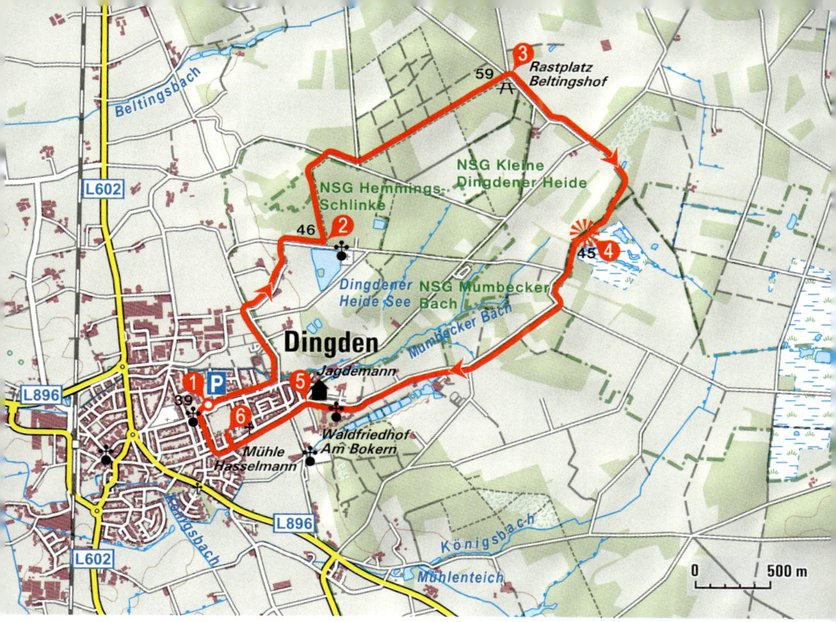

stücks verlassen wir den Wanderweg A4 nach links und erreichen kurze Zeit später den **Aussichtspunkt Dingdener Heide (4)**. Dieser bietet uns einen schönen Ausblick über das Naturschutzgebiet, in dem im Frühjahr viele Vogelarten, unter anderem Störche, gesehen werden können.
Wir kommen an einem Schießstand vorbei und folgen dann dem Weg in die Klausenhofstraße (A1, A4), auf der wir bleiben, bis wir die **Gaststätte Jagdemann (5)** erreichen. Nun befinden wir uns am Ortsanfang von Dingden und bleiben in der Klausenhofstraße, bis wir rechts zum Freibad und zum dahinter liegenden Parkplatz abbiegen. Dabei finden wir im Fliederweg die gut versteckte, sehenswerte **Mühle Hasselmann (6)**, die heute als Wohnhaus und Galerie genutzt wird. Schließlich gehen wir zurück zur Klausenhofstraße, dann rechts zum Nelkenweg, wo wir das **Freibad** passieren und finden dahinter wieder unseren **Parkplatz (1)**.

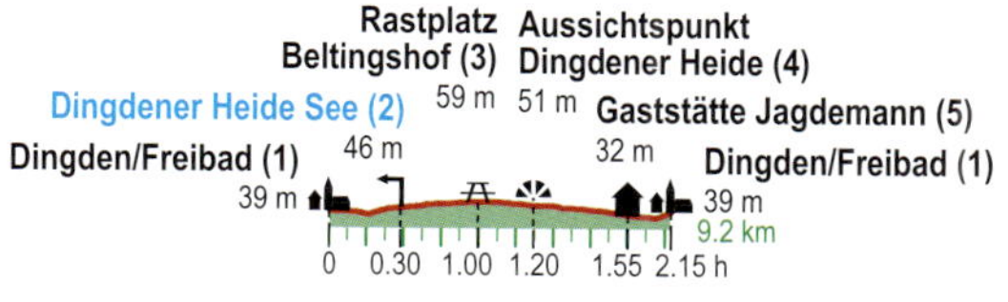

9 Von Kalkar nach Wissel

2.45 Std.

Zur Dünenlandschaft am unteren Niederrhein

Kalkar mit seinem mittelalterlich geprägten Ortskern zählt zu den touristisch attraktivsten Städten in der Region. Am Wisseler See finden wir mit seiner Flussdünenlandschaft ein für die Region eher seltenes Naturspektakel, das fast an die Nordsee erinnert.

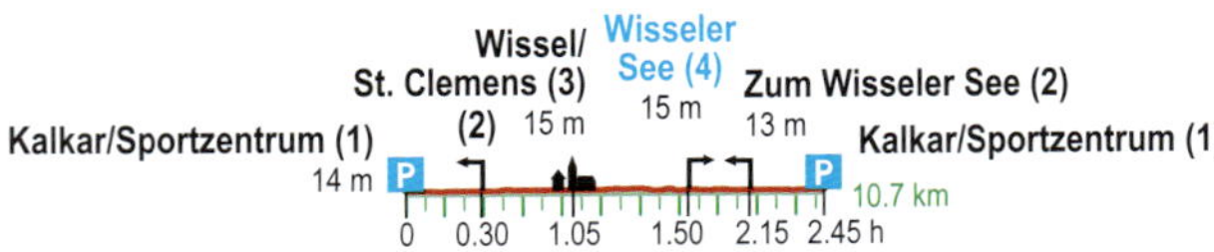

Die Kalkarer Mühle ist heute ein Veranstaltungsort mit Gastronomie.

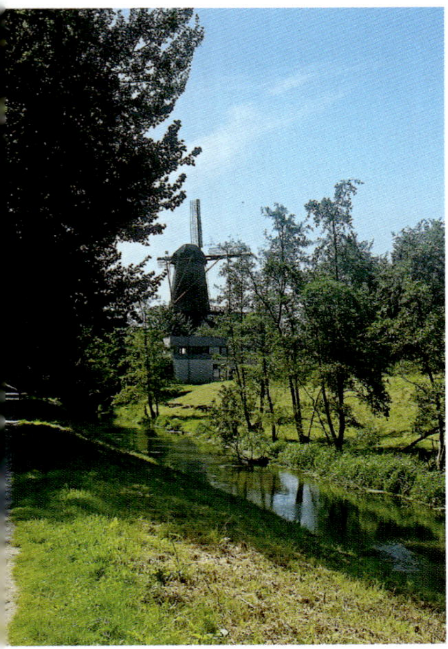

Ausgangspunkt: Kalkar, Parkplatz am Sportzentrum (Navi: Kalkar / Hanselaerstraße). Anfahrt auf der A3, Ausfahrt Rees, dann Richtung Kalkar/Rees. Am Ortsanfang von Kalkar zweigt die Hanselaerstraße ab, dort Parkmöglichkeit am Sportzentrum. Bus 44 ab Bahnhof Kleve bis Kalkar Markt.
Höhenunterschied: 20 m.
Länge: 10,7 km.
Anforderungen: Leichte Rundwanderung auf teils sandigen Wegen.
Einkehr: Restaurant zum Schwan, Dorfstr.17, Wissel, Tel. +49 2824 9957010, www.restaurant-zum-schwan-wissel.de, Di.–So. 16–23 Uhr, Mo. Ruhetag; Brauhaus Kalkarer Mühle, Mühlenstege 8, Kalkar, Tel. +49 2824 93230. www.brauhaus-kalkarermuehle.de, Di.–So. 11–14 u. 17–23 Uhr, Mo Ruhetag.
Karte: Outdoorkarte 1:50 000 Blatt 61 »Niederrhein – Kleve – Wesel« (Kümmerly + Frey).

In **Kalkar** gehen wir vom Parkplatz am **Sportzentrum (1)** am Leybach entlang ortsauswärts. Unser Weg führt nach rechts, wobei wir weiterhin am Bach bleiben, unterwegs eine hölzerne Brücke überquerend, bis wir die Straße **Zum Wisseler**

See (2) erreichen. Wir folgen dem parallel zur Straße verlaufenden Radweg nach links und biegen in die Straße Heienberg rechts ab. Kurz danach überschreiten wir über eine Brücke eine Zufahrtstraße im Freizeitpark Wisseler See (A5). und überqueren auch eine kreuzende Straße. So nähern wir uns geradeaus dem Zentrum von **Wissel** und dessen Kirche **St. Clemens (3)**. Außer dieser sind hier die Mühle am Ortsanfang und das in der Nähe liegende Stiftsmuseum sehenswert.
Wir verlassen Wissel über den Scholtenweg, der uns nach einem Rechtsknick an den Ortsrand bringt und, nach einem weiteren Rechtsknick zu dem Weg, der durch die Dünen führt. Dieser endet schließlich an einer geschotterten Straße, der wir rechts am Baggersee entlang folgen bis zur nächsten Querung, der Mühlenstraße. Auf dieser gehen wir nach links bis zur folgenden Rechtsabbiegung zum **Wisseler See (4)**. Der Weg führt an dessen Südostseite entlang und endet an einem Parkplatz. Nun müssen wir nur noch die Straße **Zum Wisseler See (2)** überqueren und kommen auf dem Hinweg zurück zum Ausgangspunkt in **Kalkar** am **Sportzentrum (1)**.
Wir können aber noch bei der Abbiegung am Leybach geradeaus ins schöne Zentrum von Kalkar weitergehen und dort einkehren.

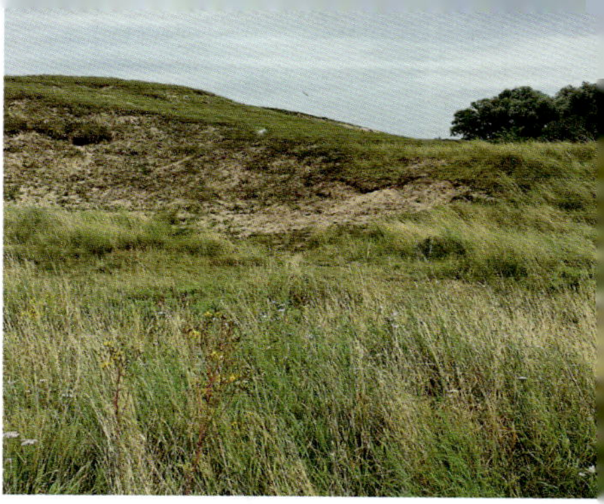

In den Wisseler Dünen.

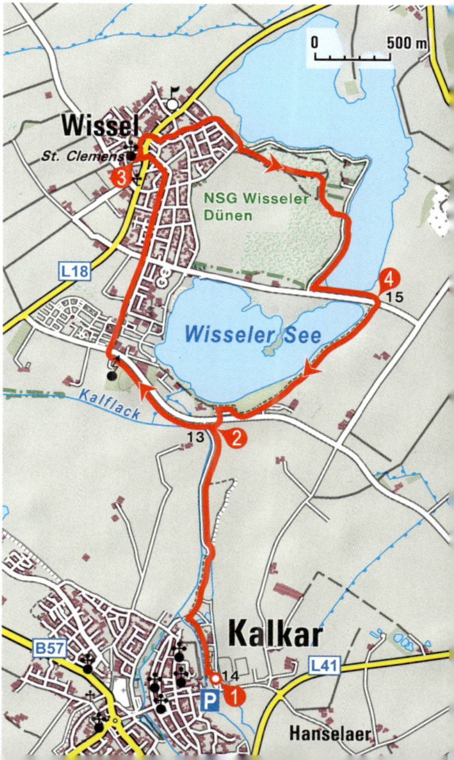

10 Rund um Kessel

3.15 Std.

Rundgang um das Spargeldorf an der Niers

Kessel ist ein Ortsteil von Goch direkt an der niederländischen Grenze. Bekannt ist es nicht nur als eines der Zentren im Spargelanbau am Niederrhein, sondern immer mehr auch als Ziel von Naherholern und Urlaubern.

Ausgangspunkt: Goch, Parkplatz am Freizeitbad Goch Ness (Navi: Kessel / Seepark). Anfahrt über A57, Ausfahrt Kleve, dann Richtung Kranenburg und den Hinweisen zu Goch Ness folgen. Bus SL 11 ab Bahnhof Goch bis Freizeitbad Goch Ness.
Höhenunterschied: 35 m.
Länge: 12,3 km.
Anforderungen: Einfache Rundwanderung auf teilweise asphaltierten Wegen.
Einkehr: Gasthof P. Thönissen, Am Zollamt 1, Goch-Grunewald, Tel. +49 2827 5468; Klostercafé Gräfenthal, Maasstr. 48–50, Tel. +49 2823 9288780, www.kloster-graefenthal.de, tgl. 11–17 Uhr.
Karte: Outdoorkarte 1:50 000 Blatt 61 »Niederrhein – Kleve – Wesel« (Kümmerly + Frey).

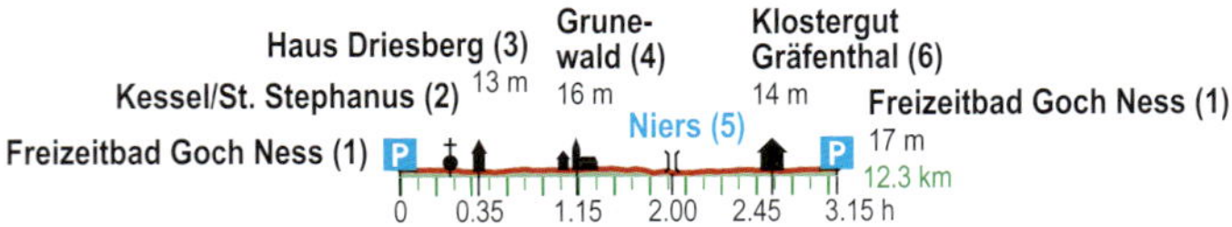

Die Niers bei Kessel.

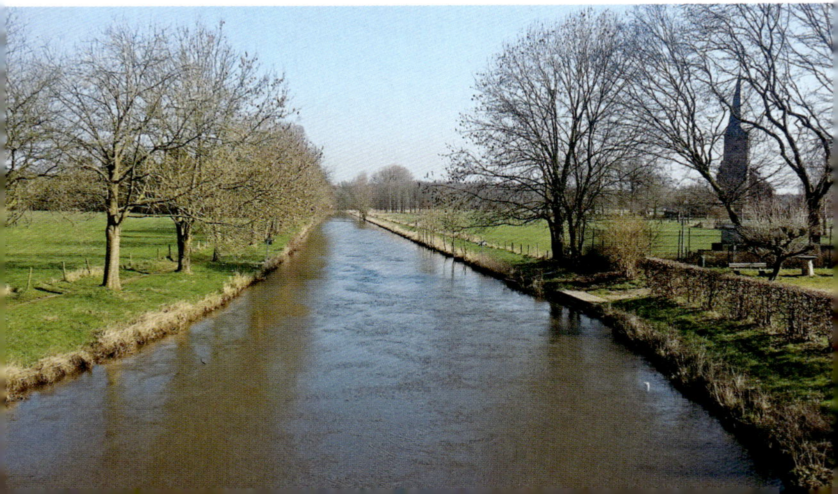

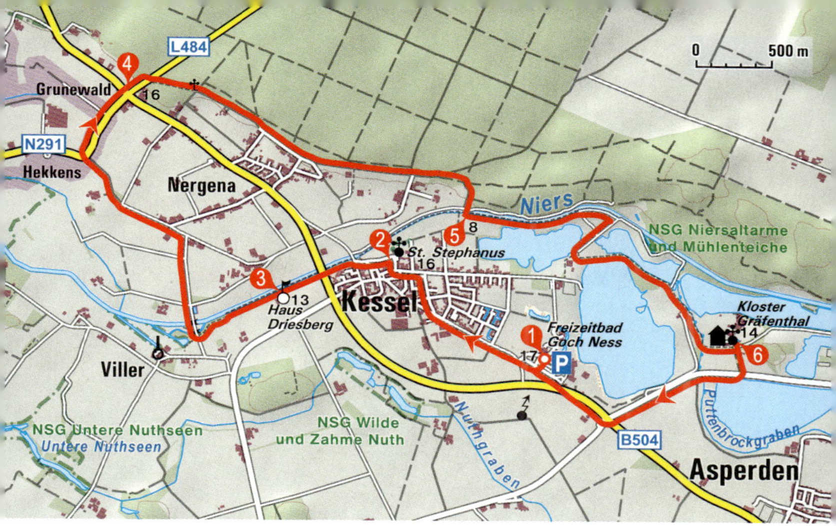

Wir gehen vom Parkplatz des **Freizeitbades Goch Ness (1)** an der Straße entlang nach **Kessel**, an der Kapelle vorbei in Richtung Kirche **St. Stephanus (2)**. Dahinter geht es links zur **Niers** und an der Brücke vorbei auf der linken Seite ortsauswärts.

Wir befinden uns nun auf dem Nierswanderweg und kommen am **Haus Driesberg (3)** vorbei, einer ehemaligen Wasserburg aus dem 14. Jahrhundert, von der heute nur noch Teile erhalten sind. Wir treffen auf den Weg **Im Binnenfeld**, überqueren auf diesem nach rechts die Niers und bleiben vorerst auf dem markierten Radweg. Wenn dieser rechts abgeht, gehen wir aber geradeaus bis zur nächsten querenden Straße, die schon in den Niederlanden liegt. Wir folgen der Straße

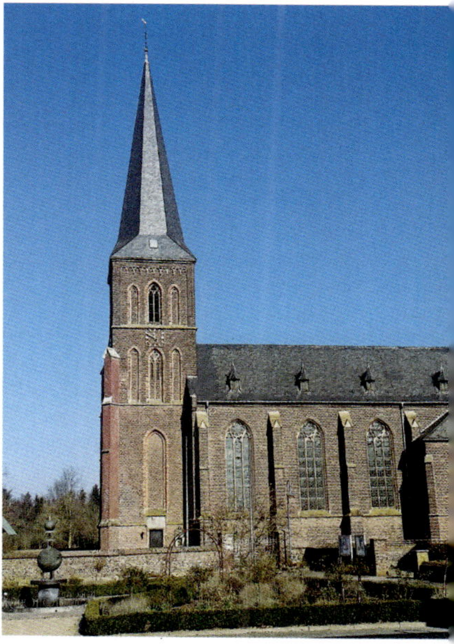

Pfarrkirche St. Stephanus in Kessel.

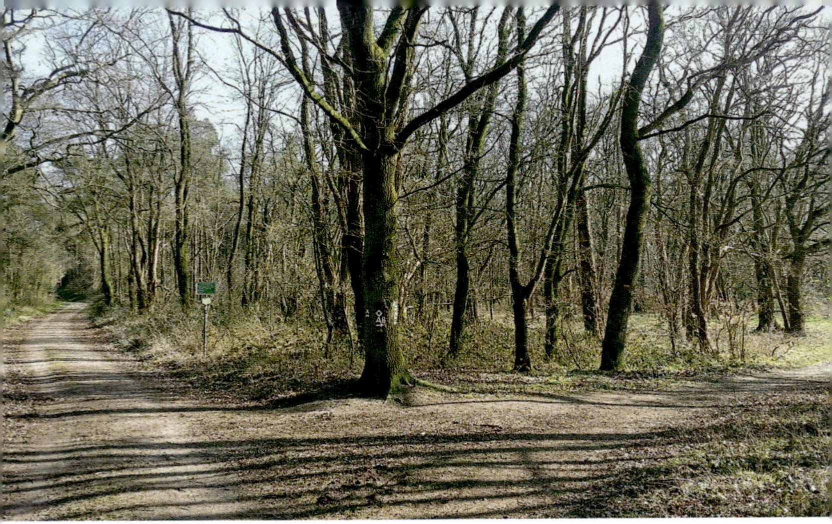

Am Rand des Klever Reichswalds.

nach rechts bis zur Kreuzung im Ortsteil **Grunewald (4)**, der sich wieder auf der deutschen Seite befindet. Hier bietet der **Gasthof Thönissen** eine Einkehrmöglichkeit.

Wir überqueren die Kreuzung und biegen bei der nächsten Gelegenheit rechts in den Waldweg ab (schwarz-weiße Raute). Dieser ist bald asphaltiert und führt am Waldrand entlang bis zu einer in Höhe eines Reiterhofs befindlichen Weggabelung. Hier biegen wir rechts ab, an einer rot-weißen Schranke vorbei. An der kurz danach folgenden Gabelung gehen wir nochmals rechts (schwarz-weiße Raute) in Richtung **Niers**, die wir über eine hölzerne **Brücke (5)** überqueren.

Auf der anderen Seite folgen wir der Niers nach links (schwarz-weiße Raute) und bleiben am Flussufer bis zu einer Weggabelung. Wir halten uns geradeaus, können allerdings auch rechts abbiegen, denn beide Wege treffen kurze Zeit später wieder aufeinander (A7). Nachdem beide Wege wieder in einen Weg münden, knickt unsere Route links ab und führt weiter an der Niers und den dort befindlichen Seen entlang, bis das ehemalige Zisterzienserkloster **Gut Gräfenthal (6)** vor uns auftaucht. Heute steht das Gebäude für Veranstaltungen zur Verfügung und beherbergt ein Café, das auch Bier und Käse aus hauseigener Produktion auftischt.

Vom Gut Gräfenthal gehen wir nun vor zur Kreisstraße, folgen dieser nach rechts und halten uns dann an der Kreuzung nochmal rechts, bis wir das **Freizeitbad Goch Ness (1)** und den Parkplatz erreichen.

3.30 Std.

Entlang der Niers von Weeze nach Goch

11 TOP

Auf dem Nierswanderweg

Der Nierswanderweg beginnt in Kevelaer und verläuft größtenteils direkt an der Niers entlang bis fast zur niederländischen Grenze.

Ausgangspunkt: Weeze, Parkplatz Fährsteg (Navi: Weeze / Fährsteg). Anfahrt über A57, Ausfahrt Goch, dann Richtung Weeze. In Weeze beim Tierpark rechts abbiegen und dort parken. NordWestBahn RE 10 (Strecke Düsseldorf – Kleve) bis Bahnhof Weeze. Von dort 1 km/15 Min. Richtung Norden/Niers zum Ausgangspunkt.
Endpunkt: Goch, Bahnhof. Rückfahrt nach Weeze mit der NordWestBahn RE 10 (Mo.–Fr. halbstündl., Sa./So. stündl.).
Höhenunterschied: 50 m Aufstieg, 35 m Abstieg.
Länge: 13,4 km.
Anforderungen: Leichte Streckenwanderung, auf der Teilstücke recht sumpfig sein können.
Einkehr: Jan an de Fähr, Tel. +49 2823 8792400, www.jan-an-de-fähr.de, Di.–Fr. 12–22 Uhr, Sa./So. 11–22 Uhr, Mo. Ruhetag; König am Markt, Markt 1, Goch, Tel. +49 2823 9283823, tgl. 9.30–0 Uhr; Restaurant Kupferpfanne, Wasserstr. 28, Weeze, Tel. +49 2837 663636, geöffnet 11.30–14.30 u. 17–22 Uhr, Di. Ruhetag, www.kupferpfanne-weeze.de.
Karte: Outdoorkarte 1:50 000 Blatt 61 »Niederrhein – Kleve – Wesel« (Kümmerly + Frey).
Hinweis: Von Schloss Kalbeck können nur die Gartenanlage, Kapelle und Bibliothek mit Gruppenführung nach Voranmeldung besichtigt werden; Tel. +49 2823 97319-0, www.haus-kalbeck.de.

Wir verlassen den Parkplatz am **Fährsteg von Weeze (1)**, gehen am Spielplatz und an den Sportanlagen vorbei (schwarz-weiße Raute), passieren einen Hinweis auf einen Ehrenfriedhof und erreichen nach einem Bildstock die Einmündung des **Kervenheimer Mühlenbachs (2)**. In einem Rechtsbogen nähern wir uns der Straße, halten uns links und passieren ein Holzkreuz. Dann nähern wir uns der Niers und unterqueren die **Autobahn A57 (3)**. Ab hier verläuft unser Weg streckenweise so knapp über dem Wasserspiegel der Niers, dass zeitweise Überflutungsgefahr besteht. Nach einer knappen halben Stunde erreichen wir an einer

Allee bei Schloss Kalbeck.

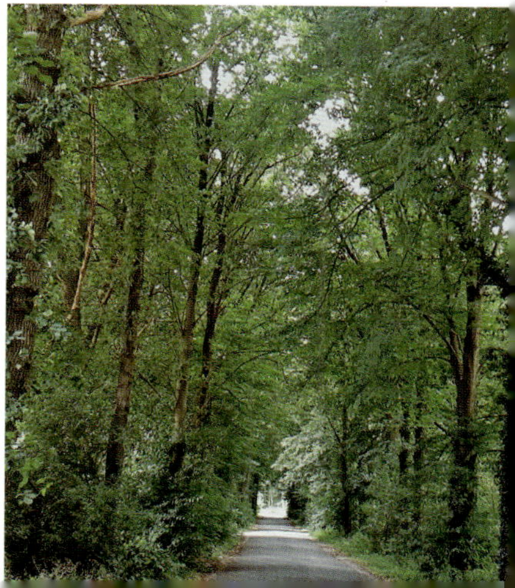

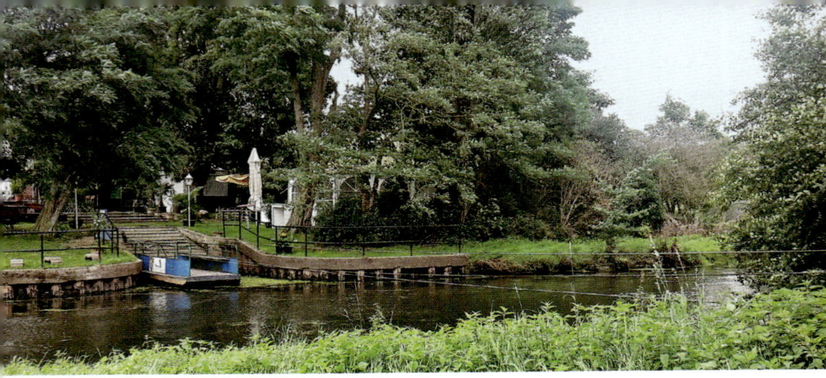

Am Gasthof Jan an de Fähr kann man per Ziehfähre auf der Niers übersetzen.

Bootsanlegestelle eine Ziehfähre mit Einkehrmöglichkeit. Hierbei handelt es sich um **Jan an de Fähr (4)**, einen bekannten Gasthof.
Am Weiterweg haben wir die Möglichkeit, die Brücke der Landstraße zu unterqueren und dann nach rechts die L77 entlangzugehen. Die Unterführung ist allerdings sehr niedrig, außerdem kann der Weg recht sumpfig sein. Die Alternative dazu ist, dass wir den Weg, der an der Fähre von der Niers wegführt, benutzen und dann uns links haltend die Landstraße überqueren. Beide Wege kommen kurze Zeit später an einem Parkplatz an der L77 wieder zusammen. Von der Landstraße nehmen wir nun den Weg in Richtung **Schloss Kalbeck (5)**, das sich im Privatbesitz befindet (Besichtigungsmöglichkeit s. Hinweis).
Am Ende unseres Weges durch den Kalbecker Forst gabelt sich unsere Route, wir wechseln hier nach links in Richtung **Niers** und überqueren diese über eine **Brücke (6)**. Dahinter setzen wir unseren Weg auf der linken Uferseite fort. Wir passieren eine Holzbrücke und gehen im Bogen an der Niers entlang, bis die ersten Häuser von **Goch** auftauchen. An der zweiten Niersbrücke haben wir einmal die Möglichkeit, links in die Innenstadt mit dem **Rathaus (7)** zu gelangen, oder aber rechts über die Brücke zu gehen, um dann über die erste Straße links in Richtung **Bahnhof (8)** zu kommen.
Von dort kann man per Bahn nach Weeze zurückfahren und vom Bahnhof aus in etwa einer Viertelstunde den Parkplatz am Fährsteg erreichen.

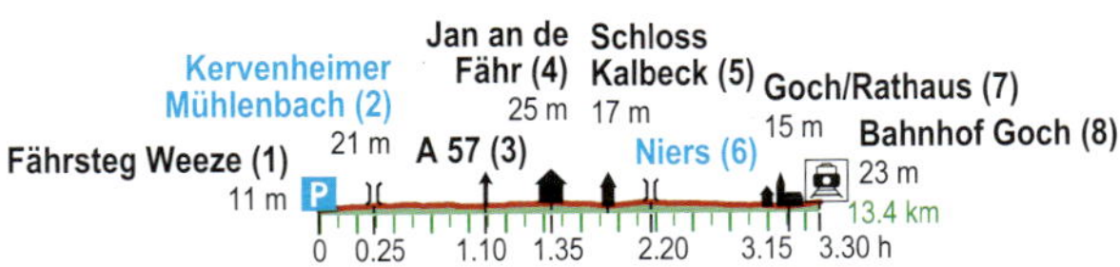

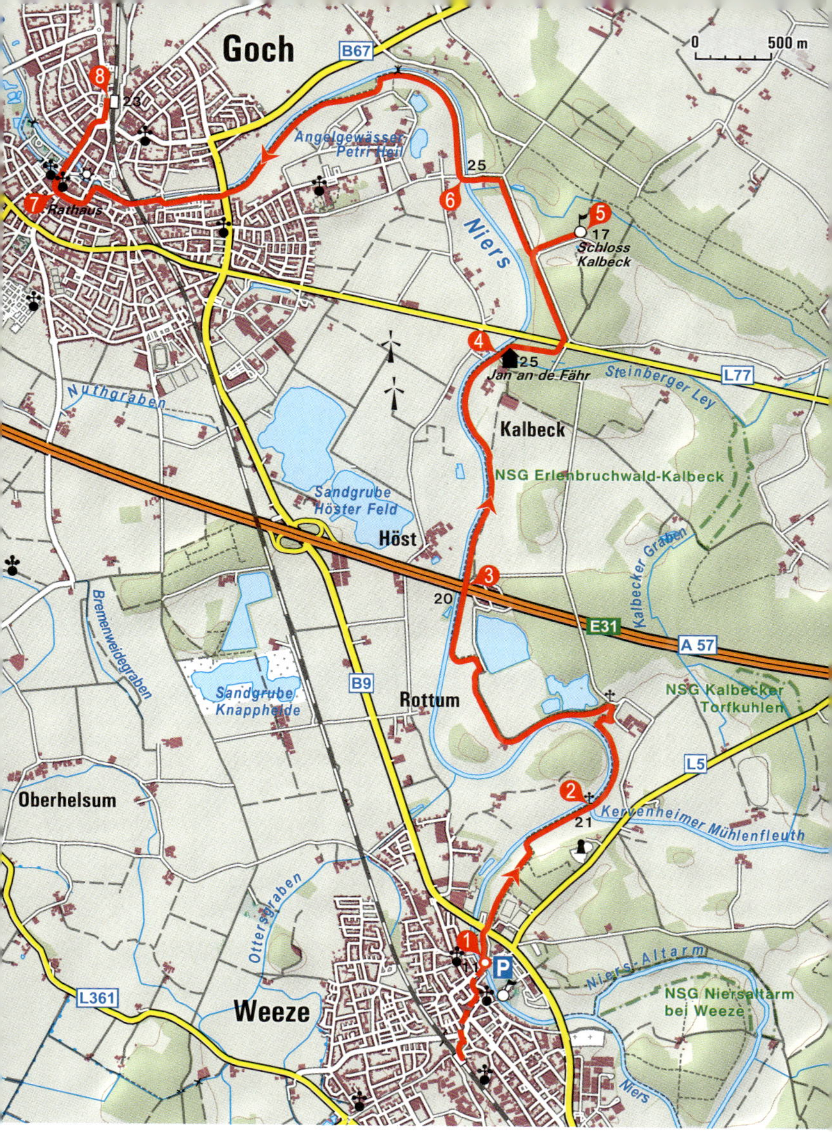

Goch
B67
0
500 m
Angelgewässer Petri Heil
25
Niers
17
Schloss Kalbeck
Rathaus
23
25
Jan an de Fähr
Steinberger Ley
L77
Nuthgraben
Kalbeck
NSG Erlenbruchwald-Kalbeck
Sandgrube Höster Feld
Höst
Kalbecker Graben
20
E31
A 57
Bremenweidegraben
Sandgrube Knappheide
B9
Rottum
NSG Kalbecker Torfkuhlen
L5
Oberhelsum
21
Kervenheimer Mühlenfleuth
Ottersgraben
Niers-Altarm
11
L361
Weeze
NSG Niersaltarm bei Weeze
Niers

12 Vom Kloster Kamp zur Fossa Eugeniana

3.30 Std.

Von den Klosteranlagen durch Fleuthlandschaften

Die abwechslungsreiche Rundwanderung führt von der schönen Anlage des ehemaligen Klosters Kamp über die Anfänge der Fossa Eugeniana mit zahlreichen Schanzen und Forts zum Waldgebiet Niederkamp.

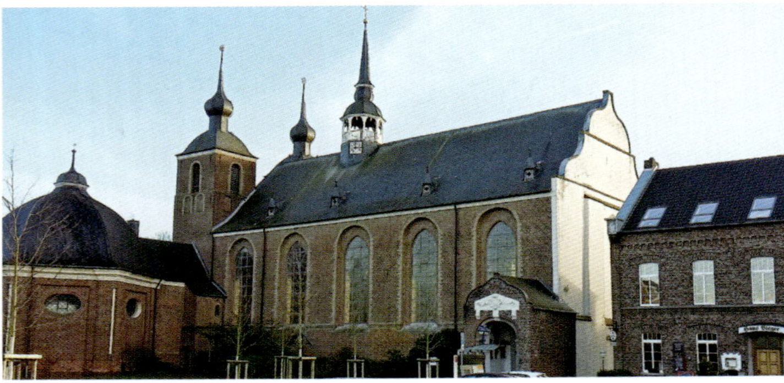

Die imposante Abteikirche des ehemaligen Klosters Kamp.

Ausgangspunkt: Kloster Kamp, Waldparkplatz beim Kloster im Hohen Busch (Navi: Kamp-Lintfort / Kreuzstraße). Anfahrt über die A57, Ausfahrt Kamp-Lintfort, dann in Richtung Kamp-Lintfort und Kloster. Der Waldparkplatz liegt gegenüber der Klosterzufahrt. Bus 921 ab Bahnhof Moers, mit Umstieg auf SB30 ab Moers, Königlicher Hof weiter bis Kloster Kamp.
Höhenunterschied: 50 m.
Länge: 15,1 km.
Anforderungen: Rundwanderung über oftmals asphaltierte Wege.

Einkehr: Baerlaghof, Tel. +49 2835 3307, www.baerlaghof.de, Mi.–Fr. ab 14 Uhr, Sa. ab 12 Uhr, So./Fei. ab 10 Uhr, Mo./Di. Ruhetag; Spenden-Café Kloster Kamp, siehe unten.
Hinweis: Lohnend ist die Besichtigung von Kloster Kamp mit Abteikirche, Museum, Gewölbekeller und Terrrassengärten sowie Café und Klosterladen; Informationen unter www.kloster-kamp.eu.
Karte: Outdoorkarte 1:50 000 Blatt 61 »Niederrhein – Kleve – Wesel« (Kümmerly + Frey).

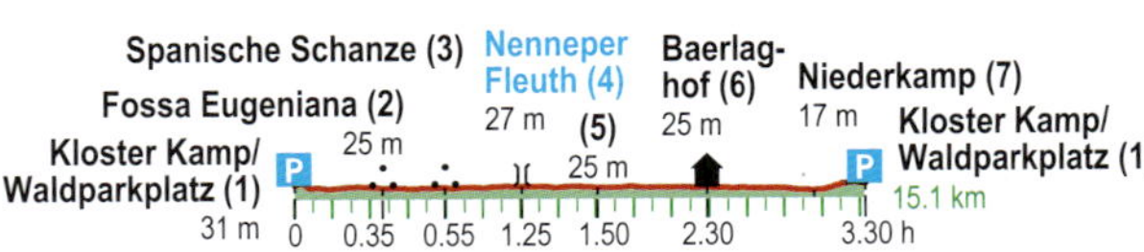

Wir verlassen den **Waldparkplatz (1)** in Richtung **Kloster Kamp** und wechseln vor dem Edith-Stein-Haus rechts auf den Fußweg (schwarz-weiße Raute), der zur Straße führt. Hier gehen wir links weiter bis zur Mühlenstraße, der wir rechts um den Dachsberg herum folgen (schwarz-weiße Raute, A4). Unser Weg knickt leicht nach rechts und dann wieder nach links in die Eugenianastraße ab. Wir sehen jetzt rechts von uns die ersten Anzeichen der **Fossa Eugeniana (2)**, während auf der linken Seite eine Schanzenanlage sichtbar ist. Mit dem Bau der Fossa Eugeniana wurde Anfang des 17. Jahrhunderts begonnen, um eine Kanalverbindung zwischen Rhein und Maas unter Umgehung niederländischen Gebiets zu ermöglichen. Ziel war es, die abtrünnigen niederländischen Provinzen, die damals zu Spanien gehörten, vom Handel auf dem Rhein abzuschneiden. Den Spaniern diente der etwa 4 m breite und rund 50 km lange Kanal aber auch als Verteidigungslinie, was die Anzahl der erkennbaren Schanzen und Forts erklärt. Der Kanal wurde nie vollendet, war jedoch zwischen Rheinberg und Geldern so weit hergestellt, dass er befahrbar war.
An der nächsten Kreuzung nehmen wir den Feldweg, der schräg rechts abgeht (schwarz-weiße Raute, A4), und halten uns zwischen zwei Gehöften hindurch auf ein Wäldchen zu. Dahinter sehen wir eine weitere **Spanische**

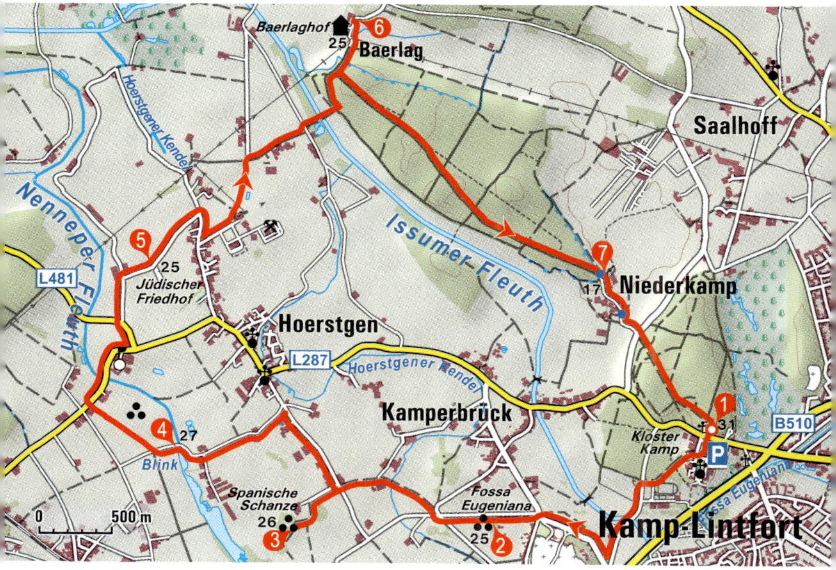

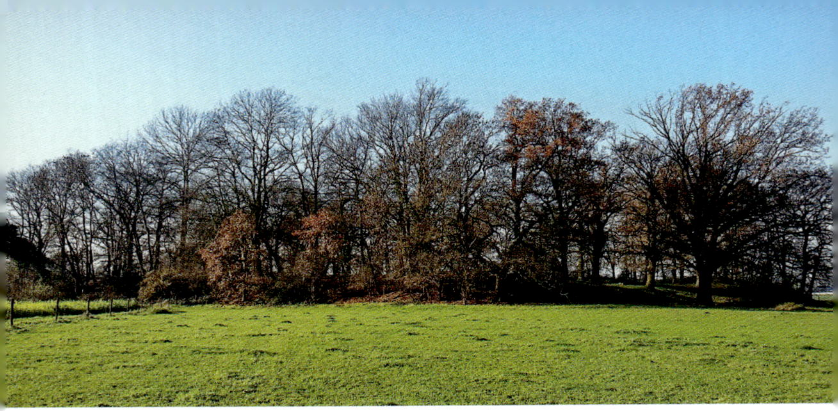

Spanische Schanze an der Fossa Eugeniana bei Hoerstgen.

Schanze (3). Nun gehen wir zurück bis zur nächsten Wegkreuzung und biegen nach links ab in die Molkereistraße. Auf ihr erreichen wir den Ortsanfang von Hoerstgen (schwarz-weiße Raute), wo wir nach links dem Noppicker Weg folgen. Nachdem wir zwei Gehöfte passiert haben, überqueren wir auf einer **Brücke** die **Nenneper Fleuth (4)** und wechseln danach schräg rechts auf einen Feldweg. An dessen Ende biegen wir rechts ab zu Haus Frohnenbruch, einer ehemaligen Wasserburg, die heute einen Bio-Landwirtschaftsbetrieb mit Hofladen beherbergt.
An der nächsten Abzweigung biegen wir links ab in die Issumer Straße und halten uns nach 200 Metern rechts auf den Wirtschaftsweg (K), um vor dem folgenden Gehöft wieder nach rechts abzubiegen. Nun passieren wir den **Jüdischen Friedhof Hoerstgen (5)**, bleiben auf dem Weg und gehen an der nächstmöglichen Abbiegung nach rechts und dann wieder nach links, der K-Markierung folgend. Wir bleiben auf dem Weg (K), bis wir den Niederkamp erreichen, ein Waldstück, durch das wir zum Kloster zurückkommen. Gleich hinter dem Waldrand halten wir uns zuerst links und dann, nach einem Rechtsschwenk geradeaus, um nach 400 Metern im **Gasthof Baerlaghof (6)** einzukehren.
Ohne Einkehr biegen wir nach dem Rechtsschwenk gleich rechts ab. Wir durchqueren nun den Niederkamper Wald, der an der Ortschaft **Niederkamp (7)** endet. Dahinter beginnt das Waldgebiet Hoher Busch, durch das wir nach 1 km (X) wieder den **Waldparkplatz (1)** in der Nähe des sehenswerten **Klosters Kamp** erreichen. Die 1123 gegründete ehemalige Abtei war das erste Zisterzienserkloster im deutschsprachigen Raum. Heute finden in den historischen Gemäuern u.a. kulturelle Veranstaltungen statt. Sehenswert sind das Museum und die barocken Klostergärten, die terrassenförmig angelegt sind.

3.30 Std.

Im Uedemer Hochwald 13

Vom Marienwallfahrtsort in den Staatsforst Xanten

Buchen und Eichen säumen unsere Rundtour durch den Uedemer Hochwald. Er ist Teil des Niederrheinischen Höhenzugs, einer Endmoräne der Saaleeiszeit und wird im Süden zum Tüschenwald (siehe Tour 14) hin begrenzt durch die »Hau« genannte Hochwaldschneise.

Ausgangspunkt: Xanten-Marienbaum, Parkplatz an der Wallfahrtskirche von Marienbaum (Navi: Xanten, Marienbaum / Klosterstraße). Anfahrt über A57, Ausfahrt Sonsbeck, dann Richtung Xanten und Labbeck. Kurz vor Labbeck Richtung Marienbaum. Bus 44 ab Bahnhof Kleve bis Marienbaum Kirche.

Höhenunterschied: 90 m.

Länge: 13,0 km.

Anforderungen: Leichte Rundwanderung auf markierten Waldwegen.

Einkehr: Haus Nachtigall, Am Hochwald 12, Uedem, Tel. +49 02825 360, www.hotel-uedem.de, Mo–Mi., Fr./Sa. ab 17 Uhr, Do, So. Ruhetag; Villa Reichswald, Tel. +49 2825 383, www.villa-reichswald.de, Mi.–So. 11.30–18.00 Uhr, Mo./Di. Ruhetag; Gaststätte Verholen, Kalkarer Str. 97, Marienbaum, Tel. +49 2804 215, Mo.–Sa. 9–18 Uhr, So. Ruhetag.

Karte: Outdoorkarte 1:50 000 Blatt 61 »Niederrhein – Kleve – Wesel« (Kümmerly + Frey).

Marienbaum gehört zu den ältesten Marienwallfahrtsorten am Niederrhein.

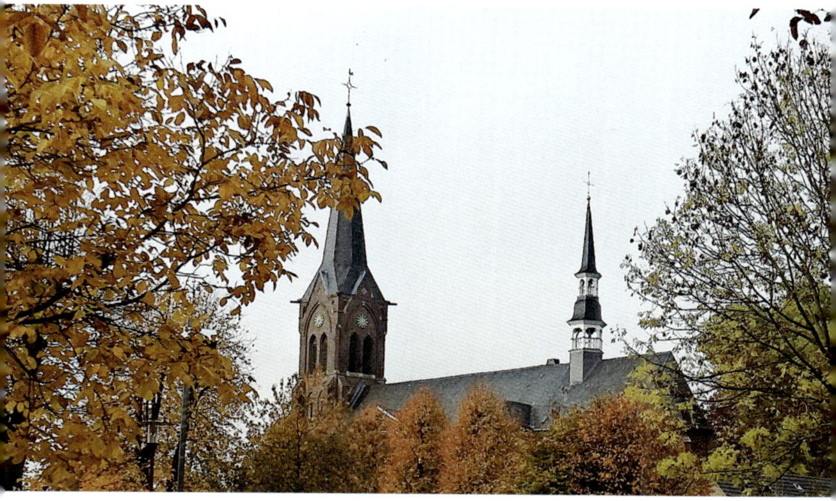

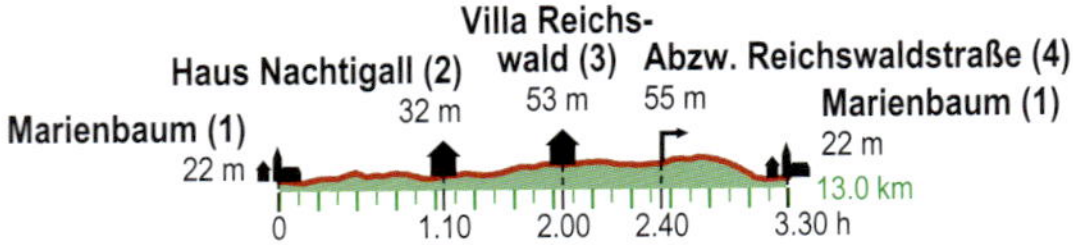

In **Marienbaum (1)** gehen wir vom Parkplatz an der Wallfahrtskirche St. Mariä Himmelfahrt vor zur Hauptstraße, dort zuerst rechts, dann links in Richtung Uedem. Hier befindet sich auch ein Hinweis auf die Waldwanderwege (X). Gleich am Anfang des Hochwalds nehmen wir den Weg rechts (X, A3) und bleiben in der Nähe des Waldrands.

An einer Wegkreuzung mit mehreren Wald- und Reitwegen halten wir uns schräg links und gehen auf dem schmaleren Waldweg (A3), bis zu einer Wegkreuzung, an der Weg A3 links abzweigt. Wir bleiben geradeaus auf Weg A2, bis kurz vor dem Waldrand schräg rechts ein Bauernhof zu sehen

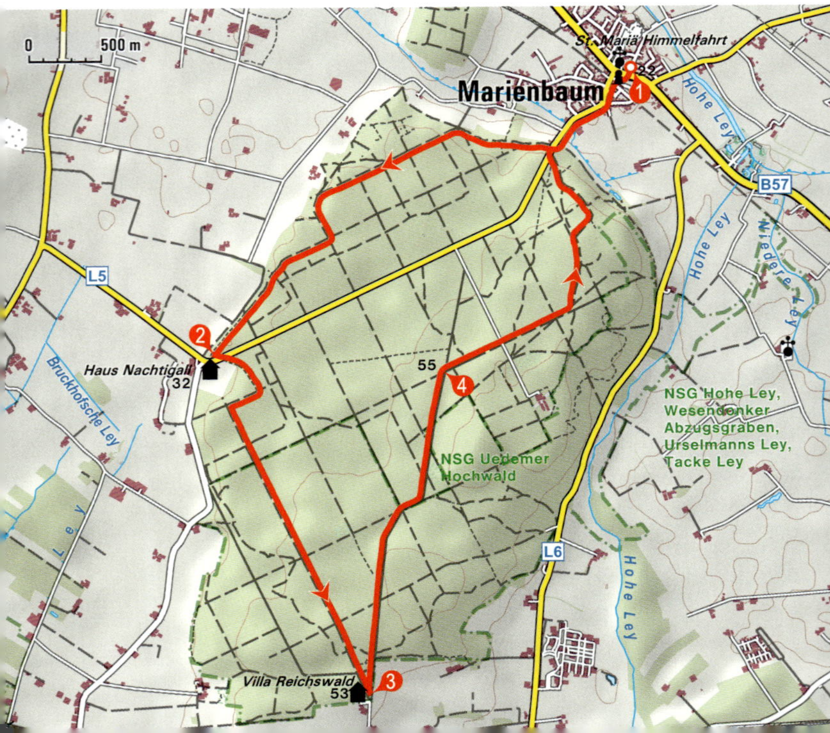

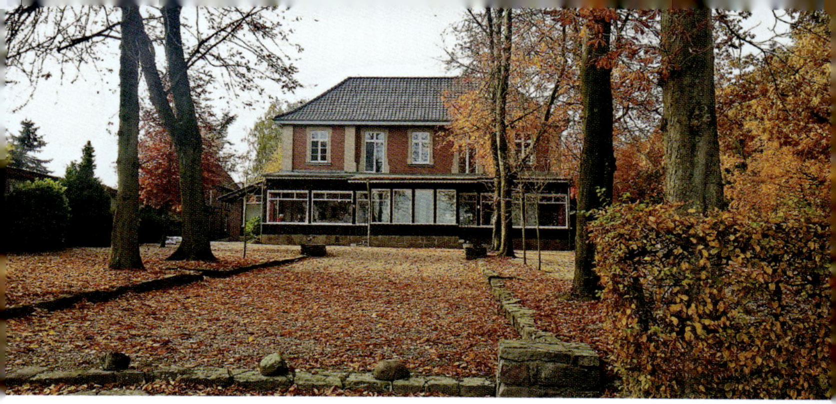

Die im 19. Jahrhundert errichtete Villa Reichswald ist heute ein Ausflugslokal.

ist. Hier knickt der Weg links ab in den Wald. An der folgenden Kreuzung halten wir uns rechts (A2) und nähern uns so wieder dem Waldrand. In dessen Nähe bleiben wir, bis wir an die Landstraße L5 zwischen Uedem und Marienbaum kommen. Rechts von uns sehen wir das **Haus Nachtigall (2)**, in dem es eine Einkehrmöglichkeit gibt.

Wir überqueren die Landstraße und halten uns schräg links (A2) zwischen Wald und einer Pferdekoppel. Dann gehen wir an einem querenden Weg rechts und an der Stelle, an der rechts an einem Baum die A2-Markierung zu sehen ist, links. Unser Weg führt uns nun ein längeres Stück geradeaus durch den Hochwald, wobei sich etwa in der Mitte die Markierung an einer Wegkreuzung ändert (schwarz-weißes Dreieck).

Nachdem wir einen Waldparkplatz hinter uns gelassen haben, erreichen wir die **Villa Reichswald (3)**. An dem Ausflugslokal beginnt die sogenannte Hau oder auch Hochwaldschneise, die Hochwald und Tüschenwald teilt. Im Zweiten Weltkrieg fanden hier im Frühjahr 1945 schwere Gefechte zwischen den Alliierten und der deutschen Wehrmacht statt.

Auf einem Feldweg entfernen wir uns nun von der Villa in Richtung Hochwald (A1, A4) und bleiben auf dieser Route, bis wir auf einen **Abzweig (4)** von Weg A3 und A4 schräg rechts treffen. Wir bleiben in dieser Richtung, bis links ein schmalerer Weg abzweigt (schwarz-weißer Kreis). Dieser Pfad schlängelt sich durch den **Hochwald** in Richtung Marienbaum und erreicht den Waldrand an der Stelle, an der wir den Wald anfangs betreten haben.

Nun gehen wir auf demselben Weg zurück nach **Marienbaum (1)**. Namensgebend für diesen Wallfahrtsort war ein Marienbild, das im 15. Jahrhundert gefunden und in einer Kapelle aufbewahrt wurde. Anstelle der Kapelle entstand später die heutige Wallfahrtskirche. Gegenüber der Kirche befindet sich das Wallfahrtsmuseum.

14 Durch den Tüschenwald

3.00 Std.

Durch Buchen- und Eichenwälder

Der Tüschenwald ist der südliche Teil des Hochwalds, der sich auf dem Niederrheinischen Höhenzug erstreckt. Zu Beginn der Rundwanderung gewinnt man am Findlingsweg auch Einblicke in die Geo(morpho)logie der sogenannten Sonsbecker Schweiz.

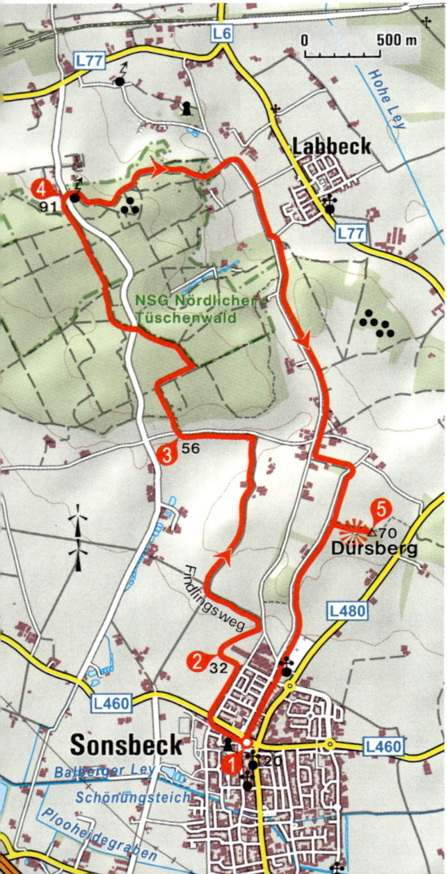

Ausgangspunkt: Sonsbeck, Parkplatz am Rathaus (Navi: Sonsbeck / Kastellstraße). Anfahrt über A57, Ausfahrt Sonsbeck, dann Richtung Sonsbeck/Xanten. Parken in Sonsbeck am Rathaus oder beim Supermarkt. Bus 36 ab Bahnhof Geldern bis Sonsbeck Rathaus.

Höhenunterschied: 140 m.

Länge: 12,0 km.

Anforderungen: Bequeme Rundwanderung ohne größere Schwierigkeiten.

Einkehr: Unterwegs keine Möglichkeit. In Sonsbeck: Gasthaus zur Börse, Hochstr. 65, www.gasthaus-sonsbeck.de, Tel. +49 2838 6559887, tgl. 11–14 u. 17–22 Uhr.

Karte: Outdoorkarte 1:50 000 Blatt 61 »Niederrhein – Kleve – Wesel« (Kümmerly + Frey).

Wichtiger Hinweis: Das Wanderwegenetz wurde hier oft nicht optimal weitergeführt. Deshalb kommt es vor, dass Wanderwegmarkierungen auftauchen, die lange überholt und etwas verwirrend sind.

Vom **Rathaus Sonsbeck (1)** gehen wir auf der Balberger Straße am Supermarkt vorbei, biegen nach rechts ab in die Straße In der Huf (A2) und folgen dann nach links der Turmstraße ortsauswärts. Diese geht beim Firmengelände in den **Findlingsweg (2)** über. Hierbei

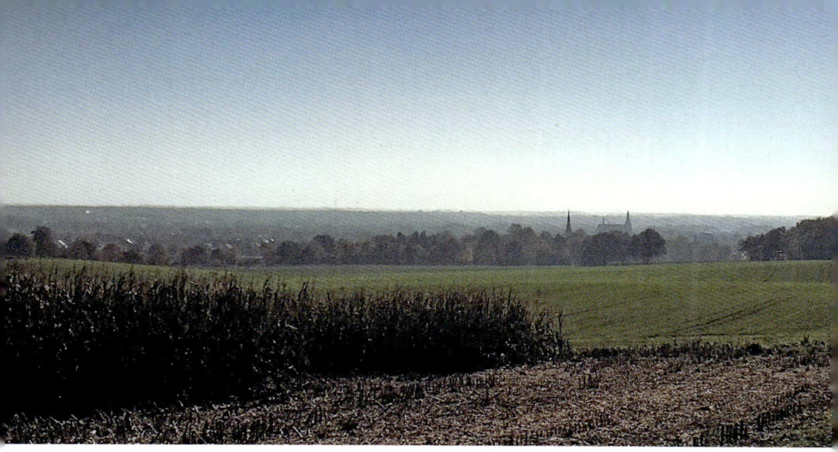

Blick vom Dürsberg nach Sonsbeck.

handelt es sich um eine Ergänzung des benachbarten Geologischen Wanderwegs. Man trifft hier auf Findlinge, die bei Auskiesungen am Niederrhein gefunden wurden. Zusammen mit dem Geologischen Wanderweg, der die erdgeschichtliche Entstehung der Sonsbecker Schweiz dokumentiert, erhält man einen Eindruck von der Eiszeitlandschaft des Niederrheins.
Nun kommen wir wieder zurück zum Wanderweg (A2), halten uns an der Weggabelung links und gehen dann rechts auf der leicht bergauf führenden Straße weiter bis zu einer querenden Straße. Hier halten wir uns links und wandern am rechts von uns liegenden **Tüschenwald** entlang, bis unser Weg (X) bei einer **Bank (3)** rechts abgeht und in den Wald führt. Der Weg (X) knickt rechts ab, um dann nach einem kurzen Stück geradeaus wieder nach links bis zu einem Waldparkplatz zu führen.

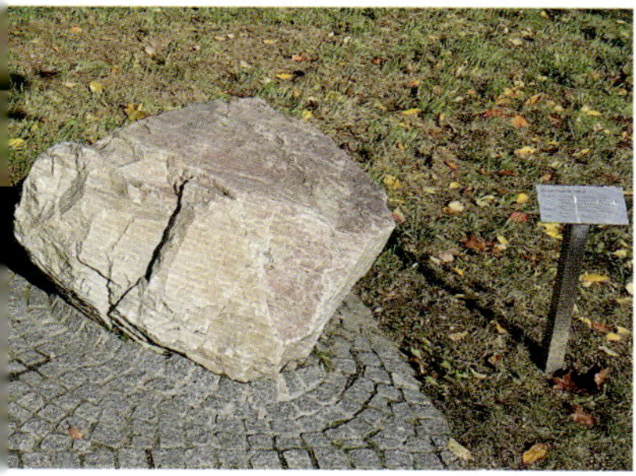

Am Findlingsweg bei Sonsbeck.

Hier überqueren wir die Straße und setzen unsere Tour, an der rot-weißen Abgrenzung vorbei, auf dem querenden Reitweg 4 fort. An der folgenden Kreuzung geht es nun rechts und bergauf geradeaus, bis der Reitweg 5 in die rechts von uns verlaufende Straße einmündet. Wir überqueren die Straße auf Höhe eines **Antennenmastes (4)** und folgen

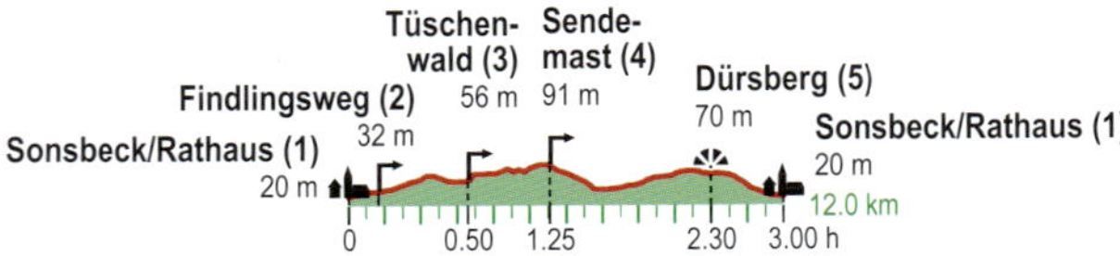

dem Weg (A5) in leichten Kurven weiter. Dann halten wir uns an einer Sternkreuzung schräg links und sind auf dem Reitweg 6, der nach einer Gabelung, an der wir uns wiederum links halten, aus dem Wald führt. Nun sehen wir Labbeck schräg rechts vor uns. Kurz vor einem Bauernhof wechseln wir rechts auf die asphaltierte Straße, die in den Dassendahler Weg einmündet, und folgen der leicht ansteigenden Straße.
Hinter einer Bushaltestelle biegen wir links ab. Dem Hinweisschild »Aussichtsturm« folgend passieren auf der rechten Seite ein kleines Wäldchen und wechseln rechts auf den Weg zum **Dürsberg (5)**, wo bis zum Sommer 2020 noch ein Aussichtsturm stand, der allerdings abgerissen werden musste, weil er marode war. Die Gemeinde Sonsbeck plant den Bau eines neuen Aussichtsturms. Von der hier stehenden Rastbank am Rand des Wäldchens hat man aber auch einen schönen Blick über die Umgebung von Sonsbeck.
Wir folgen nun dem bergab führenden Weg nach Sonsbeck und befinden uns zeitweise auf dem Geologischen Wanderweg mit Infotafeln zur Erdgeschichte. Am Ortsanfang von **Sonsbeck** kommen wir am Römerturm vorbei und erreichen danach wieder unseren Ausgangspunkt am **Rathaus (1)**.

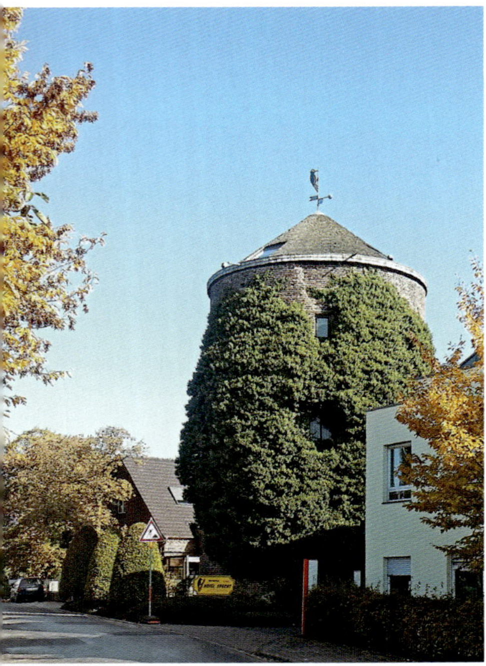

Der Sonsbecker Römerturm stammt aus dem Spätmittelalter.

3.30 Std.

De Hamert 15

Im Nationaal Park De Maasduinen

Die schöne Runde verläuft durch den De Hamert genannten südlichen Teil des Nationalparks De Maasduinen. Seinen Namen »Maasdünen« verdankt er den Flugsanddünen, die hier gegen Ende der letzten Eiszeit entstanden sind.

Ausgangspunkt: Wellerlooi, Wanderparkplatz am Gasthof De Hamert (Navi: NL / Wellerlooi / Twistedener Weg 2). Anfahrt über A40 (D), bzw. A67 (NL) bis Ausfahrt Velden, und Richtung Arcen. Nach Arcen parken am Gasthof De Hamert. Bus 83 ab Bahnhof Venlo bis Wellerlooi Hotel de Hamert.
Höhenunterschied: 40 m.
Länge: 13,1 km.
Anforderungen: Rundwanderung auf überwiegend sandigem Untergrund mit leichten Auf- oder Abstiegen.
Einkehr: Unterwegs keine Möglichkeit. Am Ausgangspunkt: Pannenkoekenhuis Jachthut op den Hamer, April–Okt. tgl. ab 11 Uhr, Nov.– März nur Fr.–So., Tel. +31 77 3200102, www.dejachthut.nl.
Karte: Topografische Karte van Nederland 1:25 000 Blatt 52E »Blitterswijck« (Hrsg. Dienst voor Het Kadaster, Apeldoorn).

Abwechslungsreiche Moor- und Heidelandschaft im Landgoed de Hamert.

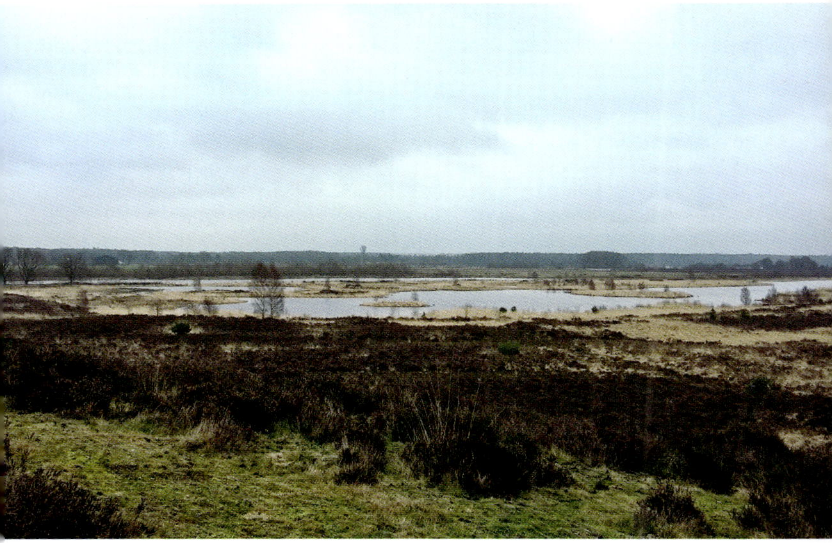

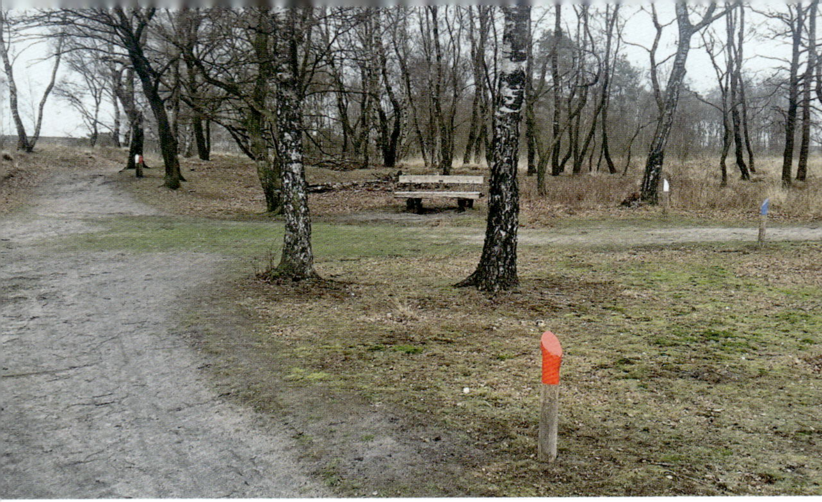

Gut markierte Wege führen durch das Naturschutzgebiet.

Wir gehen vom Wanderparkplatz am **Pannenkoekenhuis Jachthut op den Hamer (1)** links auf den Weg, der mit rot-weiß-blauen Pflöcken markiert ist, passieren ein Holztor und wandern geradeaus durch den Birkenwald. Dann knickt unser Weg nach rechts ab und ist jetzt wieder rot markiert. Als nächstes erreichen wir eine **Wegkreuzung (2)**, an der wir uns links halten (blaue Markierung).

An einem querenden Weg zweigen wir rechts ab, um bei der nächsten Möglichkeit wieder links abzubiegen, und kommen dabei an einem roten Pflock und dann wieder an einem Holztor vorbei, hinter dem wir rechts abbiegen. An einer Stelle, an der rechts ein weiteres Holztor steht, halten wir uns schräg links auf einem blau markierten Reitweg. Nun folgt ein längeres Stück geradeaus, das schließlich von zwei Holzbarrieren begrenzt ist. Ab hier ist unsere Route mit einem gelb-roten Kreuz bezeichnet. Der Reitweg knickt jetzt schräg links ab. Wir wechseln bei der nächsten Möglichkeit rechts auf einen schmaleren Weg, der mit farbigen Dreiecken markiert ist. Wir bleiben jetzt auf dem Pfad, der uns zu einem Sendemast führt, wobei wir eine Straße überqueren und den **Sportpark Bos en Heide (3)** passieren.

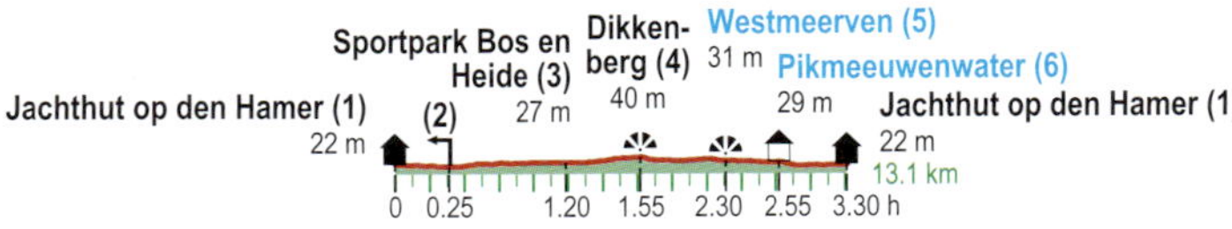

Hinter der Anlage wird der Pfad teilweise etwas verwachsen und endet an einem querenden Waldweg (weiße Markierung). Auf diesem setzen wir unsere Tour nun nach rechts fort. An einer Gabelung nehmen wir den rechten Weg, überqueren die Straße wieder und sind nun auf rot markierter Route, bis ein Radweg quert, dem wir nach links folgen. Vor uns sehen wir ein Holztor, das wir passieren. Ab hier ist unser Weg grün und rot markiert. Bald erreichen wir den **Dikkenberg (4)**, der uns einen schönen Ausblick über die Seenlandschaft bietet.

Nach dem Dikkenberg folgt wieder ein Holztor, durch das wir gehen und dann links abbiegen. Nach einer weiteren Linksabbiegung befinden wir uns auf dem rot markierten Waldweg, der in der Folge mal links, mal rechts abknickt, bis wir wieder ein Holztor erreichen. Im weiteren Tourenverlauf kommen wir an einer **Aussichtsplattform (5)** am Marschland des **Westmeerven** vorbei und biegen danach rechts ab, um am Waldrand entlangzuwandern. Nach dem nächsten Holztor biegen wir links ab und nähern uns einer metallenen Abgrenzung. Hier wechseln wir nach rechts; die rote Markierung ist unverändert. Wir befinden uns nun offensichtlich in einem Vogelbeobachtungsgebiet, in dem wir links von uns den See **Pikmeeuwenwater** mit zahlreichen Wasservögeln passieren. Rechts von uns passieren wir eine **Schutzhütte (6)**.

An der folgenden **Wegkreuzung (2)**, an der wir schon am Hinweg vorbeigekommen sind, halten wir uns nun aber links auf dem blau-weiß markierten Weg. Schließlich biegen wir rechts ab, um der blauen Markierung zurück zum Ausgangspunkt an der **Jachthut op den Hamer (1)** zu folgen.

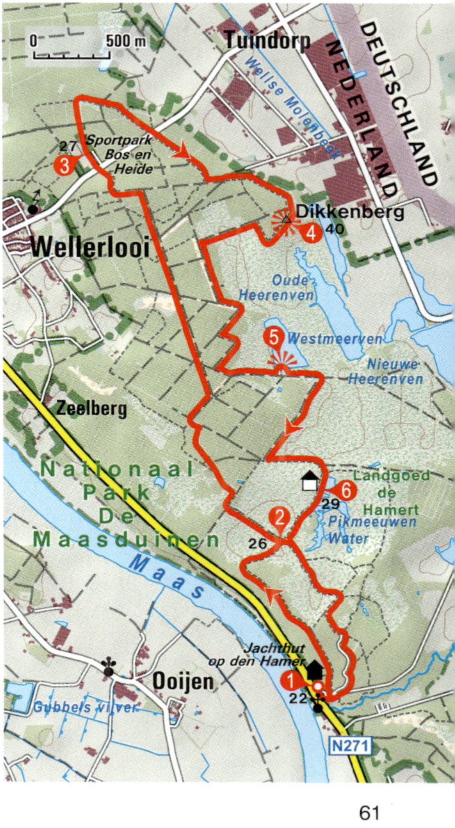

16 Durch die Bosscherheide

3.00 Std.

Zwischen Dünen und Heidelandschaft

Auf der abwechslungsreichen Runde erkunden wir die Bosscherheide und das Reindersmeer, die beide Teil des Nationalparks De Maasduinen sind. Dieser erstreckt sich östlich von der Maas von Gennep bis nach Arcen.

Ausgangspunkt: Well, Restaurant De Wellsche Hut (Navi: NL / Well / Wezerweg 13). Anfahrt über A57, Ausfahrt Sonsbeck, dann Richtung Kevelaer und Weeze. An der ersten Ampel in Richtung Well bis zur Grenze.
Höhenunterschied: 35 m.
Länge: 10,7 km.
Anforderungen: Leichte Rundwanderung auf größtenteils sandigem Untergrund.
Einkehr: Bosbrasserie im Besucherzentrum De Maasduinen an der Schleuse, siehe Hinweis; am Ausgangspunkt: De Wellsche Hut, Tel. +31 478 501546, www.dewellschehut.nl, Do.–Di. ab 10 Uhr, Mi. Ruhetag.
Karte: Topografische Karte/Wanderkarte Nederland 1:25 000 Blatt 52E »Blitterswijck« (Hrsg. Dienst voor het Kadaster, Apeldoorn).
Hinweis: Das Besucherzentrum De Maasduinen, untergebracht in einem Schleusenkomplex, mit Ausstellung und Restaurant, ist geöffnet März–Okt. Mo.–Fr. 11–18 Uhr, Sa./So. und in den Schulferien 10–20 Uhr, Nov.–März nur Fr.–Mo. ab 11 Uhr, Tel. +31 478 503821, www.bosbrasserieindesluis.nl.

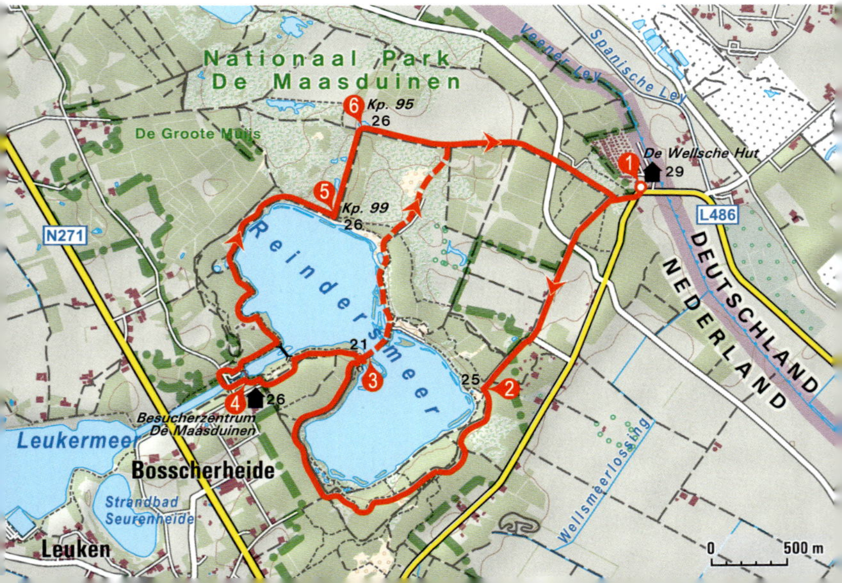

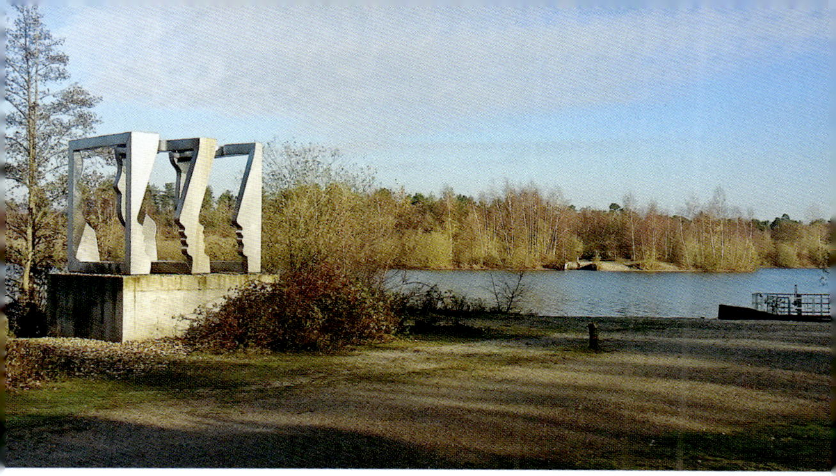

Beim Besucherzentrum kann man per Ziehfähre das Reindersmeer überqueren.

Wir starten vom Parkplatz am Restaurant **De Wellsche Hut (1)** auf der rot markierten Route, nehmen an der Weggabelung den mittleren Weg, überqueren die Straße und gehen geradeaus weiter. Am Waldrand wählen wir an der Gabelung den Weg rechts und folgen dem Hinweisschild »Reindersmeer«. Vor dem **Reindersmeer (2)** halten wir uns links und erreichen den Knotenpunkt 29, wo wir uns mit etwas Abstand zum See rechts in Richtung Knotenpunkt 30 orientieren.
Wir befinden uns nun am Seeufer und bleiben an der Stelle, wo es links in Richtung Leukermeer weggeht, rechts am Seeufer. Nun erreichen wir eine auf einer Anhöhe gelegene Beobachtungsstation für Wasservögel, hinter der sich die **Ziehfähre (3)** befindet, die das Reindersmeer teilt. Hier könnte man die Tour auch abkürzen.
Im weiteren Verlauf folgt auf einen Kletterpark das am Verbindungskanal zwischen den Seen befindliche **Nationalpark-Besucherzentrum (4)**, wo die **Bosbrasserie** zur Einkehr lädt. Das Besucherzentrum informiert umfassend über den Nationalpark De Maasduinen, über Erdgeschichte, Natur und Naturschutz, Flora und Fauna.

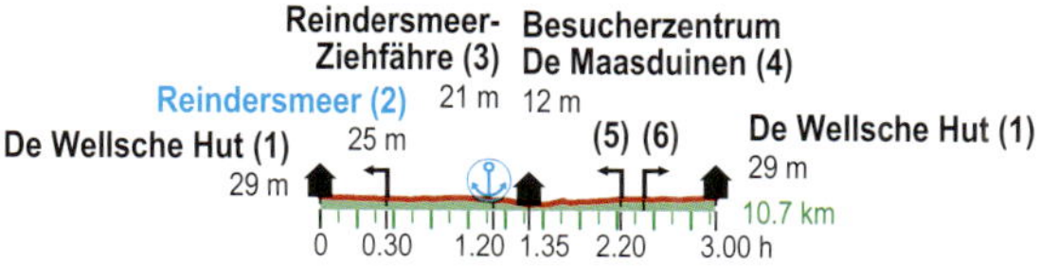

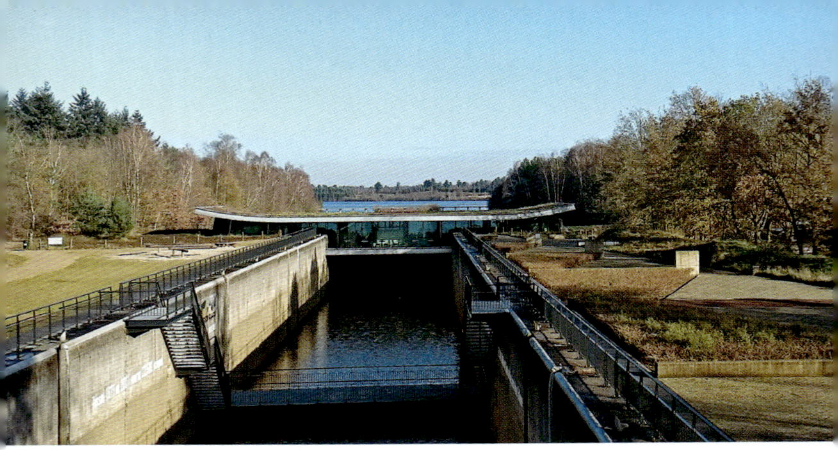

In der ehemaligen Schleuse befinden sich Besucherzentrum und Restaurant.

Nun setzen wir unsere Tour fort, indem wir am Schleuserhäuschen über den Kanal und auf der anderen Uferseite das Besucherzentrum passieren. Nach einer längeren Strecke am Reindersmeer entlang, verlassen wir am **Knotenpunkt 99 (5)** das Seeufer und nehmen den rot-gelb markierten Weg nach links. Dann wechseln wir am **Knotenpunkt 95 (6)** nach rechts in Richtung Punkt 94. Wir überqueren die Straße und nähern uns so dem Ausgangspunkt an der **Wellsche Hut (1)**.

Das geschützte Reindersmeer ist aus einer früheren Sandgrube hervorgegangen.

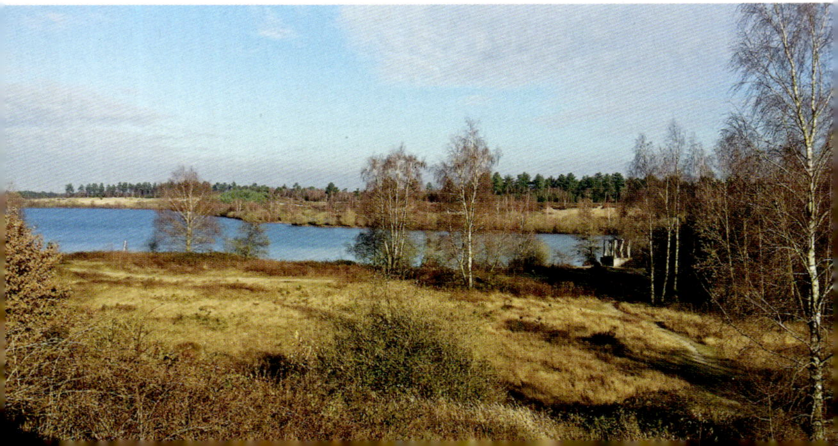

4.00 Std.

Die Bönninghardt 17

Wanderung über niederrheinische Höhen

Die Wanderung führt uns zwischen Sonsbeck und Alpen durch die Bönninghardt. Sie ist ein Teil des Niederrheinischen Höhenzugs, der durch die Eiszeit entstanden ist.

Ausgangspunkt: Alpen, Willy-Brandt-Platz (Navi: Alpen / Tannenweg, Willy-Brandt-Platz). Anfahrt über A57, Ausfahrt Alpen, dann links Richtung Alpen. Bus 67 ab Bahnhof Wesel bis Alpen Adenauerplatz.
Höhenunterschied: 55 m.
Länge: 18,5 km.
Anforderungen: Längere Rundwanderung ohne größere Anstiege. Das Waldstück hinter dem Hotel Bönninghardt ist etwas unübersichtlich.
Einkehr: Hotel Bönninghardt, Mi. Ruhetag, Bönninghardter Str. 159, Metzekath, Tel. +49 2835 2420, www.hotel-boenninghardt.de, So./Fei. ab 11.30 Uhr, sonst ab 17.30 Uhr; Burgschänke, Burgstr. 32–38, Alpen, Tel. +49 2802 9463246, www.burgschaenke-alpen.de, Mo. Ruhetag.
Karte: Outdoorkarte 1:50 000 Blatt 61 »Niederrhein – Kleve – Wesel« (Kümmerly + Frey).

Vom Parkplatz in **Alpen** verlassen wir den **Willy-Brandt-Platz (1)** nordwestwärts bis zur Straße Die Huf, der wir nach links ortsauswärts folgen. Am Ortsrand halten wir uns zunächst rechts und dann links in Richtung Wald. Am Waldweg (X, schwarz-weißer Winkel) finden wir außer einem Rastplatz noch Reste des Alten Kastells aus dem 11. Jh. Über die alte Straße nach Sonsbeck, die etwas an einen Hohlweg erinnert und leicht bergauf führt, kommen wir aus dem Wald und setzen den Weg geradeaus fort. Dabei überqueren wir zuerst die seit dem Zweiten Weltkrieg stillgelegte **Eisenbahntrasse (2)** Hamburg – Venlo sowie danach die Kreisstraße.
An der dann folgenden Weggabelung halten wir uns zunächst links und schließlich, nachdem wir einen Bauernhof passiert haben, rechts auf einen Feldweg (X, schwarz-weißer Winkel). Dieser führt uns an zwei Bauernhöfen und einem einzeln stehenden Baum vorbei, bis wir kurz vor Erreichen der Kreisstraße links in einen unmarkierten **Reitweg (3)** wechseln. Am Ende dieses Weges gehen wir zuerst rechts bis zur Straße und dann links, wo wir schon das **Hotel Bönninghardt (4)** sehen.

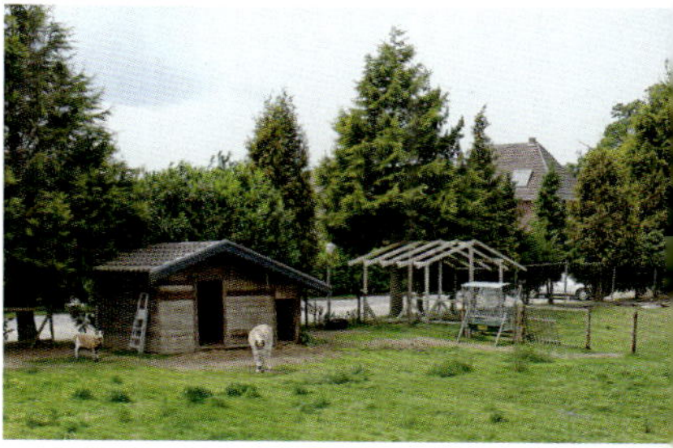

Beim Hotel Bönninghardt in Metzekath.

Hinter dem Hotel wechseln wir auf einen geschotterten Weg und setzen unsere Tour in Richtung Autobahn fort. Am Ende eines links liegenden Waldstücks biegen wir links in einen Feldweg ein und bleiben am Waldrand, bis abermals links ein schmalerer **Weg (5)** in den Wald führt. Dieser ist nicht leicht zu erkennen, führt aber überwiegend geradeaus bis zur nächsten **Forststraße (6)**. Als Orientierung kann rechts von uns die nicht zu überhörende Autobahn dienen.
An der Forststraße halten wir uns rechts bis hin zur Autobahn und wechseln davor links, bis rechts eine Unterquerung der A57 zu sehen ist. Hier wechseln wir auf die andere Seite und gehen danach auf dem als Reitweg bezeichneten Weg weiter bis zum Waldrand, um dann links auf einen Schotterweg zu wechseln. Hinter einem Haus mit Rhododendronhecke zweigt ein schmaler Weg schräg rechts ab und führt über ein Wiesenstück, bis ein Feldweg rechts abgeht. Nach Passieren eines **Hochstandes (7)** endet dieser Abschnitt schließlich an einer asphaltierten Straße und verläuft dann links

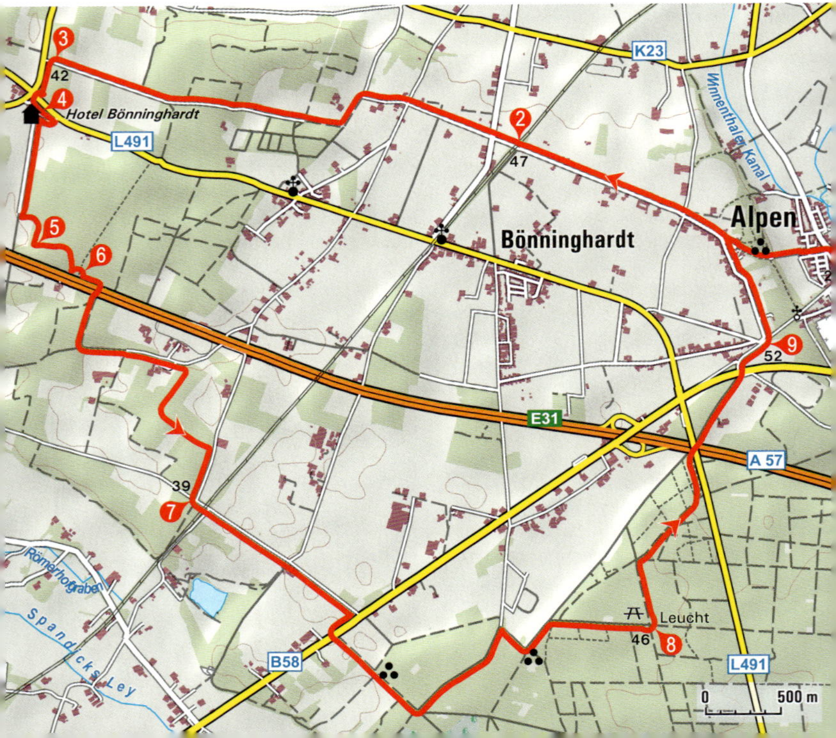

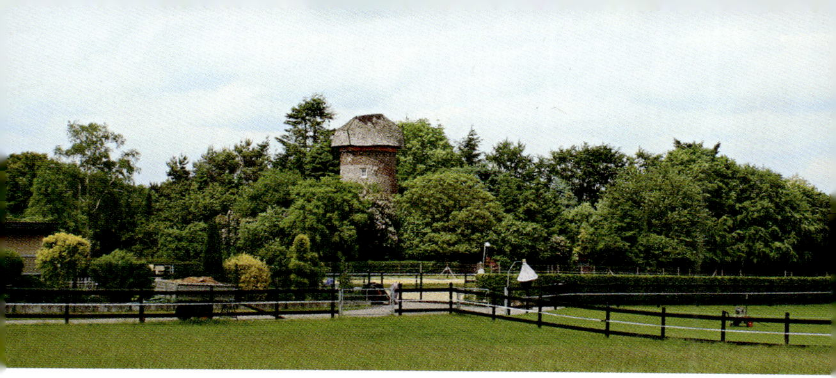

Die Bönninghardter Mühle, eine ehemalige Turmwindmühle aus dem Jahr 1865.

weiter in Richtung Bundesstraße, wobei wir wieder die Stelle der stillgelegten Bahnlinie überqueren.

An der B58 gehen wir rechts und bleiben hier ein kleines Stück bis zur nächsten Wegeinmündung nach links in Richtung Wald. Im Wald biegen wir bei der nächsten Gelegenheit links ab (NW, A8) und folgen dem Weg bis zum Waldrand. Dort gehen wir zuerst rechts und dann wieder links und bleiben am Waldrand, bis der nächste Waldweg rechts ab führt (A7). An einer Kreuzung mit **Rastplatz (8)** und einem Findling setzen wir unsere Tour nach links fort. Nun befinden wir uns auf einem Themenweg, der über die **Leucht**, wie dieses Waldstück heißt, informiert (A7). Der Pfad verläuft dann schräg rechts durch den Wald und knickt kurz vor der Landstraße links ab, um parallel zur Straße bis zum Waldrand weiterzuführen.

Dort angekommen, überqueren wir auf einer Brücke die A57 und wechseln dahinter schräg rechts in die Straße, die am Rand des Wäldchens entlangführt und an der Bundesstraße 58 einmündet. Diese überqueren wir in die **Lindenallee** und folgen ihr bis zur Einmündung der **Bönninghardter Straße (9)**. In diese wechseln wir nach links und gleich darauf schräg rechts auf den Feldweg, der in Richtung der Bönninghardter Mühle führt. Auf diesem Weg bleiben wir, bis scharf rechts wieder die alte Straße nach Sonsbeck in den Wald führt und uns entsprechend dem Hinweg zurück zum Ausgangspunkt am **Willy-Brandt-Platz (1)** in **Alpen** bringt.

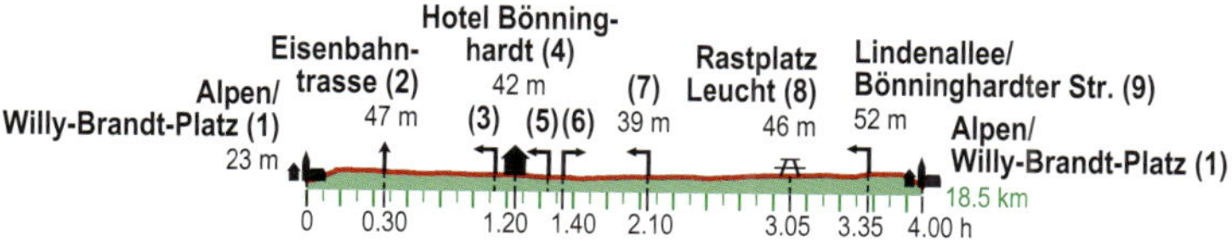

18 Xanten und die Hees

3.30 Std.

Vom Vogelparadies zu römischen Ausgrabungen

Xanten, die einstige Römerstadt, zählt zu den bedeutendsten touristischen Zentren am Niederrhein. Hauptattraktionen sind der Archäologische Park mit Römermuseum und die Altstadt mit dem romanisch-gotischen Xantener Dom. Hinzu kommen Anziehungspunkte wie die Freizeitzentren Xantener Nord- und Südsee. Aber auch in der Umgebung findet man Interessantes, wie die Hees, einen bewaldeten Höhenzug südlich von Xanten, der sich als Endmoräne in der Eiszeit gebildet hat. In dem Waldgebiet finden sich Reste von mehr als 100 Munitionsbunkern aus dem Zweiten Weltkrieg. Sämtliche Lagerhäuser wurden 1948 von den Allierten gesprengt, die Bunker wurden durch Versiegelung unzugänglich gemacht. Auf der Rundwanderung begegenet man noch mahnenden Relikten der Luftmunitionsanstalt Xanten.

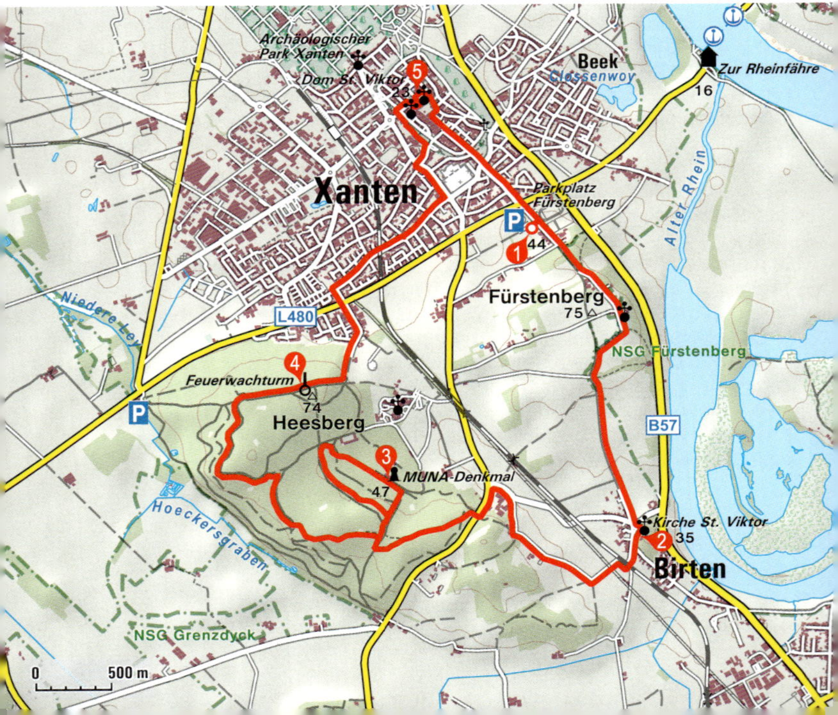

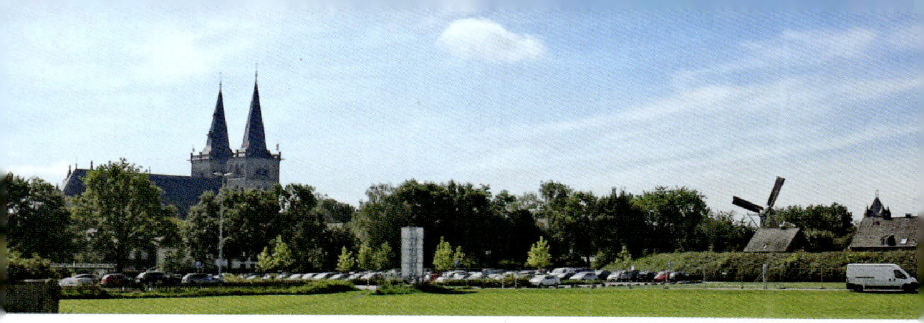

Der gotische Dom St. Viktor dominiert Xantens Stadtbild.

Ausgangspunkt: Xanten, Parkplatz am Fürstenberg (Navi: Xanten / Fürstenberg). Anfahrt über A57, Ausfahrt Alpen, dann Richtung Wesel, und Xanten. Am Ortsanfang links Richtung Sonsbeck und zum Stadion. Bus SB2006 ab Bahnhof Wesel bis Xanten Tinnefeld.
Höhenunterschied: 100 m.
Länge: 13,8 km.
Anforderungen: Bequeme Rundwanderung auf Wald-, teilweise auch auf asphaltierten Wegen.
Einkehr: Restaurant Zum Amphitheater, Römerstr. 8, Birten, Tel. +49 2801 90326, www.zum-amphitheater.de, Mi.–Fr. ab 16.30 Uhr, Sa./So. ab 11 Uhr, Mo/Di. Ruhetag; Restaurant An de Poort, Marsstr. 93, Xanten, Tel. +49 2801 1536. www.an-de-poort-xanten.de; weitere Gastronomie in Xanten.
Karte: Outdoorkarte 1:50 000 Blatt 61 »Niederrhein – Kleve – Wesel« (Kümmerly + Frey).
Hinweise: Die Wanderwege in der Hees sind geräumt, jedoch wird darauf hingewiesen, dass man sie nicht verlassen und die Bunker nicht betreten soll. Der Archäologische Park Xanten ist täglich geöffnet März–Okt. 9–18 Uhr, Nov. 9–17 Uhr, Dez.–Febr. 10–16 Uhr, Eintritt Erwachsene 9 €, unter 18 J. frei, ermäßigt 6 €, Informationen unter www.apx.lvr.de.

Vom **Parkplatz am Fürstenberg (1)** gehen wir rechts am Stadion vorbei und nähern uns der Brigittenkapelle, die Teil des ehemaligen Klosters Fürstenberg ist (X13). Wir befinden uns nun oberhalb des links von uns liegenden Altrheinarms, wo das Naturschutzgebiet Bislicher Insel beginnt. Auf X13 bleibend kommen wir jetzt nach **Birten** und passieren das rechts von uns liegende römische Amphitheater, das etwa 50 n.Chr. erbaut wurde. Beim Durchqueren von Birten auf der Römerstraße sehen wir den markanten Säulenbrunnen und die Kirche **St. Viktor (2)**, zu der gegenüber dem Restaurant Zum Amphitheater eine Treppe hochführt. Zurück auf der Römerstraße südwärts überqueren wir am Ortsausgang die Bahnlinie und nähern uns nach

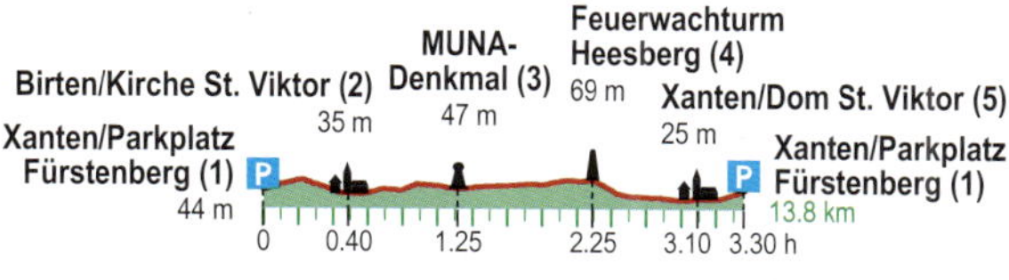

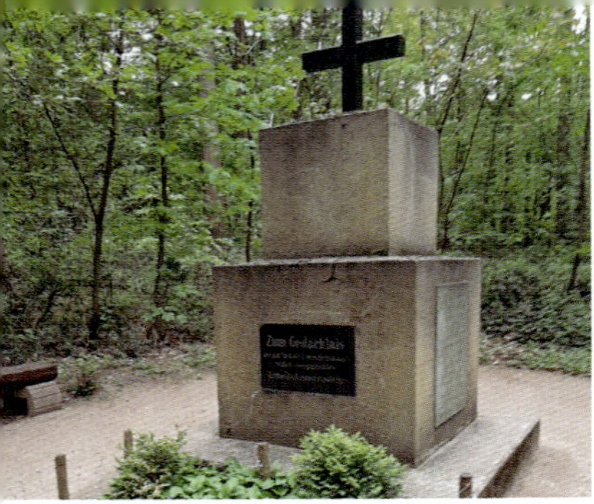

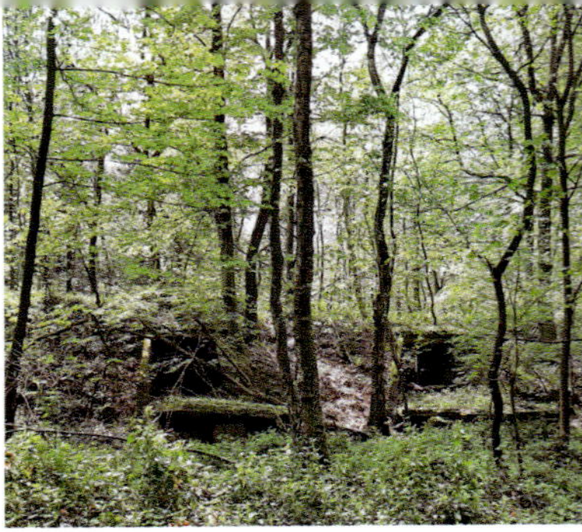

MUNA-Denkmal (links) und Munitionsbunker (rechts) in der Hees.

Rechts- und Linksknick bei einem Wegkreuz nach rechts dem Wald (A3). Wir passieren eine links von uns liegende Reitanlage und kommen dahinter an die Kreisstraße nach Xanten, der wir nach links etwa 300 Meter folgen.
Dann verlassen wir die Straße und zweigen nach rechts auf den Waldweg (A3) in die **Hees** ab. An der ersten großen Wegkreuzung folgen wir rechts dem Waldweg (A4) und gehen geradeaus weiter, wenn der A4 links abzweigt. Bei der zweiten Linksabbiegung folgen wir dann dem unmarkierten Weg und kommen gleich zum **MUNA-Denkmal (3)**, das an die 43 Opfer erinnert, die im Jahr 1942 bei einer gewaltigen Explosion getötet wurden. Die Luftmunitionsanstalt Xanten (MUNA) produzierte im Zweiten Weltkrieg Munition für die Luftwaffe, die in unterirdischen Bunkern gelagert wurde. Nach dem Explosionsunglück ereignete sich zwei Jahre später bei der teilweisen Verlegung der Farbik nach Thüringen eine weitere Explosion.
Wir bleiben auf dem Weg und kommen an eine Gabelung, wo wir uns links halten und hier auf einen querenden Waldweg treffen, der wieder mit A4 markiert ist. Wir bleiben nun auf A4, bis wir wieder an der großen Wegkreuzung ankommen. Jetzt folgen wir rechts A3 und gehen um den höchsten Punkt der Hees, den Wolfsberg herum. A3 knickt dann scharf links ab und führt in einem Bogen in Richtung **Feuerwachturm** am **Heesberg (4)**.
Vom Heesberg weiter kommen wir an eine Wegkreuzung am Waldrand und sehen links von uns **Xanten**, wo wir unseren Weg auf dem Heeser Weg fortsetzen (X). Dabei überqueren wir die Landstraße nach Sonsbeck und setzen unsere Tour dann nach rechts auf dem Holzweg fort. Schließlich biegen wir links ab in Poststraße und folgen an der zweiten Querstraße rechts dem Fildersteg. Bei einem Parkplatz gehen wir links durch den Kurpark und kommen zum Westwall. Uns links haltend treffen wir auf die Bahnhofstraße, die uns rechts ins Stadtzentrum zum Markt und zum **Dom St. Viktor (5)** bringt. Vom Dom aus erreichen wir über die Viktorstraße ortsauswärts und nach Überqueren der Landstraße wieder den **Parkplatz am Fürstenberg (1)**.

2.30 Std.

Durch den Diersfordter Forst

19

Durch den Wildpark und zum Schloss Diersfordt

Der Diersfordter Forst ist ein nördlich von Wesel gelegener Naturpark, in dem Dünenlandschaften, Moor- und Heideflächen vorherrschen. Viele seltene Tierarten, unter anderem die größte Hirschkäferpopulation, kann man hier unterwegs finden.

Ausgangspunkt: Wesel, Parkplatz am Eingang zum Diersfordter Wildgatter (Navi: Wesel / Am Jäger). Anfahrt über A3 Ausfahrt Wesel, dann B58 Richtung Wesel, B70 in Richtung Borken und B8 Richtung Rees. Der Eingang zum Wildpark liegt an der Kreuzung, wo es links nach Bislich geht. Bus 63 ab Bahnhof Wesel bis Diersfordt Am Jäger.
Höhenunterschied: 40 m.
Länge: 10,9 km.
Anforderungen: Rundwanderung im Wildpark auf gut ausgebauten Waldwegen, außerhalb teilweise asphaltiert.
Einkehr: Keine Möglichkeit.
Karte: Outdoorkarte 1:50 000 Blatt 61 »Niederrhein – Kleve – Wesel« (Kümmerly + Frey).
Hinweis: Zwei offizielle Routen erschließen den Diersfordter Wald, die frei kombinierbar sind: die »Hirschkäferroute« und den »Moorerlebnisweg«. Das Wildgatter hat zwei Zugänge, den Haupteingang im Süden mit Parkplatz, und einen im Norden an einer Nebenstraße nach Hamminkeln. Ein markierter Weg durch das Wildgatter ist auch mit X8 gekennzeichnet.

Ökologisch wertvolle Veenlandschaft am Diersfordter Wald.

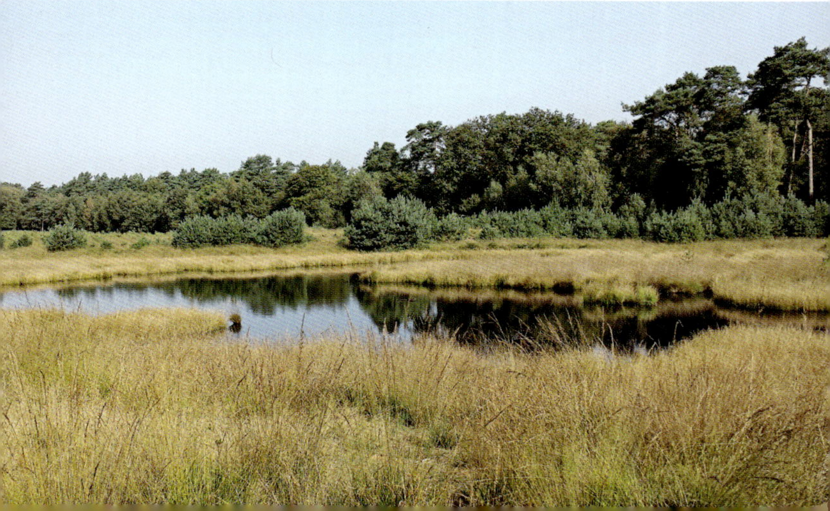

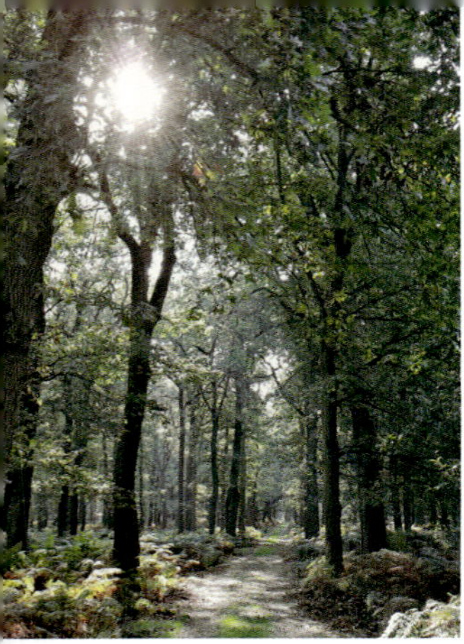

Im Diersfordter Forst.

Wir betreten das **Diersfordter Wildgatter (1)** durch das Stahltor und folgen zunächst der »Hirschkäferroute«, bis wir etwa in der Mitte des Wildparks auf den »Moorerlebnisweg« wechseln, der teilweise auf Holzbohlen durch das **Große Veen (2)** führt.

Wir verlassen das **Wildgatter** an dessen **Nordzugang (3)** und setzen unseren Weg links auf der Straße am umzäunten Wildpark entlang fort. Dann überqueren wir die B8 (Markierung A2, A3). Nach einem einzeln stehenden Gehöft nehmen wir an einer Weggabelung den linken Feldweg, bis wir zu einem **Privatweg-Hinweisschild (4)** kommen. Hier biegen wir links ab auf einen Wiesenweg (A3, A5) und folgen diesem in den Wald bis zu einer **Sternkreuzung (5)**.

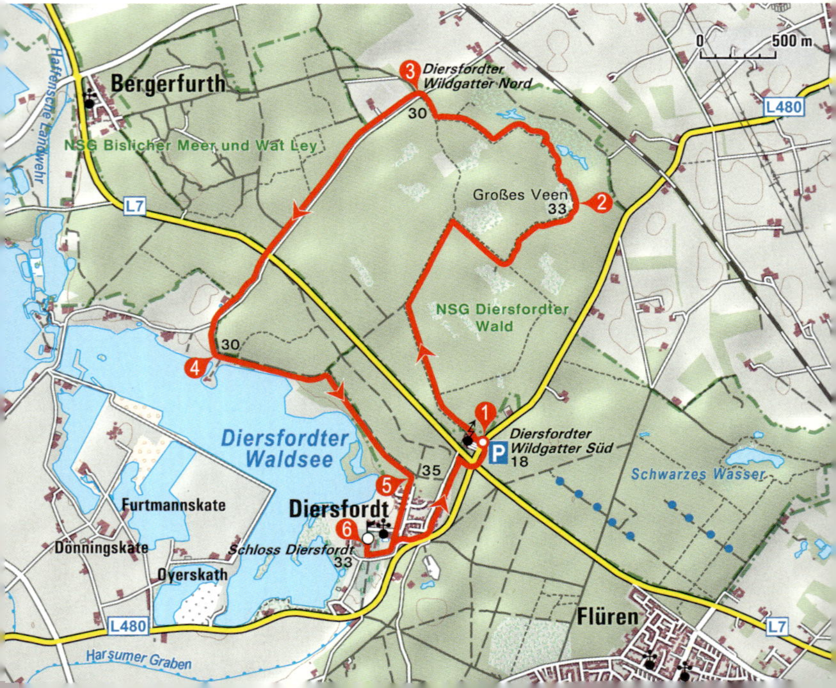

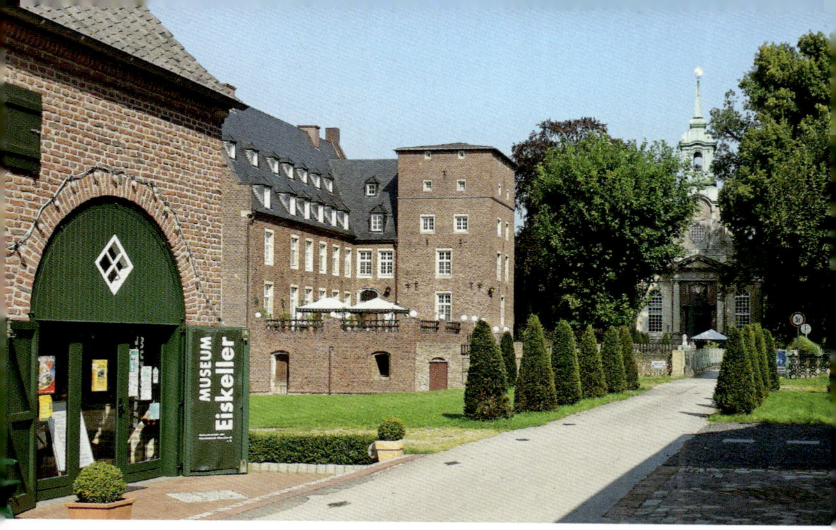

Die Diersfordter Schlossanlage mit Heimatmuseum, Hotellerie und Kirche.

Dort biegen wir nach rechts ab in die Kastanienallee Richtung **Schloss Diersfordt (6)** (X8), das wir schließlich auf der Straße Am Schloß erreichen. Das idyllisch gelegene, etwa 700 Jahre alte Wasserschloss ist heute ein luxuriöses Hotel, das sich auch für festliche Anlässe und Feiern anbietet. Aber leider gibt es hier keine Einkehrmöglichkeit. In einem ehemaligen Wirtschaftsgebäude am Schloss befindet sich das Museum und Heimathaus Eiskeller zur Schloss- und Regionalgeschichte.

Vom Eiskeller-Torhaus gehen wir wieder vor zur Straße Am Schloß und folgen dieser nach links entsprechend dem Hinweg. Vor dem Backsteingebäude am Beginn der Kastanienalle biegen wir allerdings rechts ab in die Straße Am Schafstall. An deren Ende folgen wir nach links dem Fuß-/Radweg entlang der Mühlenfeldstraße nach **Diersfordt** und biegen bei der Bushaltestelle Diersfordt Ort links in die Wohnstraße Am Jäger ein. Auf dieser erreichen wir schließlich nach der Überquerung der Landstraße den Parkplatz am Südzugang zum **Diersfordter Wildgatter (1)**.

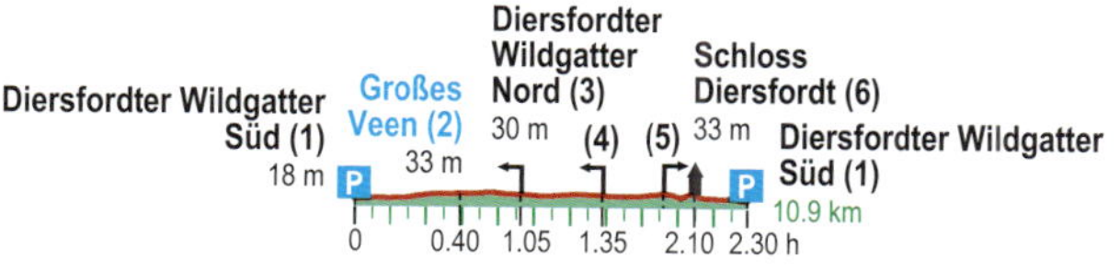

20 Drevenacker Dünen und Lippeauen

4.00 Std.

Frühgeschichtliches Siedlungsgebiet und Natur pur

Die Drevenacker Dünen sind ein nördlich der Lippeauen gelegenes Naturschutzgebiet, in dem Mischwälder aus Birke, Buche, oder Eiche vorherrschen. Bestimmende Landschaftsformen auf dieser Tour sind Wald und Heideflächen mit Mooren.

Ausgangspunkt: Drevenack, Parkplatz am Lebensmittelmarkt (Navi: Hünxe, Drevenack / Buchenstraße). Anfahrt über A3, Ausfahrt Wesel, dann Richtung Dorsten bis Drevenack. Dort in der Ortsmitte rechts abbiegen und bis zum Parkplatz beim Edeka-Markt. Bus SB 2003 ab Bahnhof Wesel bis Drevenack Post.
Höhenunterschied: 40 m.
Länge: 14,6 km.
Anforderungen: Bequeme Rundwanderung auf guten Wegen mit unterschiedlichen Belägen, ohne wesentliche Höhenunterschiede.
Einkehr: Dudel Bude, Auf dem Dudel 25, Krudenburg Tel. +49 151 1105455, www.dudel-bude.de, Sa./So./Fei. ab 10 Uhr (am besten vorher anrufen); Alt-Peddenberg, Hünxer Str. 16, Drevenack Tel. +49 2558 325, www.alt-peddenberg.de, Mo u. Do.–So. ab 17 Uhr, So. außerdem 11.30–14 Uhr, Di./Mi. Ruhetag.
Karte: Outdoorkarte 1:50 000 Blatt 61 »Niederrhein – Kleve – Wesel« (Kümmerly + Frey).

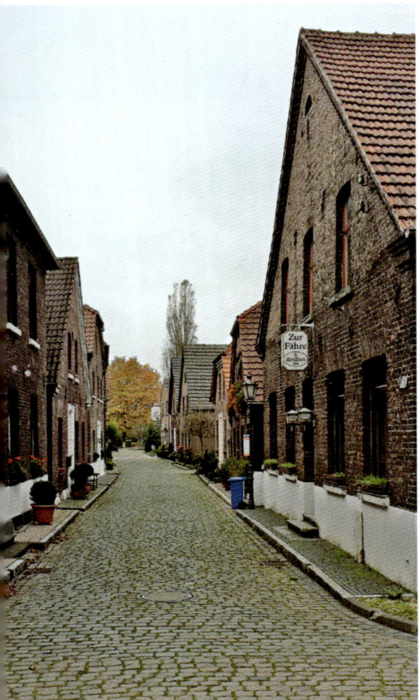

In **Drevenack (1)** gehen wir vom Parkplatz ortsauswärts auf einem Rad- und Wanderweg (A4) und folgen dem Schermbecker Weg. Nach einem leichten Anstieg biegen wir am Waldrand an einer Infotafel rechts ab (A1, A2) und kurz darauf wieder rechts ins **Naturschutzgebiet Loosenberge (2)** (X), das durch eine hölzerne Schranke begrenzt ist. Die Loosenberge sind Teil

Im historischen Lippe-Treidelschifferdorf Krudenburg.

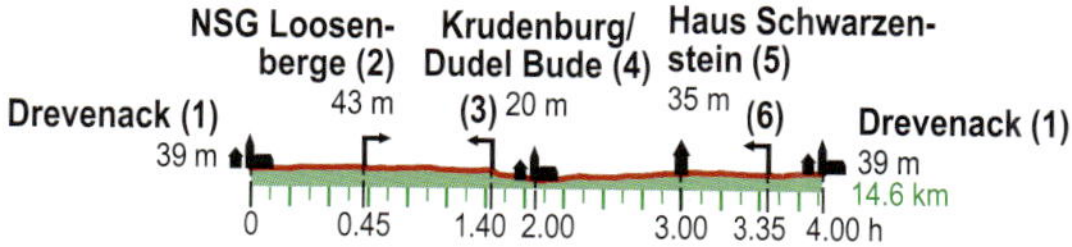

der Drevenacker Dünen, einem östlich von Wesel liegenden Naturschutzgebiet, dessen Heidelandschaft von Sanddünen, Kiefernwäldern und Heidemooren geprägt ist. Hinter dem Eingang nehmen wir an der Weggabelung den rechten, breiteren Weg, passieren ein Holztor und folgen weiter dem kurvenreichen Pfad durch die Heidelandschaft. Ein weiteres Holztor, das als Begrenzung des Heidegebiets dient, bringt uns wieder auf den Hauptweg (A1, A2).

Wir überqueren einen asphaltierten Weg und setzen unseren Weg geradeaus fort (A2, A3), passieren einen Hochstand und folgen dem Weg bis zu einem Waldparkplatz, an dem wir uns schräg links halten (A7). Hinter dem Wald bewegen wir uns auf die Umgehungsstraße zu, biegen aber kurz davor an der **Wegkreuzung (3)** an einem frei stehenden Haus links auf den dann

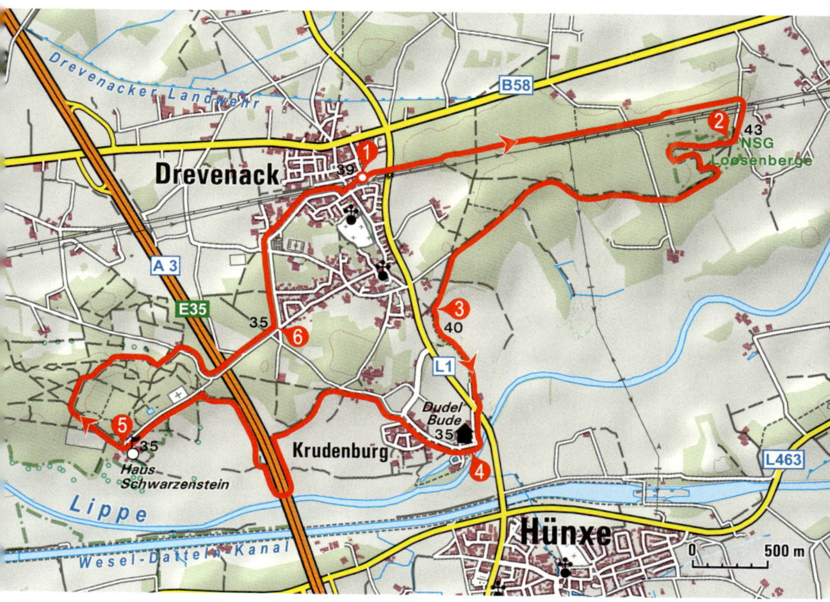

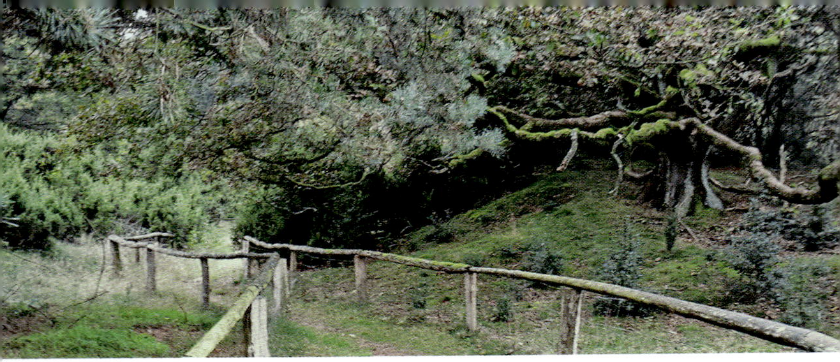

Im urwüchsigen Naturschutzgebiet Loosenberge.

schmaler werdenden Weg ab. Nacheinander gehen wir jetzt an einer Kläranlage und an dem Platz eines Hundesportvereins vorbei. Dahinter überqueren wir die Umgehungsstraße und nähern uns dem alten Treidelschifferdorf **Krudenburg** mit einer Einkehrmöglichkeit in der **Dudel Bude (4)**.
Nach Krudenburg nähern wir uns dem Schützenhaus, passieren es und gehen an einer Sternkreuzung schräg links Richtung Autobahn weiter (A1). Parallel zur A3 setzen wir den jetzt geräuschvollen Weg zuerst links fort, unterqueren sie und gehen dann rechts auf der anderen Seite weiter, bis er am Waldrand links abknickt. Ihm folgen wir weiter bis zu einem Waldparkplatz und wandern dann auf der Straße weiter, vorbei an einer Erbbegräbnisstätte in Richtung **Haus Schwarzenstein (5)**, einer ehemaligen Burg, wo sich heute eine Reitanlage befindet.
Von Schwarzenstein entfernen wir uns nun durch die Allee und gehen auf einem sandigen Weg bis zu einer Kreuzung mit einem Hinweisschild zum Naturschutzgebiet. Hier biegen wir rechts ab auf den breiteren Weg und dann an der nächsten Gabelung wieder rechts. An einer Rechtskurve wechseln wir auf den schmaleren Pfad schräg links. Kurz danach nehmen wir an einer Kreuzung den Weg links bis zu einer querenden Straße, der wir dann nach rechts folgen bis kurz vor der Autobahnüberführung. Nach dem Überqueren der Brücke gehen wir zunächst geradeaus und biegen dann links in den **Fasanenweg (6)** ein. Hinter einem Tennisplatz wechseln wir nach rechts in den Hunsdorfer Weg und nähern uns dem Ausgangspunkt in **Drevenack (1)**.

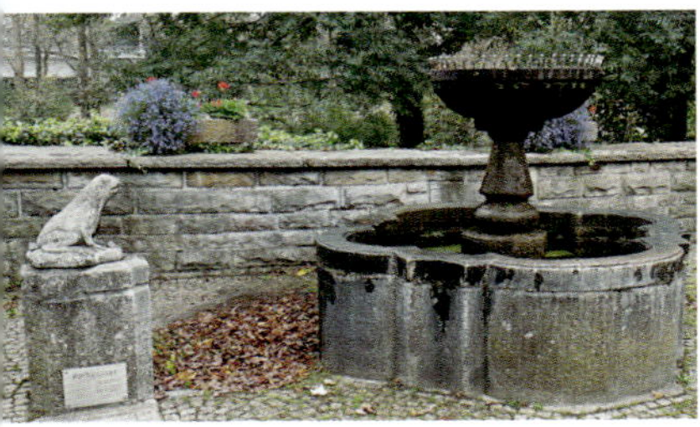

Marktbrunnen in Krudenburg.

3.45 Std.

Von Rheinberg nach Orsoy 21

Vom Alten zum Neuen Rhein

Sowohl in Rheinberg als auch in Orsoy findet man einige Bauten, die aus der über 700-jährigen Geschichte der Region stammen. Außerdem findet man Informationen über den sich im Laufe der Jahrhunderte veränderten Verlauf des Rheins.

Ausgangspunkt: Rheinberg, Parkplatz beim Schulzentrum (Navi: Rheinberg / Dr. Alois- Wittrup-Straße, Schulzentrum). Anfahrt über A57, Ausfahrt Rheinberg, dann Richtung Rheinberg bis Industriegebiet Rheinberg-West, dort Richtung Annaberg und immer geradeaus bis zum Parkplatz am Schulzentrum. Bus 38 ab Bahnhof Rheinberg bis Schulzentrum.
Höhenunterschied: 40 m.
Länge: 18,2 km.

Anforderungen: Rundwanderung auf überwiegend asphaltierten Wegen.
Einkehr: Orsoyer Hof, Hafendamm 2, Orsoy, Tel. +49 2844 2111, www.orsoyerhof.de, tgl. 11.30–0 Uhr; Ratskeller, Fischmarkt 2, Rheinberg, Tel. +49 2843 907060. www.hotelamfischmarkt.com, Mo.–Sa.12–21 Uhr, So. Ruhetag.
Karte: Outdoorkarte 1:50 000 Blatt 61 »Niederrhein – Kleve – Wesel« (Kümmerly + Frey).

Vom Parkplatz am **Schulzentrum Rheinberg (1)** gehen wir nach links bis zur nächsten Abbiegemöglichkeit, dann hier rechts Richtung Zentrum. Nun überqueren wir den Innenwall und wechseln schräg links in die Goldstraße bis zum **Kirchplatz (2)** mit der Gedenkstätte »Das Tor der Toten« (NW, schwarz-weißer Winkel). Über den Weg Zum Kattewall kommen wir in die Orsoyer Straße, halten uns links und unterqueren bald die Umgehungsstraße. Gut 400 m weiter biegen wir dann schräg links in den Weg **Am Mühlenkolk (3)** ab (NW, schwarz-weißer Winkel) und wechseln auf einen Feldweg Richtung **Eversael (4)**. Wir durchqueren die Ortschaft und bleiben auf der Straße, die am Ortsende rechts nach Orsoy abknickt. Dabei

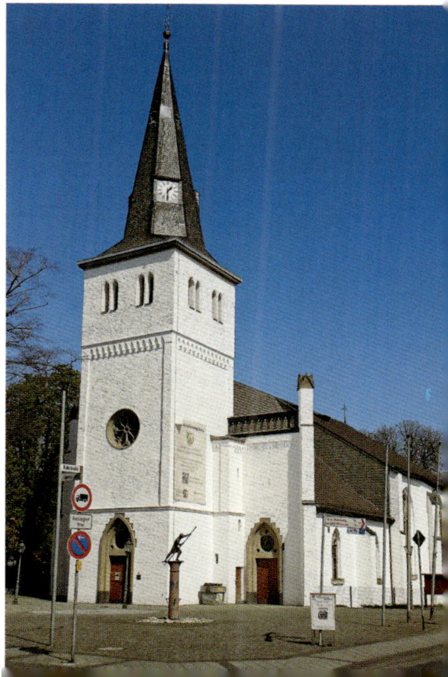

Die evangelische Kirche in Orsoy.

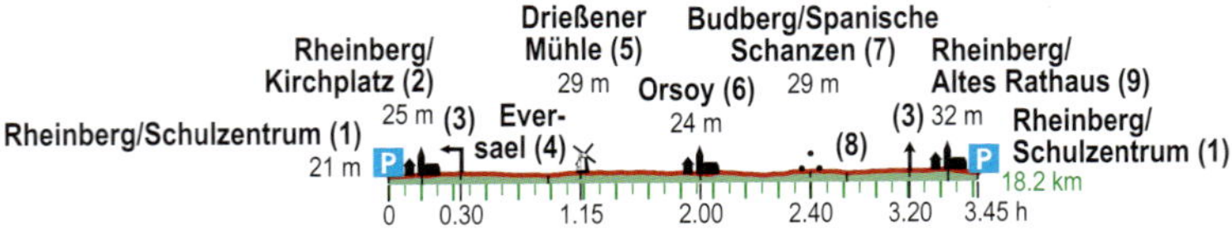

kommen wir an der **Drießener Mühle (5)** vorbei. Am Ortsanfang von **Drießen** biegen wir links ab in Richtung Rheindamm. Dort gehen wir auf dem Damm rechts, bis an einer **Gabelung** der Weg rechts nach Budberg abzweigt (W). Ein Abstecher führt uns aber zunächst geradeaus nach **Orsoy (6)**, um den Ort anzuschauen und dort einzukehren.

Zurück an der Gabelung kommen wir uns links haltend nach einem Stück geradeaus an einen Baggersee. Dort setzen wir den Weg nach links fort, überqueren eine Bahnschranke und biegen bei der nächsten Straße rechts ab bis zum Ortsanfang von **Budberg**. Hier befindet sich ein Reitplatz, hinter dem wir links weitergehen. Im Wäldchen rechts sind die so genannten **Spanische Schanzen (7)** zu sehen. Diese entstanden in der Zeit, als im 17. Jahrhundert mit dem Bau der Fossa Eugeniana bastionierte Schanzen als Teil eines Verteidigungswalls der Spanier gegen die Niederländer errichtet wurden. Der geplante Kanal sollte zwischen Rhein und Maas gebaut werden, wurde aber nie fertiggestellt und ist heute noch teilweise zwischen Rheinberg und Walbeck zu sehen. Hinter dem Wäldchen biegen wir rechts ab, gehen dann bei der nächsten Gelegenheit links und kommen schließlich rechts in den Kiefernweg bis zur Rheinkamper Straße. Nachdem wir zunächst links und dann wieder rechts abgebogen sind, verlassen wir über die Von-Bühlingen-Straße am **Friedhof (8)** vorbei Budberg und gehen, ab der Gabelung **Am Mühlenkolk (3)** auf dem Hinweg, zurück nach **Rheinberg**. Dort geradeaus kann man den sehenswerten Ortskern mit dem **Alten Rathaus (9)** anschauen und natürlich auch einkehren. Zum Schluss kommen wir auf demselben Weg wie anfangs zurück zum **Schulzentrum (1)**.

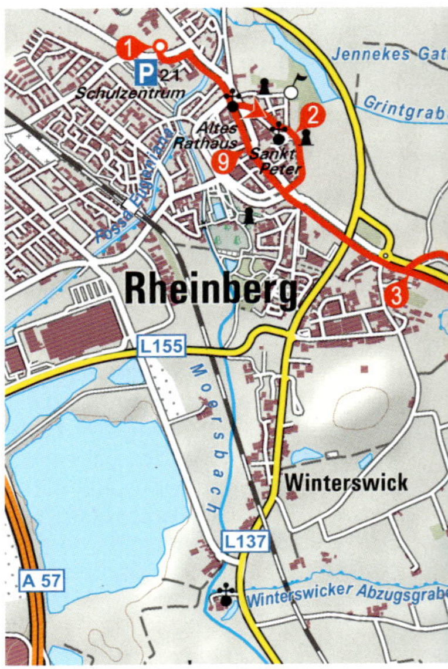

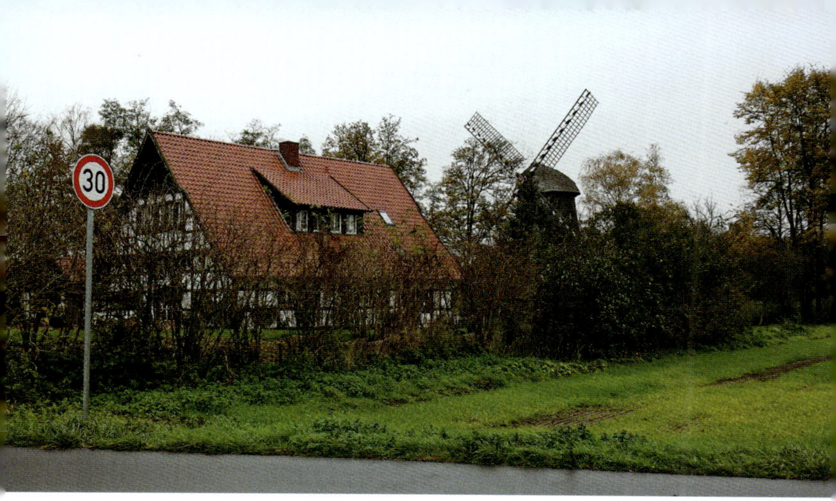

An der Drießener Mühle, einer restaurierten »Holländermühle« aus dem 19. Jahrhundert.

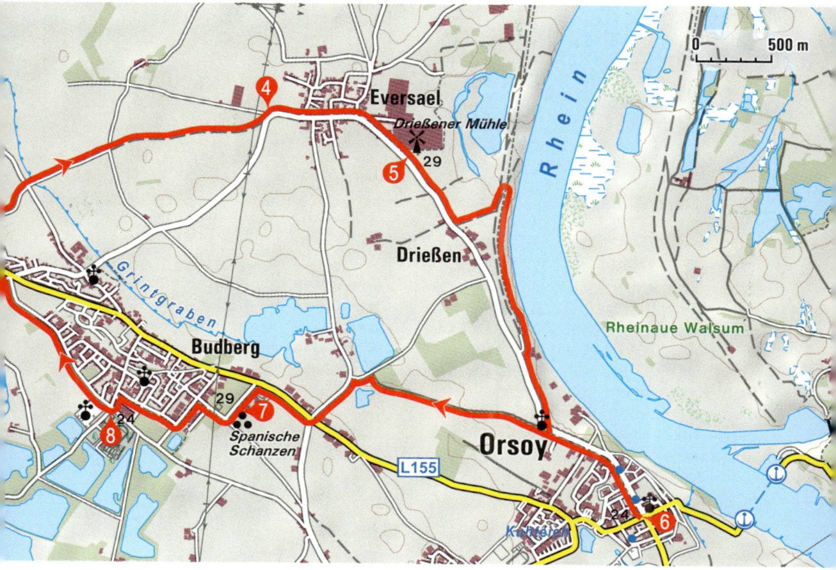

TOP **22**

Durch die Kirchheller Heide

3.30 Std.

Heide- und Moorlandschaft am Rand des Niederrheins

Einerseits ist die Kirchheller Heide gekennzeichnet durch naturnahe Bachläufe, die als Fließgewässer die Waldflächen durchziehen. Andererseits zeigt sich gerade an Els-, und Schwarzbach, wie durch den Bergbau im südlich angrenzenden Ruhrgebiet Senkungsseen entstanden sind, die aus den Fließgewässern teilweise Stillgewässer mit ganz anderem Biotopcharakter gebildet haben.

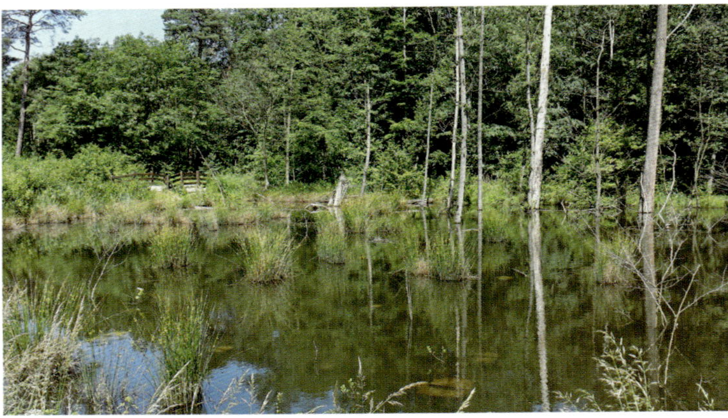

Malerisches Biotop zwischen Elsbach und Schwarzbach.

Ausgangspunkt: Dinslaken-Schlägerheide, Parkplatz gegenüber der Gaststätte Piwy's BarBQ Smokehouse (Navi: Dinslaken / Schlägerheide). Anfahrt über A3, Ausfahrt Dinslaken-Nord, dann in Richtung Hiesfeld, und links über die Kirchstrße, in die Dicker Straße und geradeaus bis zum Parkplatz (Haltestelle Schlägerheide) gegenüber dem Restaurant. Bus 17 ab Bahnhof Dinslaken bis Schlägerheide.
Höhenunterschied: 75 m.
Länge: 14,7 km.
Anforderungen: Rundwanderung größtenteils auf Waldwegen, die nach Regen auch etwas sumpfig sein können. Entlang des Rotbachs ist der unmarkierte Weg oft etwas schwer zu finden.
Einkehr: Bistro-Bar-Restaurant Herzblut, Zur Grafenmühle 145, Tel. +49 2045 2316, www.herzblut-bottrop.de, tgl. 9–1 Uhr; Bistro zum Heidhof, Zum Heidhof 25, Tel. +49 171 7583047, tgl. 10–19 Uhr; am Ausgangspunkt: Piwy's BarBQ Smokehouse, www.piwys-bbq.de.
Karte: Wanderkarte Tourtipp 1:20 000 »Kirchheller Heide« (Hrsg. Regionalverband Ruhr, Essen).

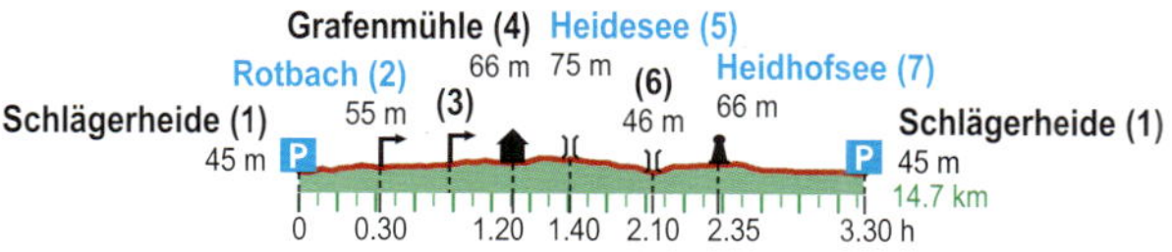

Vom Parkplatz und der Bushaltestelle **Schlägerheide (1)** gehen wir an Piwy's BarBQ Smokehouse vorbei und dann links in die Straße Schlägerheide (A6, X). Wo die Straße rechts weggeht, biegen wir links in den Wald ab. Dort nehmen wir die nächste Abbiegemöglichkeit wieder nach rechts bis zur ersten Linksabzweigung, einem Reitweg. Dieser führt bis zum **Rotbach (2)**, an dem wir anschließend rechts entlang weiterwandern.

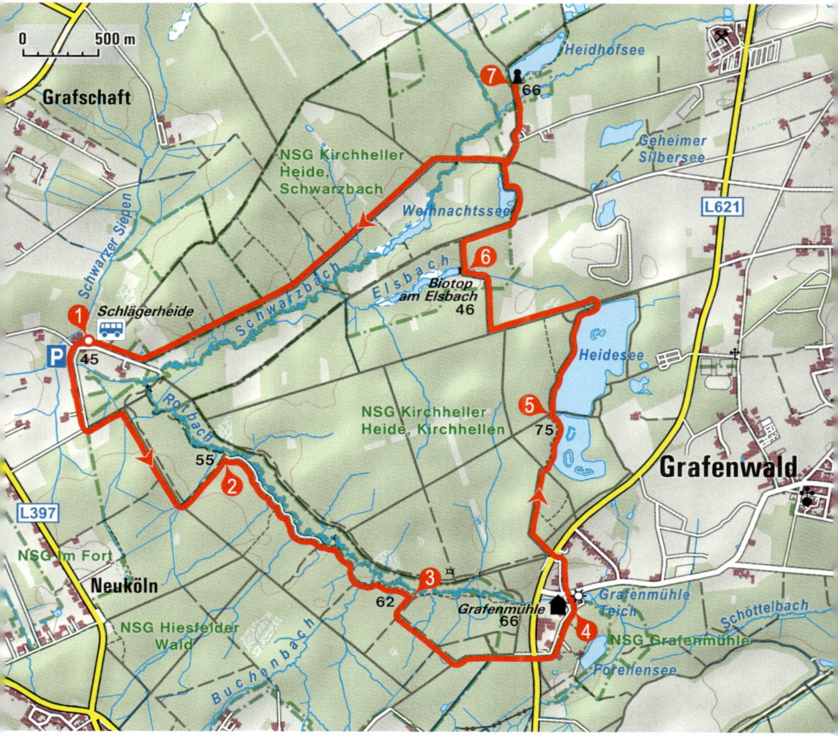

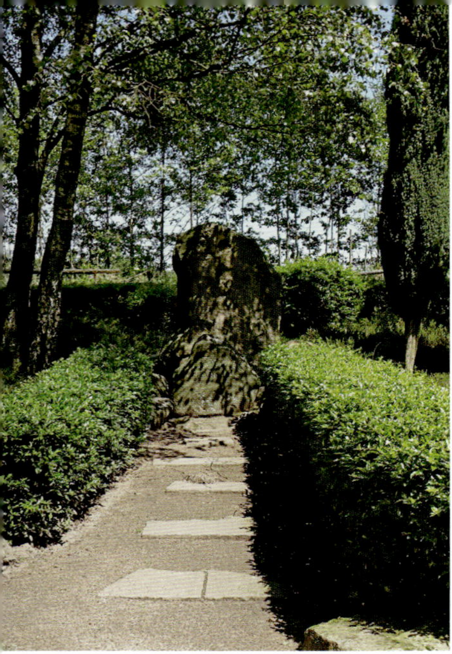

Hermann-Löns-Denkmal beim Heidhof.

Der Waldweg hier ist sehr verzweigt und, da unmarkiert, oftmals etwas schwer zu verfolgen. Wichtig ist es aber, immer in der Nähe des Rotbachs zu bleiben. Der Weg knickt nun nach rechts an einem **Biotop-Hinweisschild (3)** ab; wir gehen bei der nächsten Möglichkeit links vor bis zur querenden Straße. Hier halten wir uns links und erreichen, nachdem wir eine Schranke passiert haben, die Landstraße. Diese überqueren wir und kommen schließlich zur **Grafenmühle (4)**, einem beliebten Freizeitzentrum mit Gastronomie.

Wir verlassen die Grafenmühle (A1, X), überqueren die Straße in der Nähe des **Landhauses Zum Alten Brunnen**, einer weiteren Einkehrmöglichkeit, und setzen den Weg schräg rechts durch den Wald in Richtung Heidhof fort (A1, A4, X). Nun kommen wir an den **Heidesee** und gehen links auf einem Pfad am Seeufer entlang, vorbei an der Stelle, an der der See durch einen **Damm (5)** geteilt ist. Dann setzen wir den Weg am linken Ufer des nördlichen Sees fort.

Kurz hinter einem links am Weg stehenden Abfalleimer verläuft ein Pfad bergab auf einen querenden Radweg, auf dem wir nach links bis zu einem Unterstand gehen. Hier wandern wir rechts weiter (A8, X) bis zum **Biotop am Elsbach (6)**, das wir über eine Holzbrücke überqueren.

Gleich danach erreichen wir die Hiesfelder Straße, einen Radweg, dem wir nach rechts folgen und biegen dann links hinter einer Schranke auf den Weg zum Heidhof ab, einem Freizeitzentrum mit Kiosk, das wir über eine Brücke über den Schwarzbach erreichen. Über einen leichten Anstieg kommen wir schließlich zum **Heidhofsee (7)**, an dem auch das **Hermann-Löns-Denkmal** liegt (A2, X).

Nach einer Rast am Seeufer gehen wir dieselbe Strecke zurück bis zur Hiesfelder Straße. Dort folgen wir dem Weg in Richtung Sträterei (A1, A3) bis wir die Dickerstraße erreichen, die uns nach rechts zum Ausgangspunkt **Schlägerheide (1)** zurückbringt.

3.30 Std.

Von Orsoy nach Baerl 23

Von Festungsanlagen durch Rheinlandschaften zum Baerler Busch

Der Rheinberger Stadtteil Orsoy ist ein beliebtes Ausflugsziel, wobei besonders die in Teilen noch erhaltenen Festungsanlagen sowie der historische Stadtkern sehenswert sind. Bemerkenswert ist auch der Gegensatz zwischen rheinischer Landschaft auf der einen und den Industrieanlagen auf der anderen Rheinseite.

Ausgangspunkt: Orsoy, Parkplatz am Nordwall (Navi: Orsoy / Nordwall). Anfahrt über A42, Ausfahrt Duisburg-Baerl, dann Richtung Baerl und Orsoy. Der Parkplatz liegt bei der Grundschule. Bus 913 ab Bahnhof Moers bis Orsoy Grundschule.
Höhenunterschied: 45 m.
Länge: 13,8 km.
Anforderungen: Rundwanderung über meist asphaltierte Wege.
Einkehr: Rheinblick Baerl, Niederhalener Dorfweg 3, Tel. +49 2841 87116. www.rheinblick-baerl.de, Di.–So. 12–19 Uhr, Mo Ruhetag; Orsoyer Hof, Hafendamm 2, Orsoy, Tel. +49 2844 2111, www.orsoyerhof.de, tgl. 11.30–24 Uhr;
Karte: Outdoorkarte 1:50 000 Blatt 61 »Niederrhein – Kleve – Wesel« (Kümmerly + Frey).

Wir beginnen unsere Wanderung in **Orsoy** am Parkplatz am **Nordwall (1)** und steuern den Rheindamm an, auf dem wir links an Orsoy vorbeigehen. Auf Höhe der Fähre nach Walsum biegen wir rechts ab auf einen von Weiden bestandenen Weg, überqueren die Landstraße und bleiben danach auf dem markierten Weg (X12, schwarz-weißer Winkel).
Auf Höhe der links liegenden Ortschaft biegen wir an der Kreuzung links ab nach **Binsheim (2)**. Dort wechseln wir nach rechts und wandern auf dem

Rheinbrücken beim Duisburger Stadtteil Baerl.

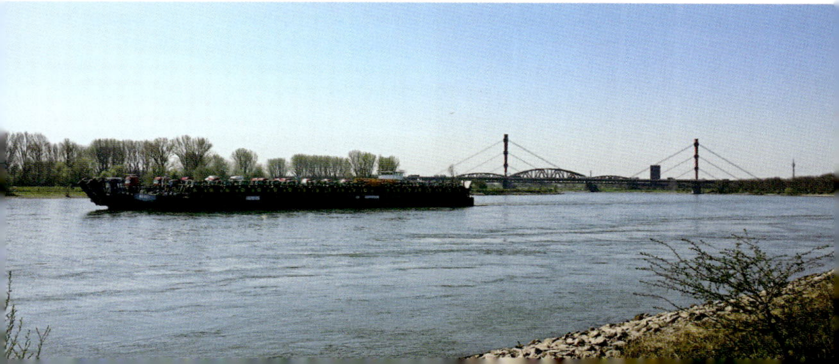

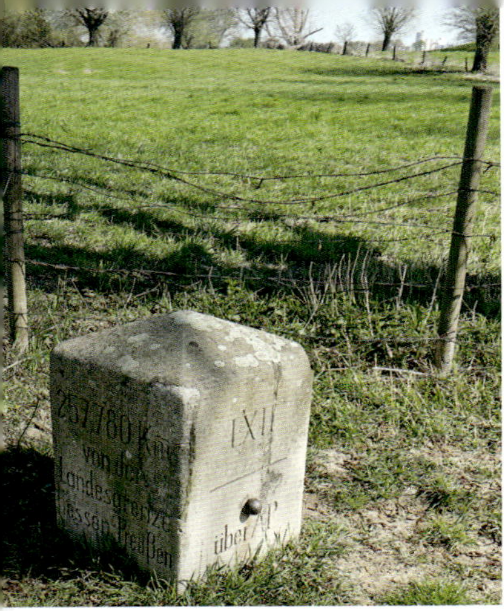

Oben: Der Myriameterstein diente der Längenvermessung des Rheins.
Unten: Der Pulverturm ist noch von Orsoys früherem Festungsring erhalten.

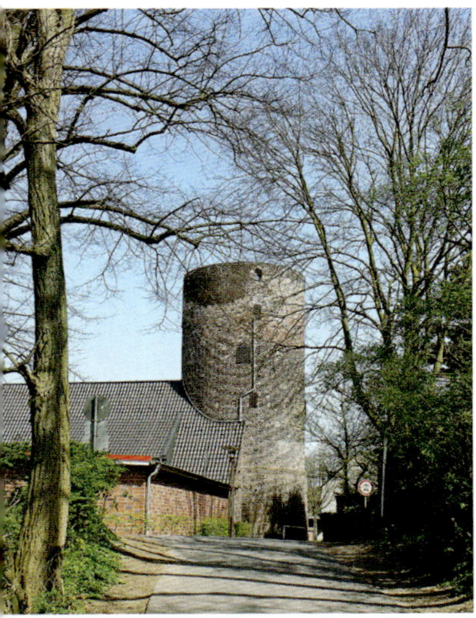

Weg geradeaus wieder in Richtung **Rheindamm (3)**. Vor dem Rhein nehmen wir den Weg nach rechts, der sich zunächst etwas vom Ufer entfernt, biegen aber bei der nächsten Gelegenheit links ab zum Rheinufer und setzen unsere Tour nach rechts am Rhein entlang fort (schwarz-weißer Winkel). Am gegenüberliegenden Rheinufer sind die Stahlwerke von Duisburg und das Kraftwerk von Walsum nicht zu übersehen. Anhand der vielen herumliegenden Holzreste kann man erkennen, dass dieser Weg öfter überflutet ist. Auf dem Weg entlang des Rheins passieren wir einen sogenannten Myriameterstein, mit dem 1863 die Länge des Rheins vermessen wurde. Ein Myriameter steht für 10 000 m (der links abgebildete Stein hat die Prägung mit der römischen Zahl LXII = 62).

Vor der A42-Autobahnbrücke über den Rhein gehen wir am **Restaurant Rheinblick Baerl (4)** rechts weiter zur Lohmannmühle. Wir überqueren die Landstraße und gehen durch **Baerl** auf der Hubertusstraße mit dem **Restaurant Waldhof (5)** an deren Ende. Am Restaurant vorbei geht es dann gegenüber einer Sportanlage rechts in den Wald. Wir bleiben auf diesem Weg bis zu einer Straße, die wir überqueren und den **Lohheidesee (6)** erreichen. Ab hier folgen wir dem Seeufer nach rechts (X12, NW) bis zu dessen Ende.

Wir wechseln links in die **Baerler Straße (7)** und setzen den Weg auf dem Lohmühler Weg fort. An dessen Ende schwenken wir recht in die Straße Kuhdyck ein, von der wir gleich am Restaurant Honnen rechts in den

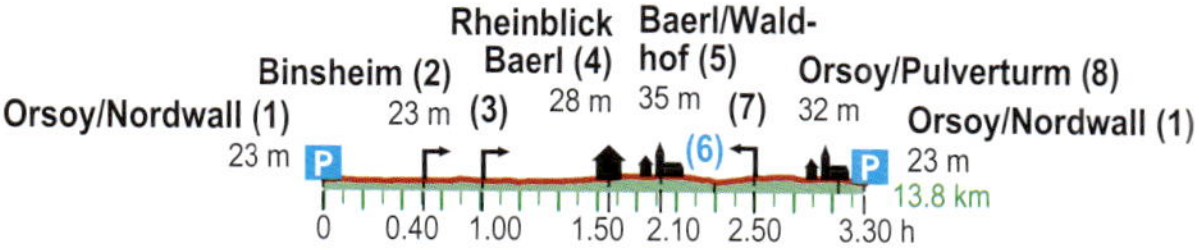

Schlesierweg abbiegen. Diesem folgen wir ein paar Stufen bergab und an der Bahntrasse entlang. Die Bahnlinie biegt links ab, wir bleiben aber auf dem Weg geradeaus und kommen am **Pulverturm (8)** vorbei wieder nach **Orsoy**. Nachdem wir den Ort (mit einigen Einkehrmöglichkeiten) durchquert haben, kommen wir wieder an den Parkplatz am **Nordwall (1)**.

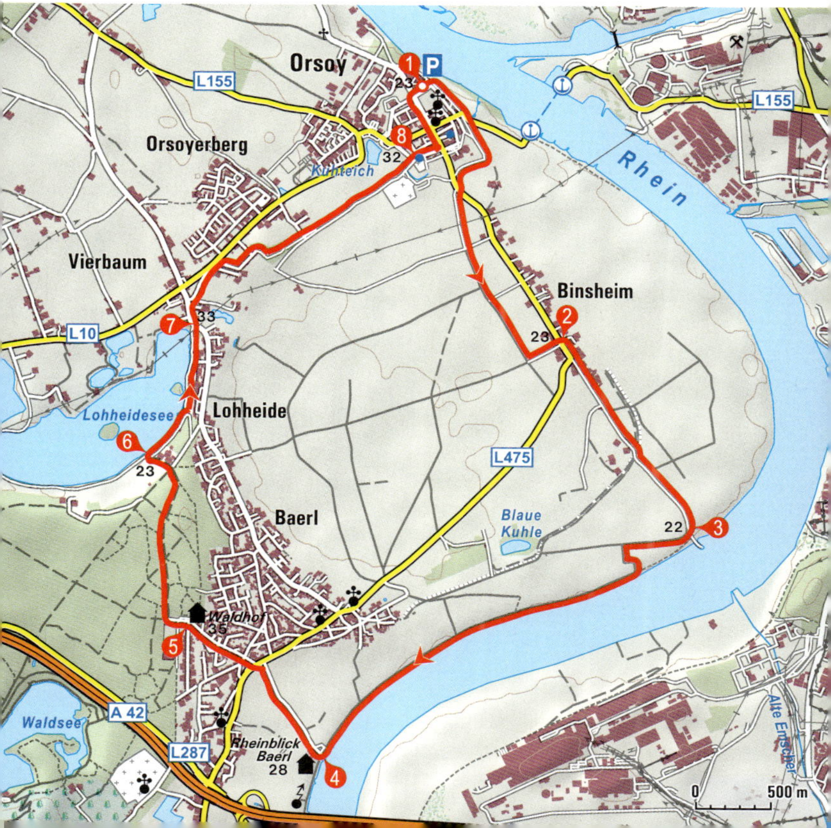

24 Von Issum zur Fossa Eugeniana

3.00 Std.

An Fleuthen und Schanzen

Die Fleuthkuhlen sind ein Naturschutzgebiet im Raum Geldern und Issum. Entstanden sind sie, nachdem sich die durch den Torfabbau im 19. Jahrhundert entstandenen Löcher mit Wasser gefüllt haben – sogenannte Kuhlen.

Schnurgerade fließt die Nenneper Fleuth bei Issum in die Issumer Fleuth.

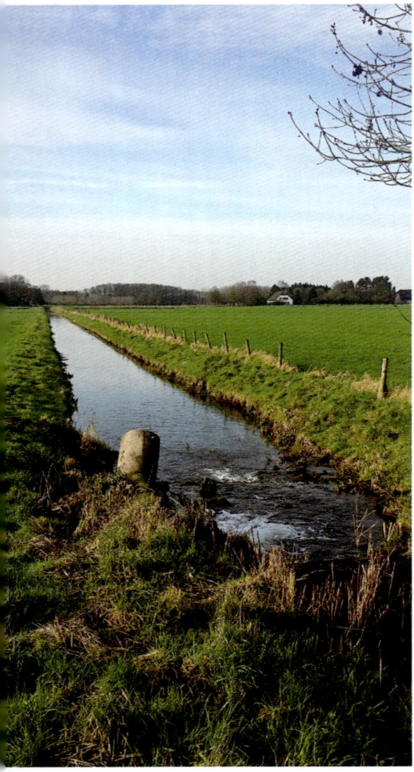

Ausgangspunkt: Issum, Vogt-von-Belle Platz (Navi: Issum / Vogt-von-Belle-Platz). Anfahrt über A57, Ausfahrt Alpen, dann Richtung Issum. Bus 31 ab Bahnhof Geldern bis Issum Vogt-von-Belle-Platz.
Höhenunterschied: 25 m.
Länge: 12,4 km.
Anforderungen: Rundwanderung teils auf Wirtschaftswegen, teils auf asphaltiertem Belag.
Einkehr: Unterwegs keine Möglichkeit. In Issum: Gaststätte Bierpumpe, Kapellener Str. 136, Tel. +49 2835 3823, Di.–Fr. 15.30–1 Uhr, Sa/So 11–1 Uhr, Mo Ruhetag; Zur Post, Kapellener Str. 48, Tel. +49 2835 3554, www.post-issum.de, Mo/Di. u. Do.–So. ab 16 Uhr, Mi Ruhetag.
Karte: Outdoorkarte 1:50 000 Blatt 61 »Niederrhein – Kleve – Wesel« (Kümmerly + Frey).

Am **Vogt-von-Belle-Platz (1)** In **Issum** verlassen wir den Parkplatz an der Bundesstraße und gehen zuerst kurz nach links, dann nach rechts (A3, A4), bis ein Weg vor dem Gebäude des **Golfclubs Issum (2)** rechts abgeht (A3). Kurz danach überqueren wir die Issumer Fleuth, hinter der eine Schutzhütte steht, und setzen unseren Weg bis zu einer querenden Straße fort.
An dieser halten wir uns links und biegen bei der übernächsten Straße rechts ab. So erreichen wir die **Stendersschanze (3)**, die an der Fossa Eugeniana liegt. Hier befindet

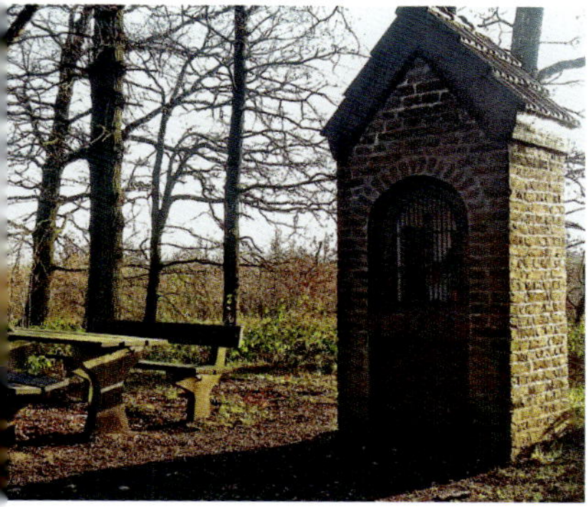

Bildstock bei der Hasewitzschanze.

sich auch eine **Schutzhütte**. Von dort gehen wir halb rechts und dann geradeaus (A6), bis der markierte Weg rechts abbiegt.
Wir befinden uns nun im **Naturschutzgebiet der Fleuthkuhlen** und halten uns zunächst zwischen zwei Weihern und an Pferdekoppeln vorbei geradeaus. Wir überqueren eine Landstraße und wechseln auf Höhe eines Wäldchens, wo auch eine Bank steht, nach rechts auf einen Wirtschaftsweg. Wir erreichen im Wald einen **Rastplatz (4)** mit Bildstock, der bei der **Hasewitzschanze** an der

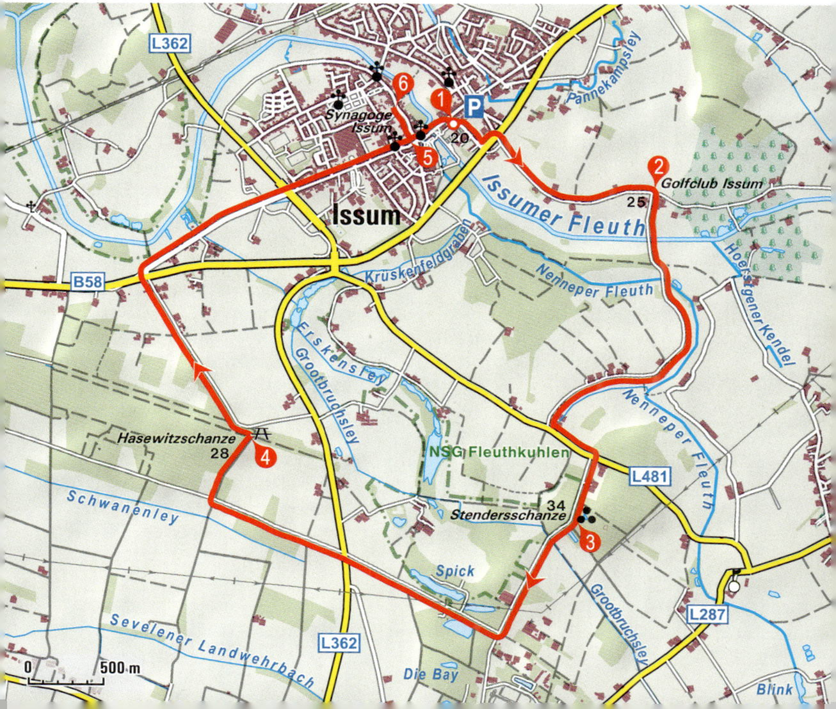

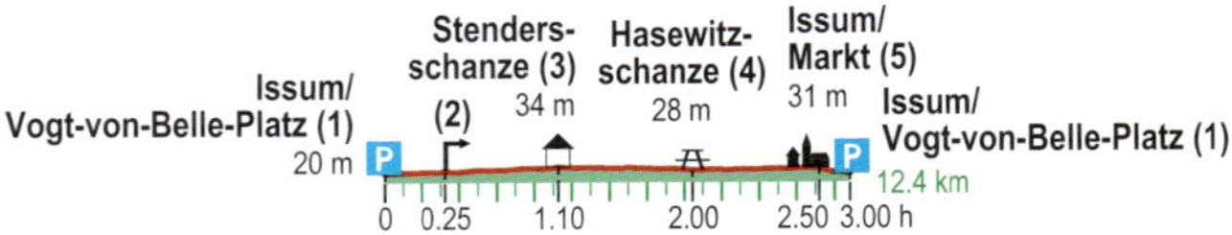

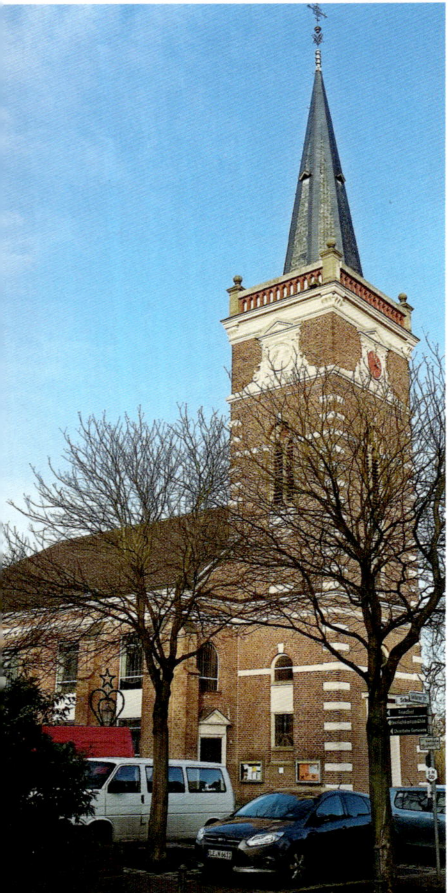

Fossa Eugeniana liegt. Der eigentliche Wanderweg (schwarz-weiße Raute, X) ist in sehr schlechtem Zustand. Wir haben aber die Möglichkeit, den parallel verlaufenden Wirtschaftsweg bis zu einer Schutzhütte zu benutzen.

Dann biegen wir schräg rechts ab und folgen dem asphaltierten Wirtschaftsweg vor zur Bundesstraße 58, die wir überqueren und uns rechts haltend auf der Geldener Straße weiter **Issum** nähern. Wir passieren zuerst das Gelände der Diebels-Brauerei, dann die evangelische Kirche und erreichen den **Markt (5)**, Issums Zentrum mit der katholischen Kirche.

Nach links die Kapellener Straße entlang führt uns ein Abstecher zur ehemaligen **Synagoge Issum (6)** (1865–1935), einem der wenigen noch erhaltenen jüdischen Gotteshäuser in Nordrhein-Westfalen. Wieder zurück am **Markt (5)** biegen wir links ab und kommen, vorbei an der ehemaligen Wasserburg Haus Issum, über die Issumer Fleuth zurück zum Parkplatz bzw. zur Bushaltestelle am **Vogt-von-Belle-Platz (1)**.

Die Evangelische Kirche von Issum aus dem Jahr 1838/39.

3.30 Std.

Rund um Walbeck 25

Grenzgang im Gemüsegarten des Niederrheins

Am mittleren linken Niederrhein, besonders in der Region um Geldern und Straelen, befindet sich ein Zentrum des Gemüseanbaus. Speziell die Region um Walbeck ist für ihren hervorragenden Spargel bekannt geworden, und eine größere Anzahl von Restaurants in Walbeck unterstreicht diese Bedeutung. Südlich von Walbeck verlaufen auch Reste der Fossa Eugeniana.

Ausgangspunkt: Walbeck, Parkplatz an der Steprather Mühle (Navi: Geldern, Walbeck / Schmalkuhler Weg). Anfahrt über A57, Ausfahrt Alpen, dann B58 Richtung Geldern/Venlo und in Richtung Walbeck. Bus 35 ab Bahnhof Geldern bis Walbeck Friedhof.

Höhenunterschied: 90 m.

Länge: 13,2 km.

Anforderungen: Einfache Rundwanderung auf zumeist asphaltierten Wegen.

Einkehr: Unterwegs keine Möglichkeit. In Walbeck: Haus Deckers, Walbecker Markt 1, Tel. +49 2831 3080. www.hausdeckers.de, Fr.–Di. 11.45–14 u. 17.45–22 Uhr, Mi./Do. Ruhetag; Alte Bürgermeisterei, Walbecker Str. 2, Tel. +49 2831 89933, www.alte-buergermeisterei.de, Mi–So 17.30–21.30 Uhr, So. außerdem 12–14 Uhr, Mo, Di Ruhetag.

Karte: Outdoorkarte 1:50 000 Blatt 61 »Niederrhein – Kleve – Wesel« (Hrsg. Verlag Kümmerly + Frey).

Hinweis: Die schön renovierte Steprather Mühle und das Café sind geöffnet April–Aug. Mi.–Fr. 14–17 Uhr und Sa./So. und Fei. 10–17 Uhr, Sept.–Okt. nur Sa./So. und Fei. 10–17 Uhr, Nov.–März ist sie geschlossen, Tel. +49 2831 98558, www.muehle-walbeck.de.

Die Dorper Heide ist Lebensraum zahlreicher Wasservögel.

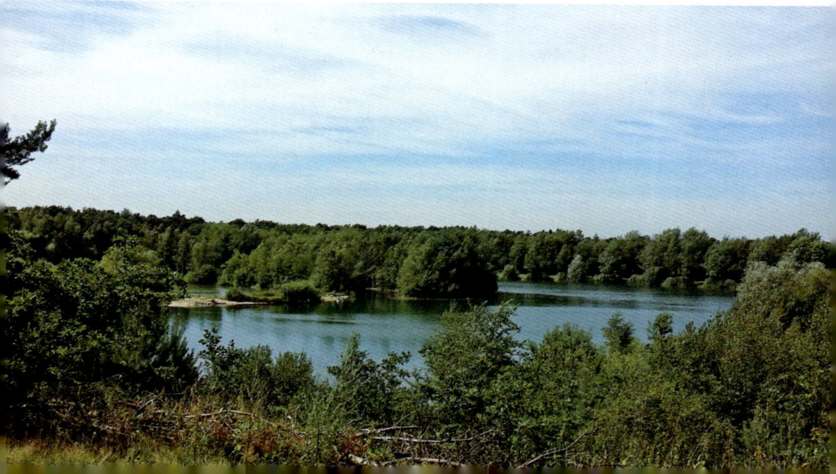

Wir gehen vom **Friedhof Walbeck (1)** rechts in die Kevelaerer Straße, dann links in die Ringstraße ortsauswärts (X) in Richtung Haus Steprath, und folgen an der Gabelung am Ortsrand dem Wegweiser in Richtung **Schloss Walbeck (2)**, heute ein stilvolles Hotel, das auch Wanderern Kaffee, Kuchen und Brotzeiten serviert.
Vor dem Schloss biegen wir rechts ab und wechseln, wenn die Straße links abknickt, auf den schräg rechts abgehenden Feldweg, der am Waldrand entlangführt. Dieser Weg wird nun schmaler und knickt als Pfad links ab in den Wald. Kurz danach setzen wir den Weg an einer Wegkreuzung schräg links bis zum **Haus Steprath (3)** fort (A3). Der ehemalige Adelssitz aus dem 15. Jahrhundert dient heute als Tagungsstätte, für Feiern und festliche Anlässe. Eine Besichtigung der Anlage ist nicht möglich.
Wir lassen Steprath hinter uns und folgen dem Weg rechts bis zur Grenze (A3). Kurz davor knickt er links ab und führt auf sandigem Grund an der

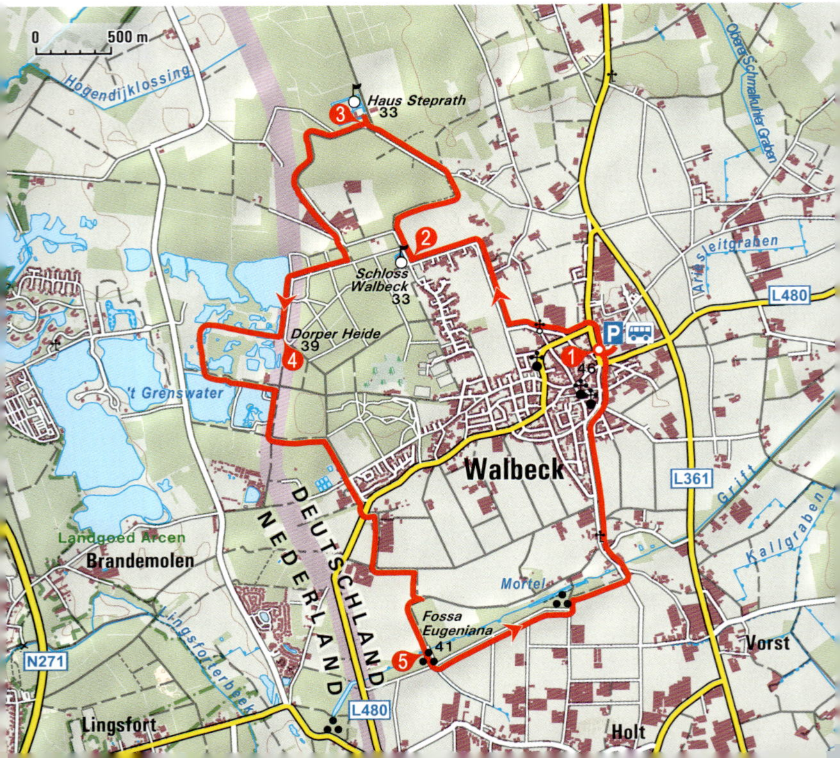

Grenze entlang. Auf der niederländischen Seite sehen wir die Seen der **Dorper Heide (4)**, die Lebensraum zahlreicher Wasservögel ist. Wo ein durch eine Absperrung begrenzter Dammweg von unserer Route rechts abzweigt, haben wir die Möglichkeit, auf diesem Weg einen kleinen Abstecher in die Biotoplandschaft zu machen.

Dieser Abstecher endet kurze Zeit später wieder auf unserem Hauptweg. Diesem folgen wir nach rechts bis zur nächsten Wegkreuzung und biegen dann links ab bei einer Schranke. An der nächsten Wegkreuzung, wo wir Reste einer Schutzhütte erkennen, wechseln wir nach rechts und gehen an dem umzäunten Gelände einer Kläranlage vorbei (X). So kommen wir durch Anbaugebiete verschiedener Gärtnereien und erreichen schließlich, der X-Markierung folgend, den Kanal der **Fossa Eugeniana (5)**. Hier biegen wir an der Bank nach links ab und bleiben auf dieser Straße, bis sie nach links in Richtung Walbeck abknickt (A2, schwarz-weiße Raute).

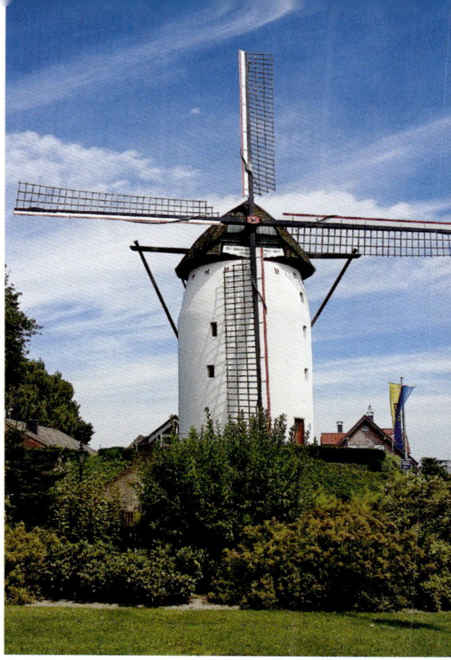

Die schön restaurierte Steprather Mühle.

Wir folgen der Straße nach **Walbec**k und sehen schräg rechts von uns die Kokermühle, eine ehemalige Kornmühle, die in ihrer Bauweise einzigartig am Niederrhein ist. Auf diesem Weg erreichen wir Walbeck und kommen zurück zum Ausgangspunkt am **Friedhof Walbeck (1)**, wo sich noch ein kurzer Abstecher zur **Steprather Mühle** lohnt, der im 16. Jahrhundert erbauten, ältesten noch funktionierende Windmühle Deutschlands. Im dazugehörigen Café gibt es Brot und Kuchen aus hauseigenem Mehl.

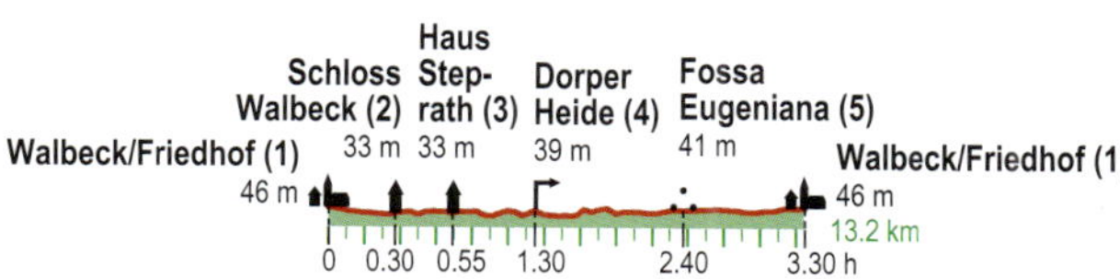

26 Durch die Lommerheide

2.30 Std.

Wunderschöne Heidelandschaft im Ravenvennen

Ravenvennen und die Lommerheide liegen beide östlich der Ortschaft Lomm. Dort durchwandert man eine herrliche Heidelandschaft mit Moorseen, Kiefernwäldern und einer Wanderdüne.

Ausgangspunkt: Gasthof Jagersrust, bei Velden (Navi: NL / Velden / Straelseweg 35). Anfahrt über A40, Ausfahrt Straelen, dann Richtung Straelen. Beim Gasthof Wiesental in den Grenzweg und zur deutsch-niederländischen Grenze, Parkplatz am Restaurant.
Höhenunterschied: 60 m.
Länge: 8,2 km.
Anforderungen: Bequeme Rundwanderung auf meist sandigem Untergrund, mit leichten Anstiegen am Witte Berg.

Einkehr: Unterwegs keine Möglichkeit. Am Ausgangspunkt direkt an der Grenze: Restaurant Pannenkoekenhuis Jagersrust, Straelseweg 35, Velden, Tel. +31 77 4721937, www.jagersrustvelden.nl, Mo.–Fr. 12–20 Uhr, Sa./So. ab 11 Uhr; Bauerncafé Jacobs, Grenzweg 35, Straelen, Tel. +49 2834 703997, www.bauerncafe-jacobs.de, Di.–Sa. 13–19 Uhr, So. ab 10 Uhr, Mo. Ruhetag.
Karte: Outdoorkarte Blatt 62 »Naturpark Maas-Schwalm-Nette« (Kümmerly + Frey).

Wir starten am **Gasthof Jagersrust (1)** und gehen die Straße entlang, um bei der nächsten Möglichkeit erst rechts und dann gleich wieder links abzubiegen. Unsere Wegmarkierung sind die blauen Pfosten. Wir passieren einen Weiher (Visvijver) und wechseln danach erst links und dann wieder rechts auf dem noch blau markierten Weg, der dann an einer **Abzweigung (2)** rechts abknickt (Einmündung Rückweg). Wir halten uns geradeaus, die neuen Markierungen sind nun gelb-rote Streifen.

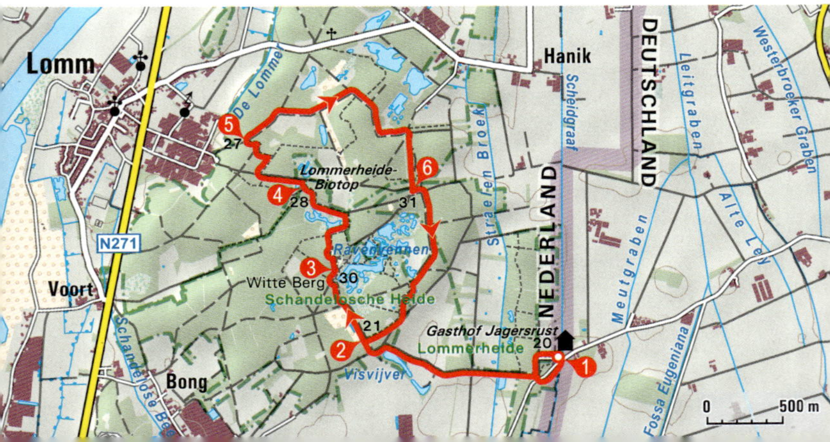

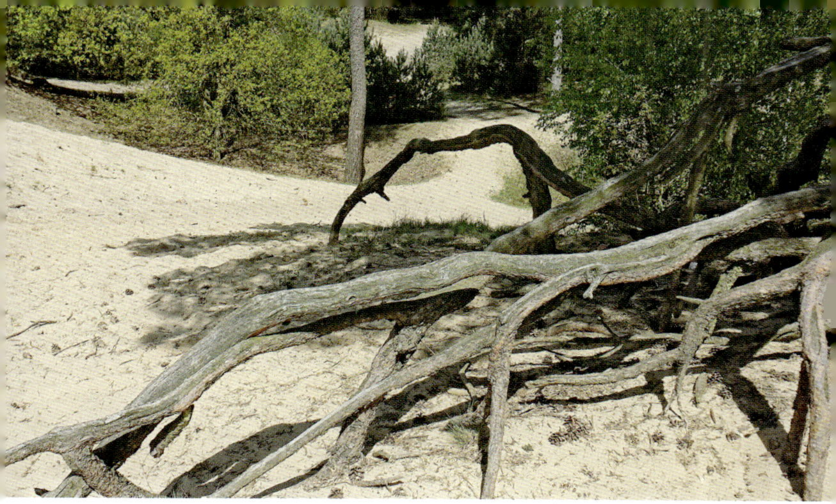

Einmalige Wanderdünenlandschaft am Witte Berg.

Nach Passieren eines Holztors befinden wir uns im **Ravenvennen** und sehen mehrere rechts von uns liegende Biotope. Unser Weg zweigt nun links ab und führt eine Düne hinauf auf den **Witte Berg (3)**. Die Markierung ist unverändert. Nachdem wir die Düne hinter uns gelassen haben, halten wir uns bei einem querenden Weg rechts und wechseln nach einem Linksbogen nach links auf die jetzt rote Markierung.
In der Folge umgehen wir das **Lommerheide-Biotop (4)** und wechseln links auf einen breiteren Weg. An einer Holzbarriere nehmen wir nun den schmaleren Pfad rechts, der rot markiert ist, dann halten wir uns links und biegen scharf rechts ab. Die Markierung ist immer noch rot.

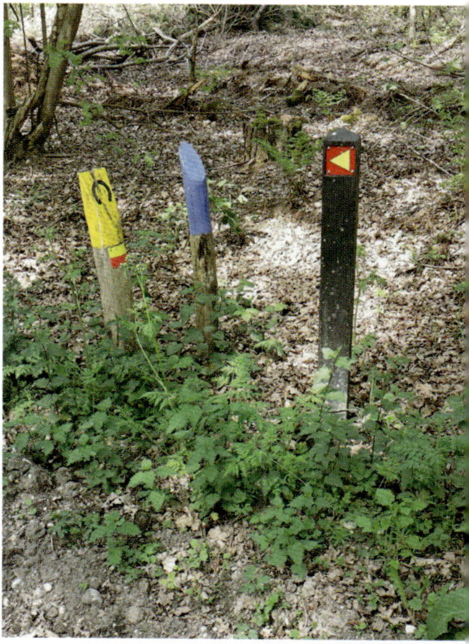

Die Wege in der Lommerheide sind gut markiert.

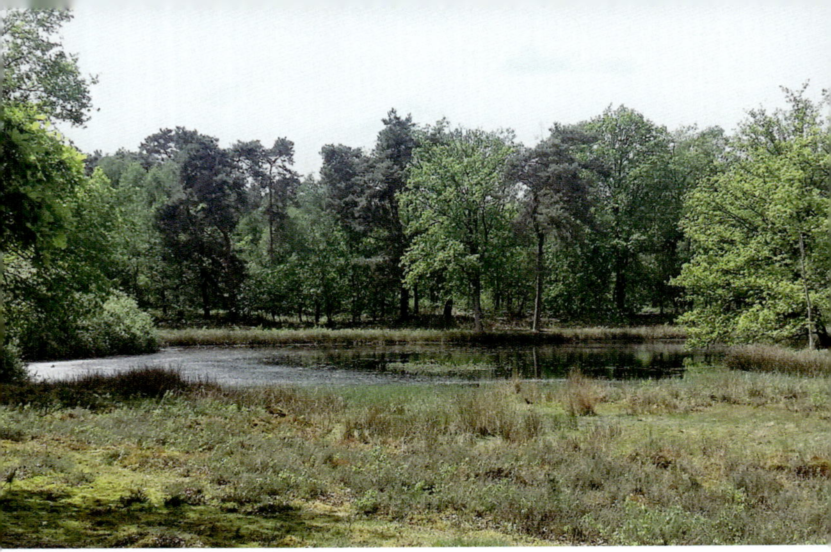

Teichlandschaft beim Gasthof Jagersrust.

An der folgenden Gabelung gehen wir links und bei der nächsten Möglichkeit wieder rechts.
Bald sehen wir wieder die rote Markierung und folgen ihr bis zu einem breiteren Weg, dem **Broekveldweg (5)**, nach rechts, bis wir wiederum rechts abbiegen. Jetzt halten wir uns am Waldrand entlang, biegen nach einem längeren Stück an einer T-Kreuzung rechts auf den rot markierten Weg ab und bleiben darauf bis zu einer **Kreuzung (6)**, an der unter anderem der grün markierte Weg links abzweigt.
Wir befinden uns nun östlich der Moorseen und folgen dem Waldweg, der grün markiert ist. Auf diesem Weg bleiben wir, bis wir uns nach einer Holzbarriere wieder auf dem blau markierten Weg befinden. Diesem folgen wir an der **Abzweigung (2)** nach links entsprechend dem Hinweg und erreichen auf diesem, zum Schluss uns links oder rechts haltend, wieder den Ausgangspunkt am **Gasthof Jagersrust (1)**.

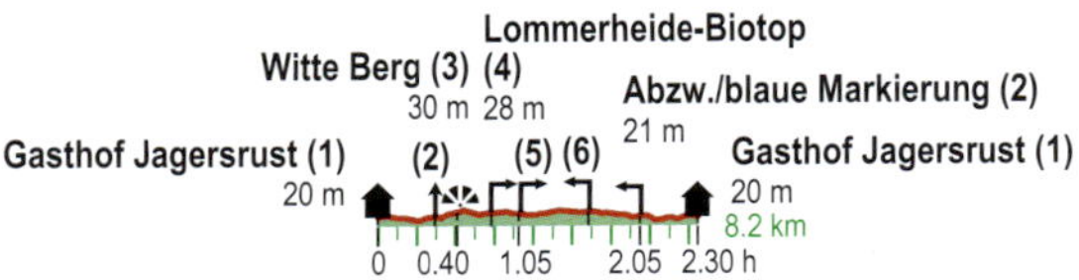

3.30 Std.

Durch die Fleuthkuhlen 27

Eines der großen Vogelparadiese am Niederrhein

Die Wanderung durch die Fleuthkuhlen führt uns in ein Niedermoor-Naturschutzgebiet, das durch den Torfabbau entstanden ist. Dieses ist Lebensraum einer Vielzahl sehr seltener Vogelarten.

Ausgangspunkt: Kapellen, Parkplatz am Markt (Navi: Kapellen / Kapellener Markt). Anfahrt über A57, Ausfahrt Alpen, dann Richtung Kevelaer über Hamp und bis Kapellen, parken an der Kirche. Bus 36 ab Bahnhof Geldern bis Kapellen Kirche.
Höhenunterschied: 15 m.
Länge: 15,4 km.
Anforderungen: Leichte Rundwanderung, die nach Regen stellenweise auf etwas sumpfigem Weg verlaufen kann.
Einkehr: Unterwegs keine Möglichkeit. In der Nähe des Ausgangspunktes: Gaststätte Steldermann, Lange Str. 33, Kapellen, Tel. 02838-2249. www.partyservice-steldermann.de, Fr.–Mi. ab 17 Uhr, Do. Ruhetag.
Karte: Outdoorkarte 1:50 000 Blatt 61 »Niederrhein – Kleve – Wesel« (Kümmerly + Frey).

Wir starten am **Kapellener Markt (1)**, gehen rechts in den Kaplansweg (X) und dort zum Ortsausgang. Nach einem längeren Stück geradeaus an Gehöften und an Gewächshäusern vorbei kommen wir auf der Straße **Am Geisberg (2)** an eine Weggabelung, an der wir links weitergehen (X). So gelangen wir zur Landstraße, der wir rechts folgen bis zum früheren Adelssitz **Haus Beerenbrouck (3)**.

Felder und Wälder bei Aengenesch.

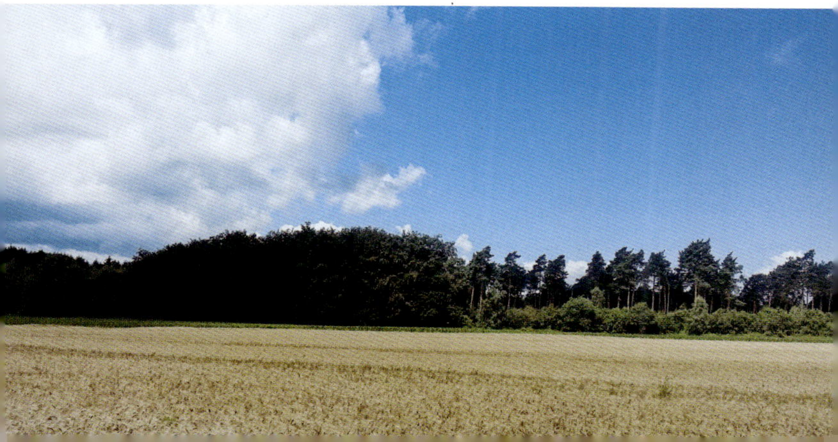

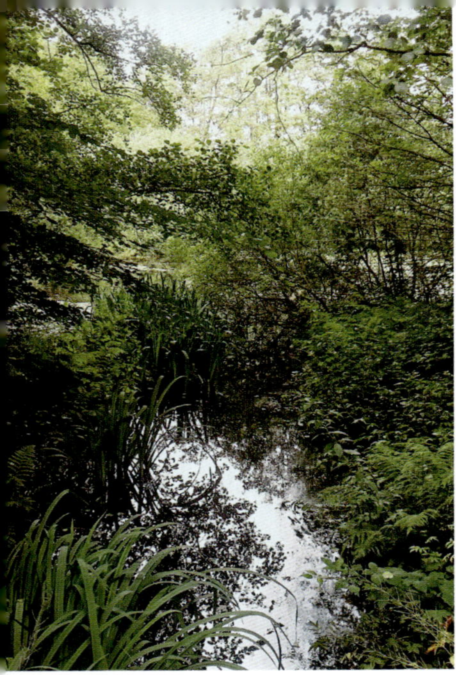

Dahinter biegen wir links ab in den **Finkenhorst** und gehen geradeaus weiter (X), bis der Weg rechts abknickt. Ab dem nächsten Haus ist der Weg dann wieder geschottert. Am Ende der Runde durch den Finkenhorst überqueren wir nach links auf der **Brücke** die **Issumer Fleuth (4)** und gehen bis zur nächsten Straße, die rechts abgeht (Aengenesch). Wir überqueren die Landstraße und nähern uns dem Linksabzweig (X) zur **Alten Boeckelter Schule (5)**.

Hinter der ehemaligen Schule und Gaststätte biegen wir nun rechts ab und sind am Weg, der am Heitkampsee vorbeiführt. Ihm folgen wir bis zur Gabelung, wo wir nach rechts wechseln bis zur Höhe Krückenhof. Unser Weg biegt dann links von

Oben: Naturschutzgebiet Fleuthkuhlen im Gebiet des Finkenhorsts.
Unten: Der kleine Heitkampsee bietet Abkühlung an heißen Sommertagen.

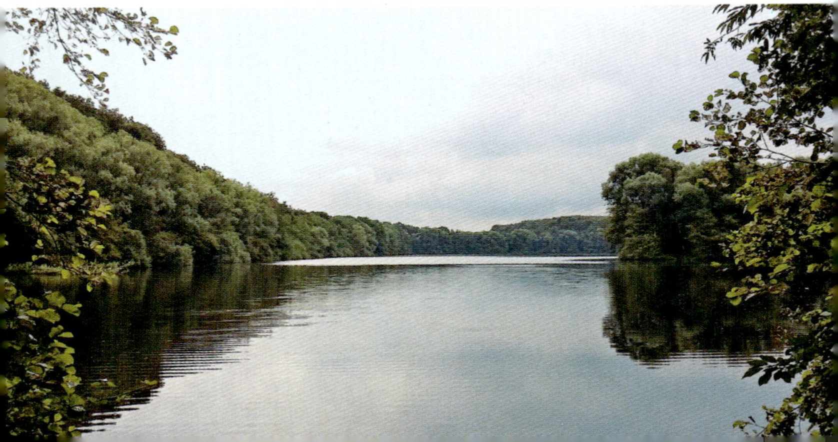

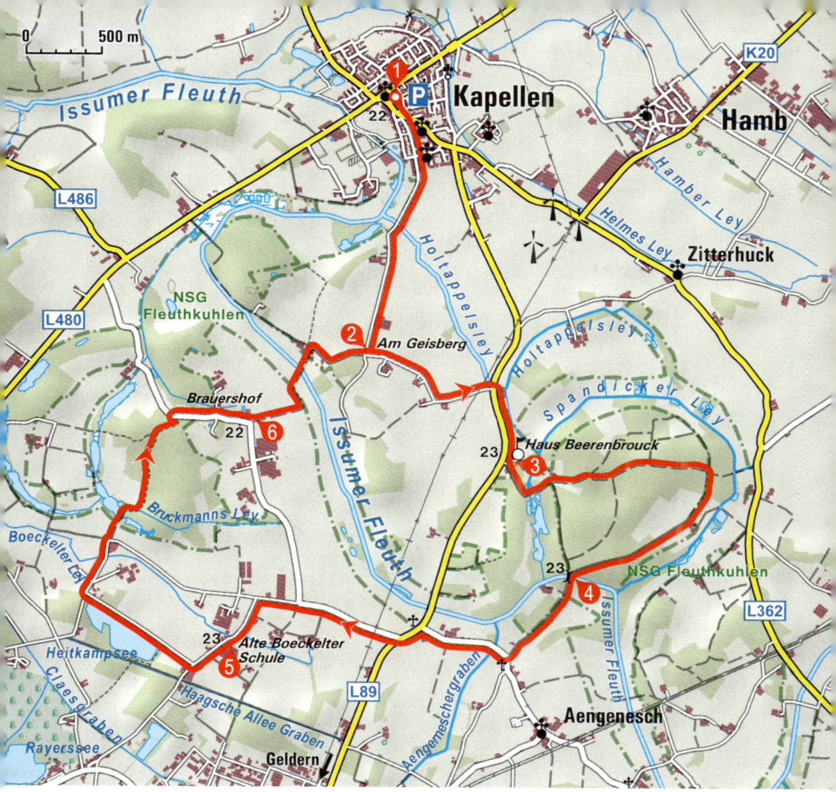

der Straße ab und durch den Wald zum **Brauershof (6)**, wo wir abweichend vom markierten Weg geradeaus bis zum Linksknick weitergehen und uns dann rechts einem Bauernhof nähern.

Hier wechseln wir dann nochmals rechts, bis wir die Straße **Am Geisberg (2)** wieder erreichen (X). Ihr folgen wir entsprechend dem Hinweg zurück nach **Kapellen (1)**.

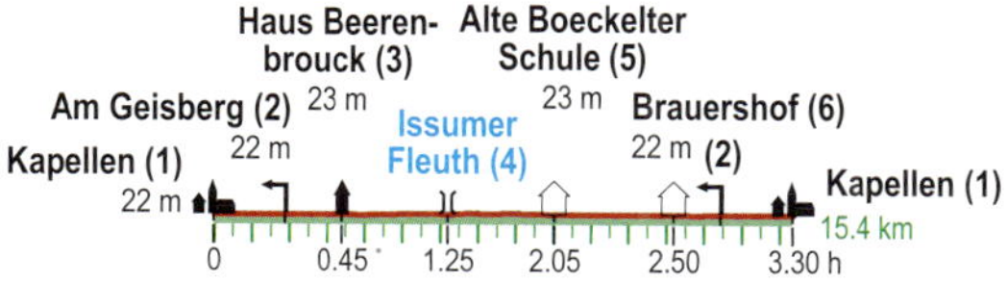

28 Über die Schaephuyser Höhen

3.15 Std.

Von Schaephuysen bis nach Rheurdt

Die Runde verläuft über den Schaephuyser Höhenzug, eine Endmoräne, die als Teil des Niederrheinischen Höhenzugs in der vorletzten Eiszeit entstanden ist. Dieser erstreckt sich in einem Bogen von Rheurdt bis nach Tönisberg.

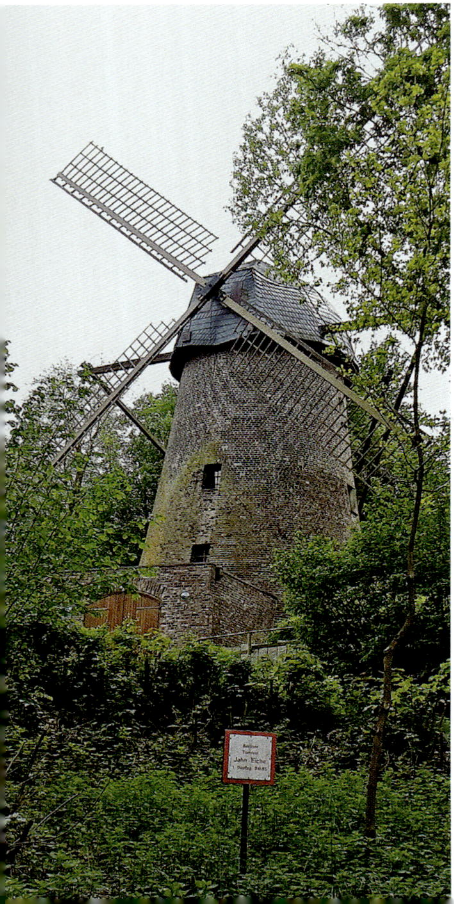

Ausgangspunkt: Schaephuysen, Wanderparkplatz an der Hauptstraße (L140) Richtung Saelhuysen (Navi: Schaephuysen / Hauptstraße). Anfahrt über A40, Ausfahrt Kerken, dann Richtung Aldekerk und dort weiter nach Schaephuysen. Bus 31 ab Bahnhof Kerken-Aldekerk bis Saelhuysen. Von dort knapp 1 km entlang der Hauptstraße bis zum Ausgangspunkt.
Höhenunterschied: 90 m.
Länge: 12,8 km.
Anforderungen: Rundwanderung mit gelegentlich leichten Anstiegen.
Einkehr: Bauerncafé Herwix-Hof in Lind, Mo./Di. Ruhetag, Tel. +49 2845 6758, www.herwix.de; Zur Linde, Hauptstr. 22, Rheurdt, Tel. +49 2845 6445, www.zur-linde-schaephuysen.de, Do–Mo 17–0 Uhr, Di/Mi Ruhetag.
Karte: Outdoorkarte 1:50 000 Blatt 62 »Naturpark Maas-Schwalm-Nette« (Kümmerly + Frey).

Wir verlassen den **Wanderparkplatz (1)** an der **L140** (Hauptstraße) und gehen den Markierungen A1 und X folgend leicht bergauf; dabei passieren wir einen Wasserhochbehälter. Nun geht es sanft bergab und dann am querenden Weg nach links. Unsere Route über die Schaephuyser Höhen bietet seit Beginn der Tour einen schönen Aus-

Die Turmwindmühle von Rheurdt.

blick auf die Umgebung von Kerken. Wir wandern weiterhin am Waldrand entlang, dabei kommen wir an einer Windenergieanlage vorbei. Am Ende des Waldstücks halten wir uns rechts (X) und bleiben bei der folgenden Wegkreuzung der X-Markierung treu. Nun sehen wir vor uns die **Turmwindmühle (2)** von **Rheurdt**. Wir nähern uns jetzt dem Ortskern von Rheurdt, das sich den Beinamen »Ökodorf« gegeben hat. Uns rechts haltend folgen wir dem Oberweg (A2) und biegen vor dem **Friedhof (3)** nach links zur Landstraße ab. Diese

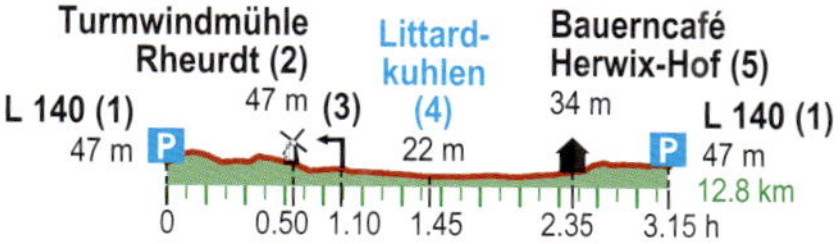

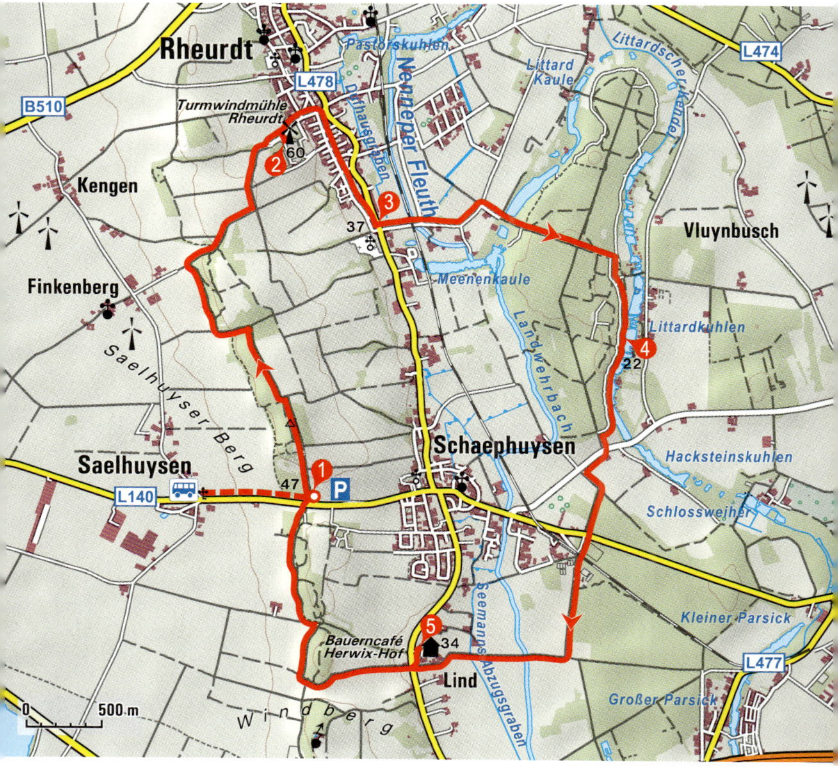

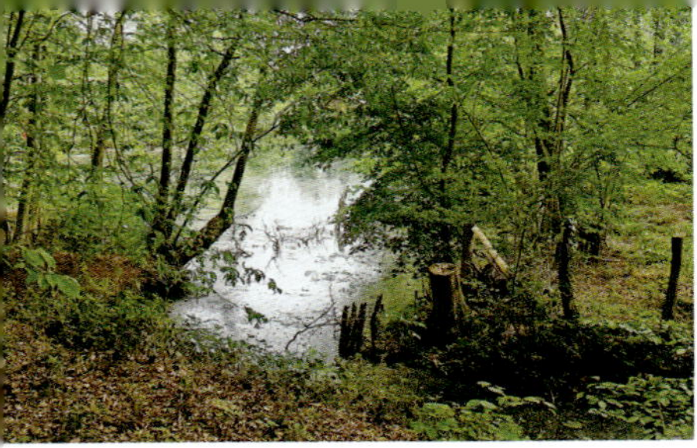

Im Biotop Littardkuhlen.

überquerend münden wir geradeaus in den Bergdahlsweg ein. Dann überqueren wir die Bahnlinie und biegen bei einem Reiterhof rechts in den Wald ab. Nun durchqueren wir das Waldstück bis kurz vor den Waldrand, biegen hier rechts ab und nähern uns so den **Littardkuhlen (4)**, einem der vielen Biotope in dieser Region. Unser Weg durch das Waldstück endet an einem Wanderparkplatz. Dort biegen wir erst links ab und wechseln an der Kreisstraße nach rechts, um bei der nächsten Gelegenheit wieder links und dann schräg rechts zu gehen. Dann überschreiten wir erst eine Straße und dann die Bahnlinie, um dann, nach Verlassen des Waldstücks rechts weiterzugehen (A4). So erreichen wir die Landstraße bei **Lind**, die Rheurdt und Tönisberg verbindet. Hier befindet sich, ein kleines Stück weiter rechts, das **Bauerncafé Herwix-Hof (5)**.
Nach Überqueren der Landstraße nähern wir uns auf Weg A1 den Schaephuyser Höhen. Dort wechseln wir nach rechts. Am Waldrand entlang erreichen wir, vorbei am St.-Michael-Turm, einer ehemaligen Windmühle und heutigen Jugendbildungsstätte, schließlich die Hauptstraße und den **Wanderparkplatz (1)**.

Blick von den Schaephuyser Höhen nach Westen Richtung Aldekerk.

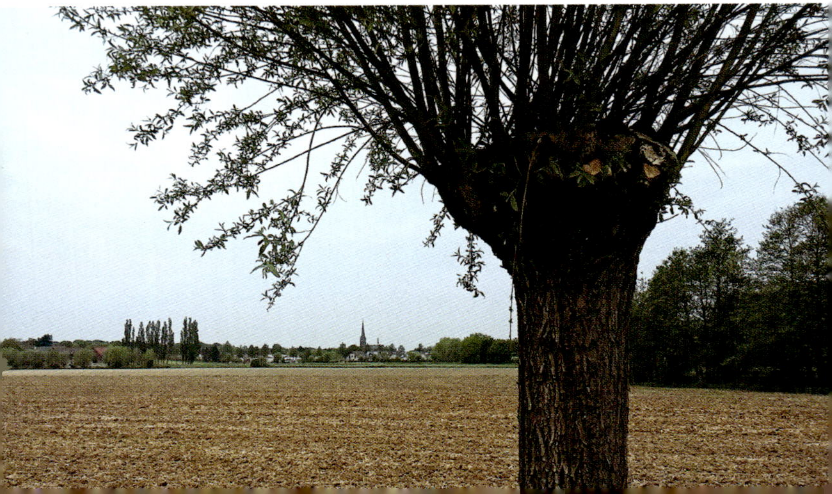

3.30 Std.

Über den Hülser Berg 29

Rundwanderung auf der Endmoräne

Der Hülser Berg, den wir erwandern, und der nördlich anschließende Tönisberger Berg sind Reste einer Endmoräne, die während der Eiszeit vor etwa 150 000 Jahren entstanden ist.

Ausgangspunkt: Hüls, Parkplatz beim Freibad (Navi: Krefeld, Hüls / Hölschen Dyk). Anfahrt über A40, Ausfahrt Kerken, B9 in Richtung Krefeld-Hüls, dann über das Ortszentrum zum Königspark mit Parkplatz. Bus 045 ab Hbf. Krefeld bis Hüls Rektoratsstraße.
Höhenunterschied: 80 m.
Länge: 12,3 km.
Anforderungen: Rundwanderung mit gelegentlichen leichten Anstiegen.
Einkehr: Hülser Bergschänke, Rennstieg 1, Tel. +49 2151 568841, www.huelser-bergschaenke.de, Di. ab 17 Uhr, Mi.–Fr. ab 15 Uhr, Sa./So. ab 12 Uhr, Mo. Ruhetag; Lamershof, Tel. +49 2845 8485, Mi.–Sa. ab 16.30 Uhr, So. u. Fei. ab 11 Uhr, Mo./Di. Ruhetag; Haus Wahlen, Hülser Markt, Hüls, Tel. +49 2151 5694747, www.haus-wahlen.de, Di.–So. ab 17 Uhr, Mo Ruhetag.
Karte: Outdoorkarte 1:50 000 Blatt 62 »Naturpark Maas-Schwalm-Nette« (Kümmerly + Frey).

Wir gehen vom **Freibad Hüls (1)** ortsauswärts in Richtung Wald auf den Pottbäckerweg (X5) und folgen im Wald an der ersten Kreuzung dem Weg nach links (A4). Danach halten wir uns an der nächsten Gabelung wieder links (schwarz-weißer Winkel) und passieren ein sich rechts befindendes **Wildgehege (2)**. An der folgenden Gabelung wechseln wir links in den Heinrich-Mertens-Weg, gehen links an dem Johannes-Aussichtsturm vorbei und erreichen die **Hülser Bergschänke (3)**. Am Aussichtsturm befinden sich auch die Pottbäckerkuhlen, in denen die Hülser Töpfer ihren Lehm gestochen haben.

Vor dem Ausflugslokal halten wir uns noch vor dem Parkplatz links und nähern uns auf diesem Weg einer Straße. Diese überqueren wir und folgen dann dem Rennstieg weiter (schwarz-weißer Winkel). Der nun asphaltierte Weg führt zunächst leicht bergab und erreicht den ehemaligen **Bahnhof Hülser Berg (4)**, wo in den Sommermonaten sonntags die

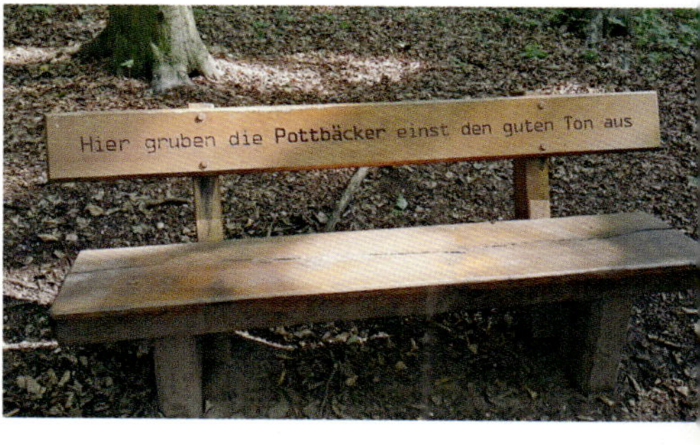

Bank am Hülser Berg.

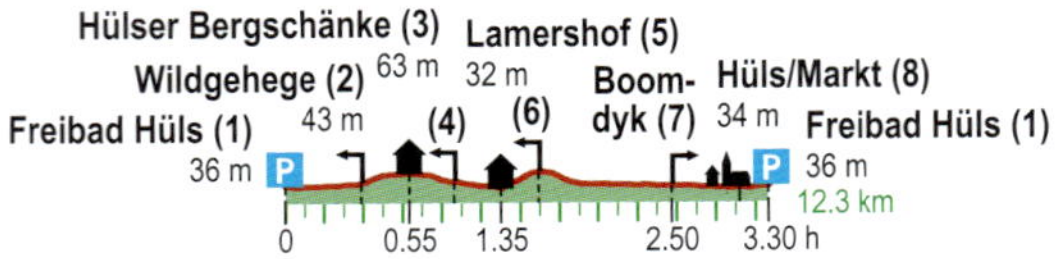

historische Dampfeisenbahn »Der Schluff« in Richtung St. Tönis abfährt. Wir setzen unsere Tour nun nach links fort, passieren das Lokal Parkschlösschen und gehen dahinter, wo die Straße links abknickt, rechts weiter (X, A4). Wir bleiben auf diesem Weg bis zum **Restaurant Lamershof (5)**, wo wir zunächst links weitergehen und dann gleich rechts dem Feldweg folgen (X, A4), der in den Wald führt. Wir treffen am Waldrand auf einen breiteren Weg,

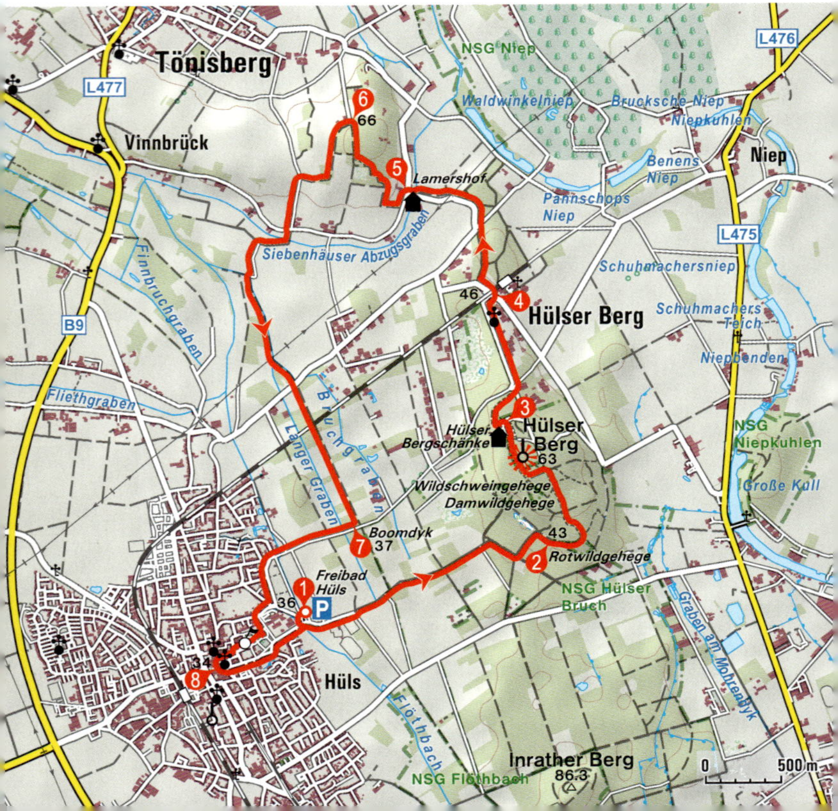

der bald asphaltiert ist, passieren ein umzäuntes Gelände und biegen vor dem folgenden Haus links in einen Feldweg ein, an dem ein **Lehrpfad (6)** über den Schaephuysener Höhenzug beginnt. Wir verlassen das Wäldchen und erreichen einen Bauernhof, wo wir unsere Tour geradeaus auf dem schmaleren Weg fortsetzen. Dieser knickt kurz danach erst rechts, dann, auf Höhe eines weiteren Bauernhofs, links ab und führt als geschotterter Feldweg weiter. Jetzt überqueren wir zuerst die Straße Lookdyk, dann über den alleenartigen Weg wieder die Bahnlinie, auf der »Der Schluff« verkehrt, bis wir auf die Straße **Boomdyk (7)** treffen. Ihr folgen wir nach rechts in Richtung Hüls.

Am Ortsrand von **Hüls** können wir entweder die erste Abbiegung links auf dem geschotterten Weg nehmen, der direkt zum Parkplatz führt, oder die nächste links in Richtung **Hülser Markt (8)**. Das Hülser Ortszentrum ist sehr malerisch und bietet auch mehrere Einkehrmöglichkeiten. Unseren Ausgangspunkt erreichen wir dann, indem wir Richtung Krankenhaus und **Freibad (1)** gehen.

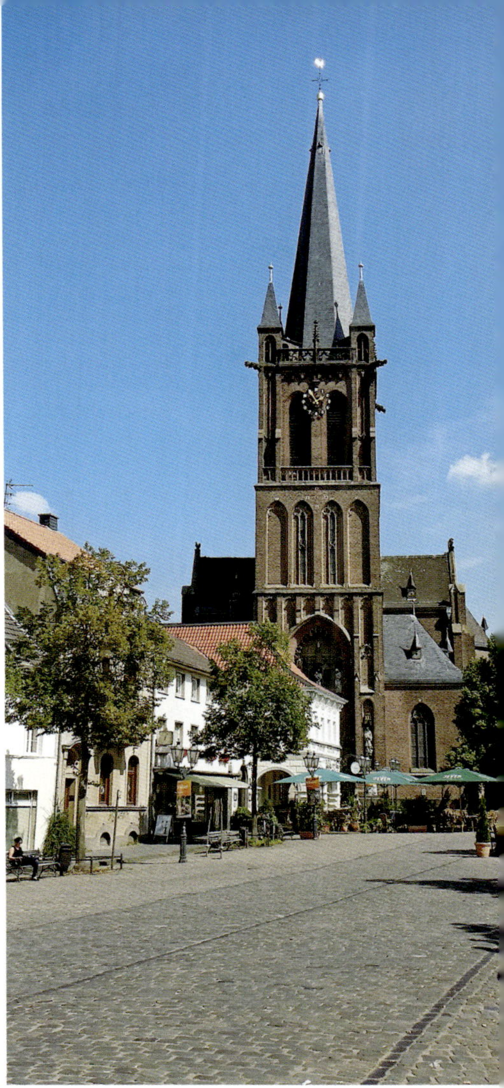

Am malerischen Hülser Markt.

30 Vom Krefelder Stadtwald zum Inrather Berg

4.00 Std.

Zu den Naherholungsgebieten im Norden Krefelds

Der im nördlichen Stadtgebiet Krefelds gelegene Stadtpark bietet neben vielfältigen Sport- und Freizeitmöglichkeiten auch Gelegenheit für ausgedehnte Spaziergänge. Das etwa 120 Hektar große Waldgebiet beruht auf einer Schenkung des Krefelder Industriellen Wilhelm Deuß im Jahre 1897, verbunden mit weiteren Spenden zum Ausbau des Gebiets zu einem Erholungspark. Eine der Attraktionen im Stadtwald ist der 1913 zur Erinnerung an Wilhelm Deuß errichtete Deuß-Tempel. Der 77 Meter hohe Kapuzinerberg und der 87 Meter hohe Inrather Berg sind die höchsten, wenngleich nicht natürlichen Erhebungen auf Krefelder Stadtgebiet. Während der Kapuzinerberg auf einer ehemaligen Deponie entstand, ist der Inrather Berg ein Trümmerberg, der aus den Resten von im Zweiten Weltkrieg in Krefeld zerstörten Gebäude besteht.

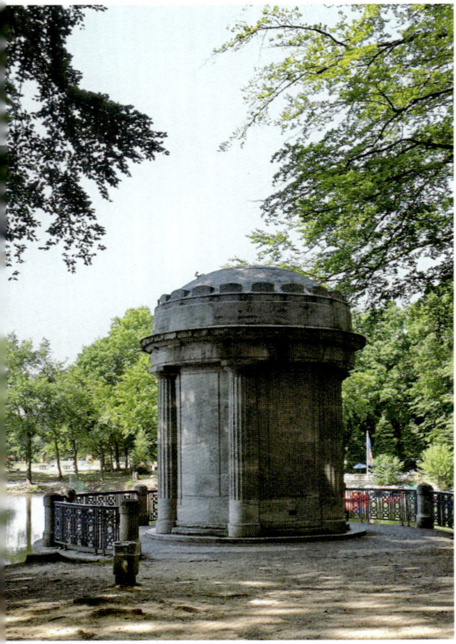

Ausgangspunkt: Parkplatz an der Rennbahn Krefeld (Navi: Krefeld / Hüttenallee, An der Rennbahn). Anfahrt über A57, Ausfahrt Krefeld-Gartenstadt, dann B509 in Richtung Krefeld. An der dritten Ampel links in die Hüttenallee Richtung Rennbahn. Bus Linie 058 ab Krefeld Hauptbahnhof bis Krefeld Stadtwald (dann Ausgangspunkt bei WP 2).
Höhenunterschied: 110 m.
Länge: 16,2 km.
Anforderungen: Längere Rundwanderung über verschiedene Beläge mit zwei Anstiegen.
Einkehr: Stadtwaldhaus Krefeld, Tel. +49 2151 593784, www.stadtwaldhaus.de, April–Sept. Mo.–Sa. 11–23 Uhr (nur bei schönem Wetter), So./Fei. 10.30–23 Uhr, Okt.–März nur Fr.–So. 11–18 Uhr; Zeus, Sprudeldyk 12, Tel. +49 2151 763979, www.krefelder-sprudel.eatbu.com, Mo./Di. Ruhetag.
Karte: Outdoorkarte 1:50 000 Blatt 62 »Naturpark Maas-Schwalm-Nette« (Kümmerly + Frey).

Der Deuß-Tempel wurde zu Ehren des Krefelder Stadtwald-Mäzens am Stadtwaldweiher errichtet.

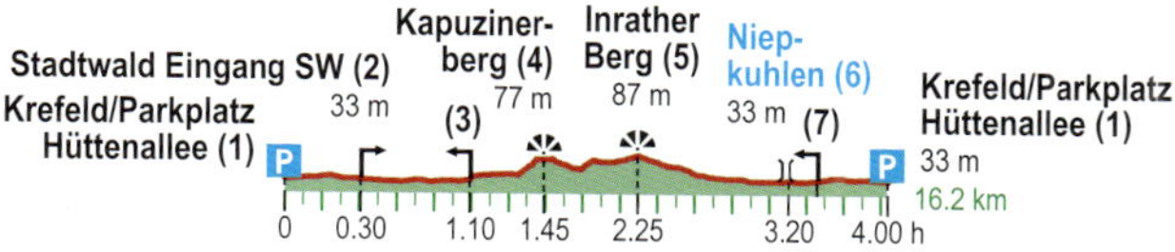

Vom **Parkplatz Hüttenallee (1)** gehen wir an der Rennbahn vorbei und betreten den Stadtwald, wo wir gleich zu Beginn eine Tennisanlage passieren (X). Links vom Weg befindet sich das **Restaurant Stadtwaldhaus** mit einem der größten Biergärten außerhalb Bayerns. Dann überschreiten wir eine Brücke und kommen danach zum sogenannten **Deuß-Tempel**, der an den Krefelder Textilfabrikanten Wilhelm Deuß erinnert, auf dessen Initiative der Stadtwald Ende des 19. Jahrhunderts angelegt wurde. Nun durchqueren wir die Anlage mit ihren zahlreichen Wasserläufen, auf denen sich einige Tretboote eines Bootsverleihs bewegen. Nach einem Linksbogen verlassen wir den Hauptweg nach rechts und nähern uns dem **südwestlichen Stadtwald-Eingang (2)** an der Ecke Deußstraße/Hüttenallee. Wir überqueren die Deußstraße und erreichen gegenüber durch die Husarenallee die Moerser Straße, der wir nach links bis zum Grafschaftsplatz folgen. Hier sehen wir das Denkmal von Generalmajor Freiherr von Gillhausen, einem Husarengeneral, der ein Schirmherr bei der Gründung der Prinzengarde der im Karneval aktiven Krefelder Husaren war.

Wir wechseln nun auf der rechten Seite in den Grafschaftsweg und bei der nächsten Gelegenheit rechts in den Gehweg, der uns zu den Kleingartenanlagen führt. Am querenden Dahlerdyk gehen wir zunächst rechts und gleich wieder links in die Kliedbruchstraße, die uns zum Nassauer Ring führt.

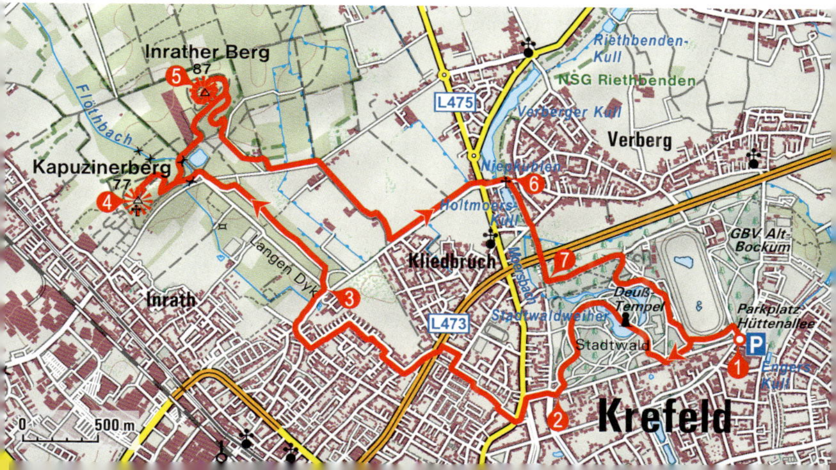

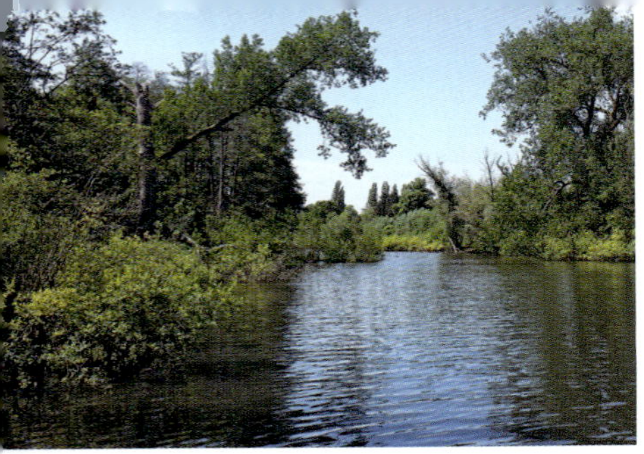

Die Krefelder Niepkuhlen sind ein verlandetes Areal des Altrheins.

Diesen überqueren wir, folgen ihm kurz nach links und dann schräg rechts dem Krüllsdyk. Diesen verlassen wir alsbald in den Peter-Esser-Dyk. Nach rechts in den Josef-Brucker-Dyk gelangen wir an dessen Ende rechts in den Breitendyk, wieder rechts in den Hökendyk und schließlich links in den **Langen Dyk (3)**. Am Langen Dyk nehmen wir ein kurzes Stück den Weg schräg links in den Kliedbruch, bis wir auf X2 treffen. Ihm folgen wir nach links, bis der Weg schräg links abknickt und wieder in den Langen Dyk zurückführt. Wir überqueren die Straße Flünnertzdyk und folgen am Parkplatz dem aufwärtsführenden Weg zum 77 Meter hohen **Kapuzinerberg (4)**, einer ehemaligen Deponie, die 2004 für die Öffentlichkeit freigegeben wurde. Vom Gipfelkreuz haben wir einen schönen Blick über die Region.

Den Kapuzinerberg verlassen wir, indem wir zunächst denselben Weg bergab gehen. Knapp 150 m nach dem scharfen Linksknick nehmen wir an der Gabelung aber den linken Weg, der in den Langen Dyk mündet. Diesen überqueren wir und wandern geradeaus weiter bis zur nächsten Wegkreuzung. Hier halten wir uns links und folgen den Wegschleifen auf den **Inrather Berg (5)** hinauf. Der Trümmerberg ist mit 87 Metern die höchste Erhebung im Krefelder Stadtgebiet. Die höchste natürliche Erhebung ist allerdings der ein paar Kilometer nördlich liegende Hülser Berg (63 m, s. Tour 29).

Den Inrather Berg verlassen wir, indem wir bergab bis zum querenden A4 gehen, diesem links folgen und kurze Zeit später das griechische **Restaurant Zeus** (Krefelder Sprudel) erreichen. Vom Restaurant setzen wir unsere Tour rechts bis zum Flünnertzdyk fort und gehen hier links weiter bis zur nächsten Abbiegung bei einer Reitanlage. Diesem Weg folgen wir an zwei weiteren Reitanlagen vorbei und wechseln am querenden Hökendyk nach links bis zur querenden Moerser Straße (X). Diese überqueren wir und erreichen die jetzt folgenden **Niepkuhlen (6)**, an denen wir rechts weiter Richtung Stadtwald gehen (X).

Über die etwas geräuschvolle Überquerung des verkehrsreichen Europarings auf einer Brücke erreichen wir den **nordwestlichen Stadtwald-Eingang (7),** halten uns links und durchqueren ihn Richtung Pferderennbahn (X). An dieser (oder schon 300 m davor) rechts abbiegend kommen wir am Stadtwaldweiher und der Rennbahn entlang und an deren Ende links auf dem Hinweg zum Ausgangspunkt am **Parkplatz Hüttenallee (1)** zurück.

3.30 Std.

Von Lank-Latum zur Burg Linn 31

Im Herrenbusch und am Latumer Bruch

Auf schattigen Wegen geht es durch den Herrenbusch. ein Waldgebiet mit einem der größten Bestände an alten Eichen und Buchen in der Region. Der Latumer Bruch ist ein bedeutendes Biotop und Naturschutzgebiet im Raum Krefeld und Lebensraum auch seltener Tier- und Pflanzenarten.

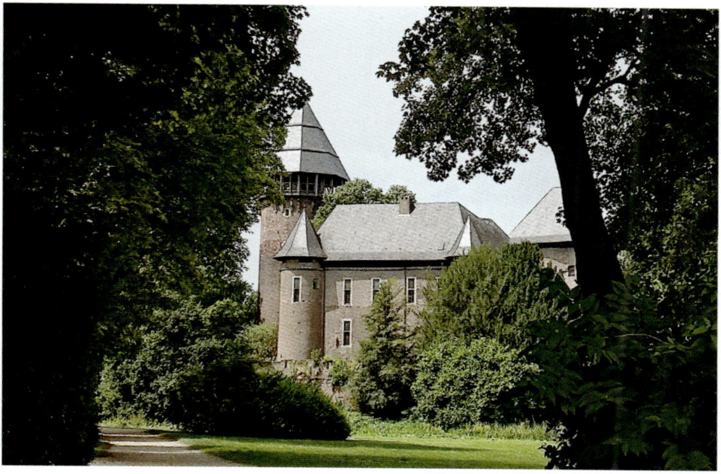

Die romantische Wasserburg Linn in Krefeld.

Ausgangspunkt: Lank-Latum, Wanderparkplatz am Latumer See (Navi: Meerbusch, Lank-Latum / Uerdinger Straße). Anfahrt über A44, Ausfahrt Lank-Latum, dann links bis zum Kreisverkehr und dort abbiegen auf den Parkplatz. U 76 ab Bahnhof Düsseldorf bis Haus Meer, dann Bus 839 bis Lank, Uerdinger Straße.
Höhenunterschied: 40 m.
Länge: 14,2 km.
Anforderungen: Rundwanderung ohne besondere Schwierigkeiten.
Einkehr: Gaststätte Em Kontörke, Margaretenstr. 40, Linn, Tel. +49 2151 540064, www.restaurant-linn.de, Mi.–Sa. ab 17 Uhr, So ab 11 Uhr, Mo/Di Ruhetag; Café La Pähd, Fronhofstr. 12, Lank-Latum Tel. +49 2150 9639455, www.cafelapaehd.de, Mi.–So. 14–17 Uhr, Mo/Di Ruhetag.
Karte: Outdoorkarte 1:50 000 Blatt 62 »Naturpark Maas-Schwalm-Nette« (Kümmerly + Frey).
Hinweis: Burg und Museen Linn sind Di.–So. geöffnet, April–Okt. 10–18 Uhr, Nov.–März 11–17 Uhr, Tel. +49 2151 155390, www.museumburglinn.de.

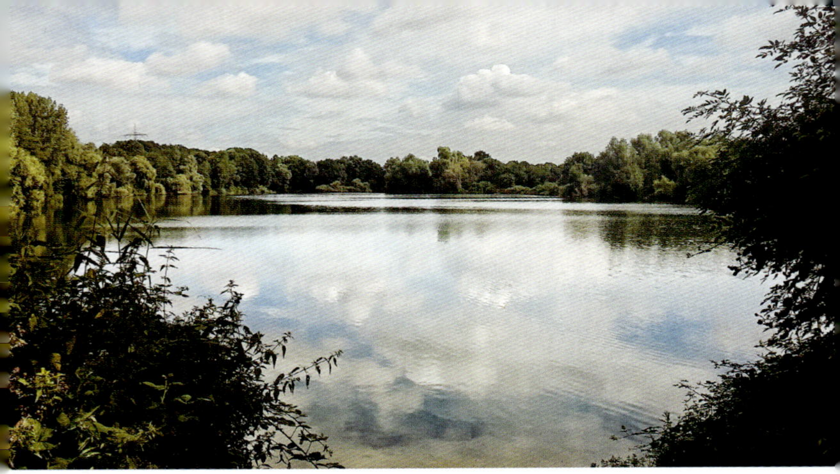

Der Latumer See ist ein beliebtes Meerbuscher Naherholungsziel.

Wir gehen vom **Parkplatz (1)** zum **Latumer See**. Vor dem Ufer zweigt rechts ein schmaler Weg ab, der zu einem Jüdischen Friedhof leitet. Wir umwandern, uns links haltend, den Südteil des Sees und entfernen uns in Richtung **Herrenbusch** (A11). Gleich nach Erreichen des Waldes biegen wir an einer **T-Kreuzung (2)** links ab, kommen an einer Hütte vorbei und gehen nochmals links durch den Herrenbusch (A11) bis zum Waldrand.

Dort passieren wir einen rot-weißen Pfosten, verlassen den Herrenbusch und wechseln auf einen Feldweg, der uns nach Ossum bringt. In **Ossum** passieren wir die originelle romanische **St. Pankratius (3)**, biegen danach rechts und bei der nächsten Gelegenheit links ab und überqueren die gleich folgende Kreisstraße (X).

Jetzt gehen wir am **Latumer Bruch**, einem Naturschutzgebiet, entlang bis nach Linn. Nach der Einmündung des **Eltwegs (4)**, auf dem wir zurückkehren, kommen wir zeitweise sehr nahe an die Autobahn heran. Vor der Einmündung in eine Straße wechseln wir rechts auf asphaltierten Weg und biegen dann gleich links ab zu den **Burganlagen von Linn (5)**, mit schönem Park, Archäologischem Museum und Burgmuseum im Jagdschloss. In **Linn**

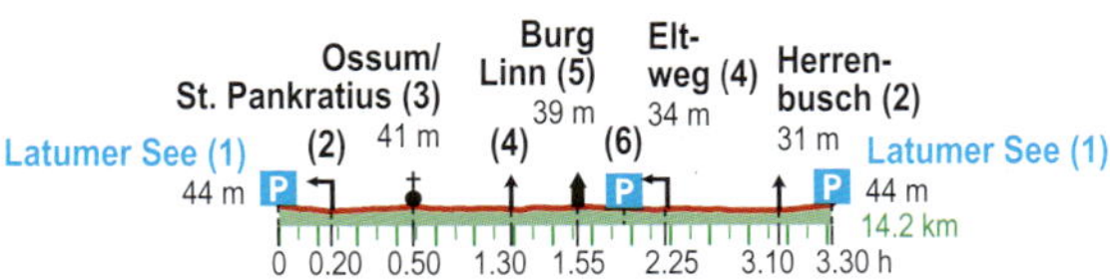

selbst ist der Ortskern gut erhalten und sehr sehenswert. Neben alten Läden und Gastwirtschaften sind vor allem noch das Textilmuseum und der Issumer Turm hervorzuheben.
Wir verlassen Linn, indem wir über die Brücke gehen, und kommen links in den Eltweg, der uns zum **Golfplatz (6)** bringt. Am **Parkplatz** vor dem Eingang biegen wir rechts ab und erreichen am Ende des **Eltwegs (4)** die auf dem Hinweg begangene Route (X), die uns wieder zurück in Richtung Ossum bringt. An der Weggabelung halten wir uns jetzt links und kommen nach einem Rechtsknick in den **Herrenbusch**, den wir geradeaus durchqueren und am **Waldrand (2)** wieder auf den Hinweg treffen. Auf diesem erreichen wir wieder den Ausgangspunkt am **Latumer See (1)**.

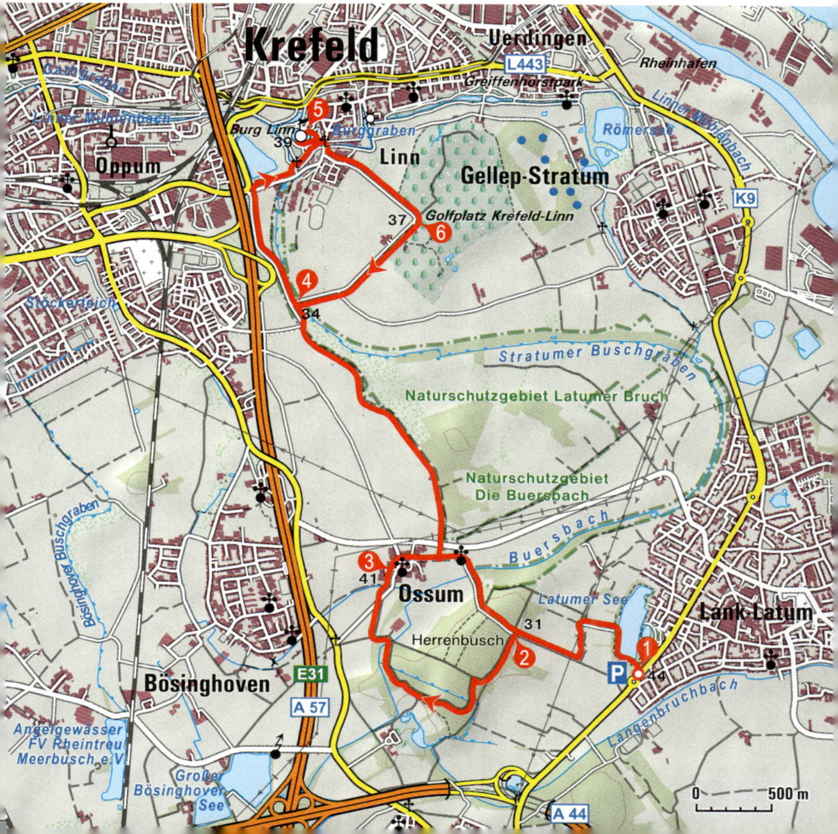

TOP **32**

An Rhein und Ilvericher Bruch

3.30 Std.

Vom Rhein ins Naturschutzgebiet

Auf dieser Tour wird die Natur- und Kulturlandschaft des Ilvericher Bruchs, auch Ilvericher Altrheinschlinge genannt, erkundet. Diese bildet eines der bedeutendsten Naturschutzgebiete am Niederrhein, denn die Feuchtgebiete im Einzugsgebiet des alten Rheinarms sind Lebensraum einer besonders vielfältigen Flora und Fauna.

Ausgangspunkt: Langst-Kierst, Parkplatz bei der Fähre (Navi: Meerbusch, Langst-Kierst / Zur Rheinfähre). Anfahrt über A44, Ausfahrt Lank-Latum, dann rechts über Strümp und Ilverich bis zur Rheinfähre. U76 ab Hbf. Düsseldorf bis Meerbusch Haus Meer, umsteigen in Bus 839 und bis Langst-Kierst Zur Rheinfähre.
Höhenunterschied: 30 m.
Länge: 13,1 km.
Anforderungen: Leichte Rundwanderung auf teilweise asphaltierten Wegen.
Einkehr: Ilvericher Treff, Obere Str. 60, Ilverich, Tel. +49 2150 910133, https://ilvericher-treffpunkt.eatbu.com, tgl. 11–22 Uhr; Restaurant Bellevue, Zur Rheinfähre 15, Tel. +49 2150 9140. www.rheinhotel-meerbusch.de, tgl. ab 12 Uhr.
Karte: Outdoorkarte 1:50 000 Blatt 62 »Naturpark Maas-Schwalm-Nette« (Kümmerly + Frey).

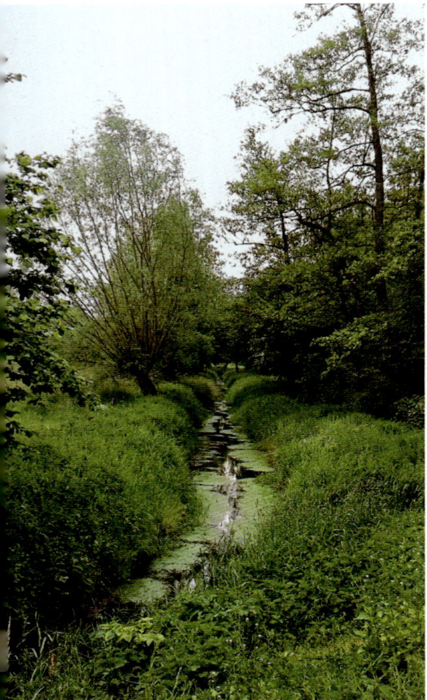

Wir verlassen den **Parkplatz** an der **Rheinfähre Langst (1)** und gehen am Fähranleger vorbei auf den parallel zum Rhein verlaufenden Weg. Dann überschreiten wir eine kleine **Eisenbrücke (2)** über den in den Rhein mündenden **Mühlenbach**. Weiter auf dem Weg (A7) am Rhein entlang unterqueren wir die Autobahn A44.
Nun mündet unsere Route in den Radweg ein und verläuft dann links weiter (A2). Wir entfernen uns jetzt

Im Naturschutzgebiet Ilvericher Bruch, einem verlandeten Altarm des Rheins.

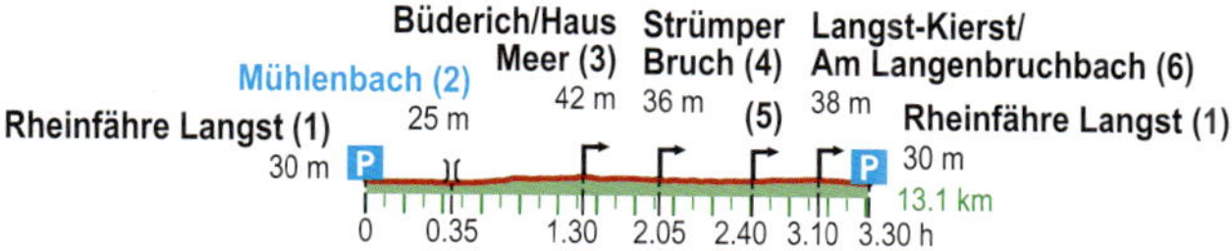

vom Rhein und kommen nach **Büderich**. Am Ortsanfang folgen wir an der Wegkreuzung dem Weg rechts, passieren eine Schranke und nähern uns **Haus Meer (3)**, biegen aber davor rechts auf die Straße ab. Haus Meer ist ein ehemaliges im 12. Jahrhundert gegründetes Kloster, das nach Verkauf an einen Meerbuscher Unternehmer als Herrenhaus Zug um Zug restauriert wurde bzw. wird.

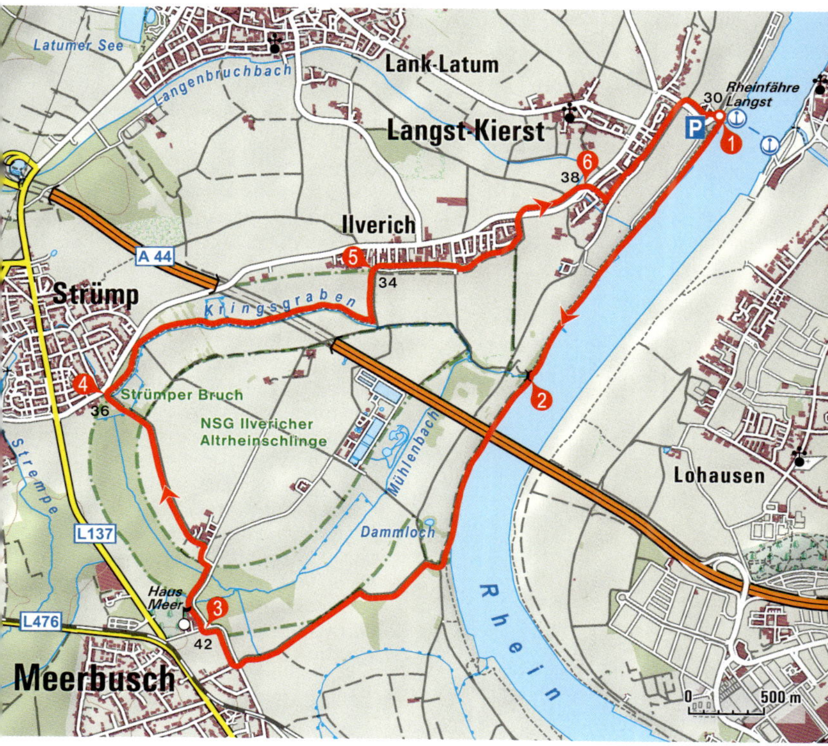

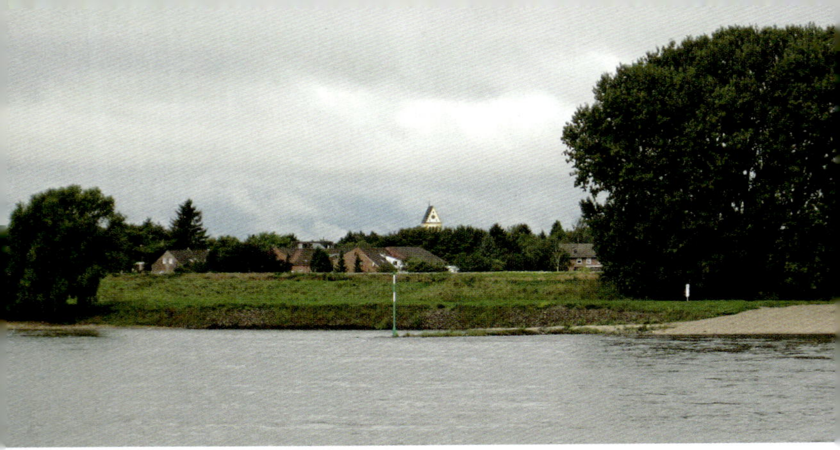

An der Rheinfähre mit Blick nach Langst-Kierst.

Vor dem Isselhof wechseln wir nach links (A2) und nähern uns dem **Strümper Bruch (4)**, der ein Teil des Naturschutzgebiets Ilvericher Bruch ist. Kurz vor der Straße knickt der A2 rechts ab und führt uns durch die Auenlandschaft bis zu einem querenden Radweg (A5). Hier wechseln wir nach links und gehen auf **Ilverich (5)** zu. Vor den ersten Häusern zweigt rechts ein Pfad ab, der hinter den Häusern entlangführt. Diesem Pfad folgen wir, bis er in einen querenden Weg einmündet.

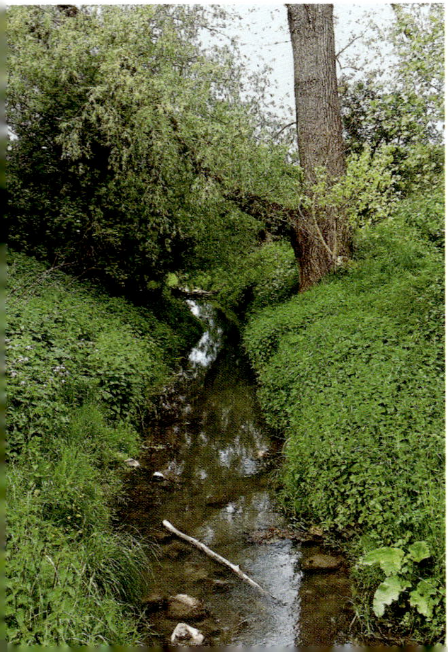

Hier wechseln wir dann nach links und kommen zur Kreisstraße. Wir biegen nun rechts ab und nähern uns **Langst-Kierst**. Bei der ersten Rechtsabzweigung, der Straße **Am Langenbruchbach (6)**, biegen wir ab und kommen zum Rheindamm, auf dem wir bleiben, bis das Hotel Vier Jahreszeiten und damit auch die **Rheinfähre Langst (1)** vor uns auftaucht.

Naturidyll Strümper Bruch.

3.00 Std.

Entlang der Niers nach Mariendonk 33

Durch die Niersaue bei Wachtendonk

Der Ausgangsort Wachtendonk besitzt einen gut erhaltenen historischen Ortskern, wobei hier besonders Burg Wachtendonk und der Pulverturm hervorzuheben sind. Und in der Umgebung findet man Freizeitmöglichkeiten wie etwa – neben Wandern und Radfahren – auch Kanutouren auf der Niers.

Ausgangspunkt: Wachtendonk, Parkplatz am Bruchtor (Navi: Wachtendonk / Bruchstraße). Anfahrt über A40, Ausfahrt Wachtendonk, dann ins Ortszentrum und dem Hinweis zum Wohnmobilstellplatz folgen bis P3 Bruchplatz. Bus 063 ab Bhf. Kempen bis Wachtendonk Friedensplatz.
Höhenunterschied: 30 m.
Länge: 11,6 km.
Anforderungen: Rundwanderung, die gelegentlich etwas sumpfig sein kann.

Einkehr: Café-Restaurant Fitscheshof, Tel. +49 2836 9113261, www.fitscheshof.com, Di.–Sa. ab 12 Uhr, So./Fei. ab 9 Uhr, Mo. Ruhetag; Pulverturm, Am Pulverturm 12, Wachtendonk, Tel. +49 22846 971470, www.ristorante-pulverturm.de, Mo.–Sa. 17–20, So 13–20 Uhr.
Karte: Wanderkarte 1:25 000 Blatt 65 »Naturpark Maas-Schwalm-Nette / Nordteil« (Hrsg. Zweckverband NP Schwalm-Nette, Viersen).

Vom **Parkplatz Am Bruchtor (1)** in **Wachtendonk** gehen wir auf der Bruchstraße ins Ortszentrum und biegen am Ende der Straße nach rechts ab bis zum blau-weißen Gebäude der Spinnerei Verseidag. Dort wenden wir uns nach rechts, gehen am **Pulverturm (2)**, heute ein italienisches Restaurant, vorbei und wieder links (A4) bis zur Niers. Hier biegen wir nach rechts ab und gehen am Fluss entlang; rechts von uns sehen wir die Reste der Burg Wachtendonk. Am ersten möglichen Übergang überqueren wir nun die **Niers (3)** und gehen weiter bis zur Straße Schlick. Hier folgen wir der Straße nach rechts (X), unterqueren die A40 und biegen gleich

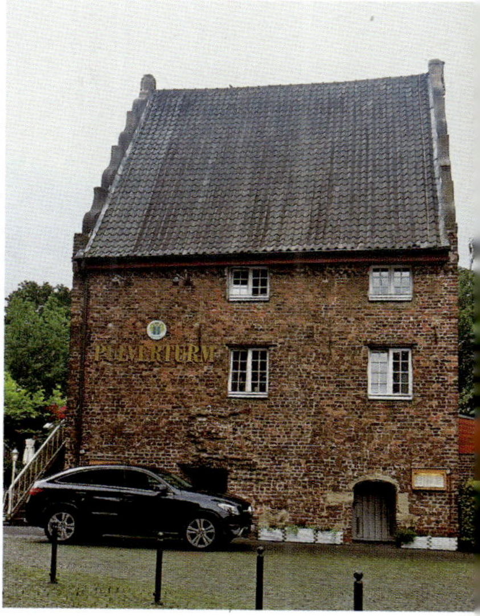

Der Wachtendonker Pulverturm war einst Teil der mittelalterlichen Festungsanlage.

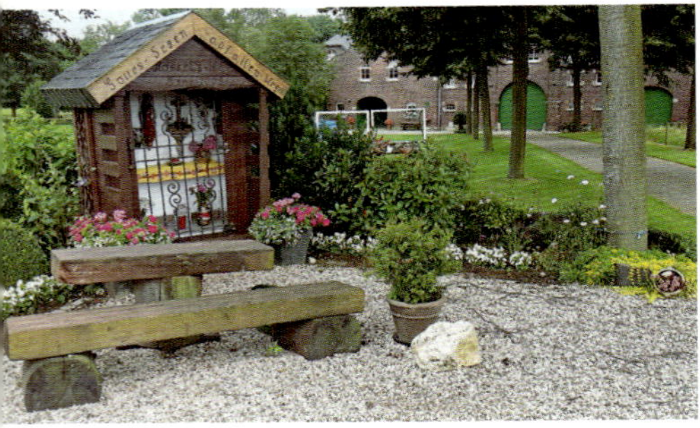

Ruheplatz unterwegs in Schlick.

danach auf den parallel zur Autobahn verlaufenden Schotterweg ab. Vor dem ersten dann folgenden Haus nehmen wir den nach rechts abzweigenden **Weg (4)**, der zum kleinen, aber nicht zugänglichen **Neersdommer See** führt. Da diese Stelle überschwemmungsgefährdet ist, können hier auch entsprechende Warnschilder stehen (X).

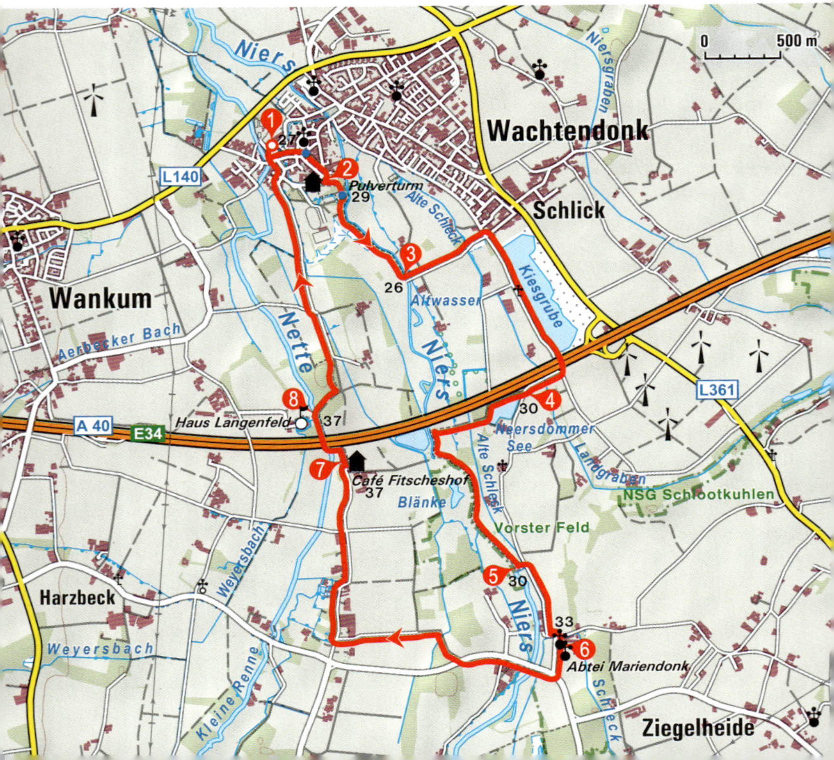

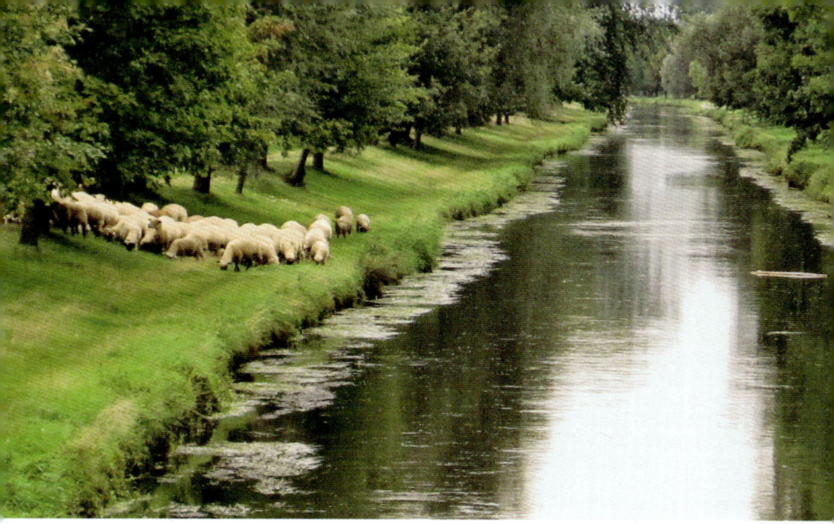

Schafe weiden im üppigen Grün an der Niers.

Wir folgen der Route in Richtung **Niers** und gehen links an ihr entlang, bis wir an eine **Bootsanlegestelle (5)** gelangen, an der unser Weg links zur Straße abknickt. Schließlich erreichen wir die Neersdommer Mühle und kommen dann links weiter zur **Abtei Mariendonk (6)**, die Mitte des 19. Jahrhunderts gegründet wurde.

Hinter Mariendonk treffen wir auf die Kreisstraße, der wir rechts auf dem parallelen Radweg folgen (X), bis dieser rechts abgeht. Ihm folgen wir, bleiben aber, nachdem er rechts abbiegt, geradeaus in Richtung Vorst und schwenken in die querende Straße nach rechts ein. Kurz vor der Autobahn passieren wir das **Café Fitscheshof (7)**, wo es eine Einkehrmöglichkeit gibt. Wir umgehen den Hof und unterqueren die Autobahn, bis wir **Haus Langenfeld (8)**, ein ehemaliges Rittergut, erreichen.

Im weiteren Verlauf halten wir uns an die X-Markierung und nähern uns geradeaus wieder **Wachtendonk**, wo uns der Laerheider Weg zurück zum **Parkplatz Am Bruchtor (1)** bringt.

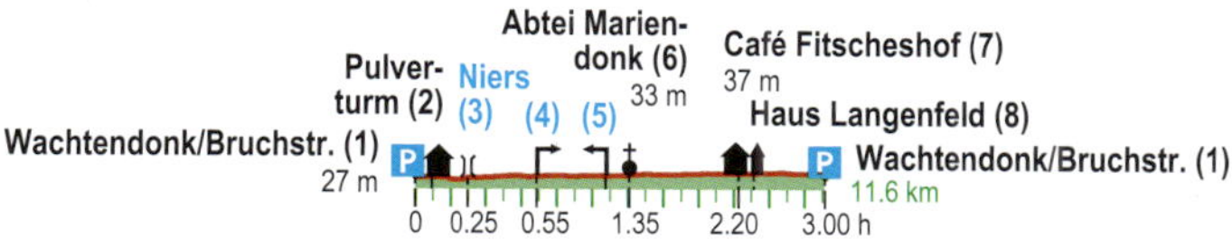

34 Im Erfttal

3.00 Std.

Rund um die Museumsinsel

Die Erft, der wir auf dieser Rundwanderung ein Stück folgen, ist ein linker Nebenfluss des Rheins, der in der Ahreifel entspringt und bei Neuss in den Rhein mündet. Die Museumsinsel Hombroich am Ausgangspunkt der Tour ist ein in den 1980er-Jahren entstandenes Kunstmuseum, in dem Kunst parallel zur Natur in mehreren Pavillons und restaurierten Gebäuden präsentiert wird.

Ausgangspunkt: Holzheim-Minkel, Parkplatz an der Museumsinsel (Navi: Neuss, Holzheim / Minkel). Anfahrt über A46, Ausfahrt Kapellen, dann Richtung Kapellen und der Beschilderung zur Museumsinsel folgen. Bus 869 ab S-Bhf. Neuss-Süd bis Insel Hombroich.

Höhenunterschied: 35 m.

Länge: 10,6 km.

Anforderungen: Rundwanderung ohne besondere Schwierigkeiten. Nach Regen teilweise etwas sumpfig.

Einkehr: Zur Post, Herzogstr. 1, Hülchrath, Tel. +49 2182 8271416; Kloster-Restaurant Langwaden, Tel. +49 2182 88020, Di.–So. 11.30–22 Uhr, Mo. Ruhetag; Cafeteria auf der Insel Hombroich, schließt 1 Std. früher als das Museum (s. unten).

Karte: Outdoorkarte 1:50 000 Blatt 62 »Naturpark Maas-Schwalm-Nette« (Kümmerly + Frey).

Hinweis: Das Museum Insel Hombroich ist tgl. geöffnet, April–Sept. 10–19 Uhr, Okt.–März 10–17 Uhr, Eintritt regulär 10 €, ermäßigt 5 €, Tel. +49 2182 8874000, www.inselhombroich.de.

Blick vom Gillbachufer auf Schloss Hülchrath.

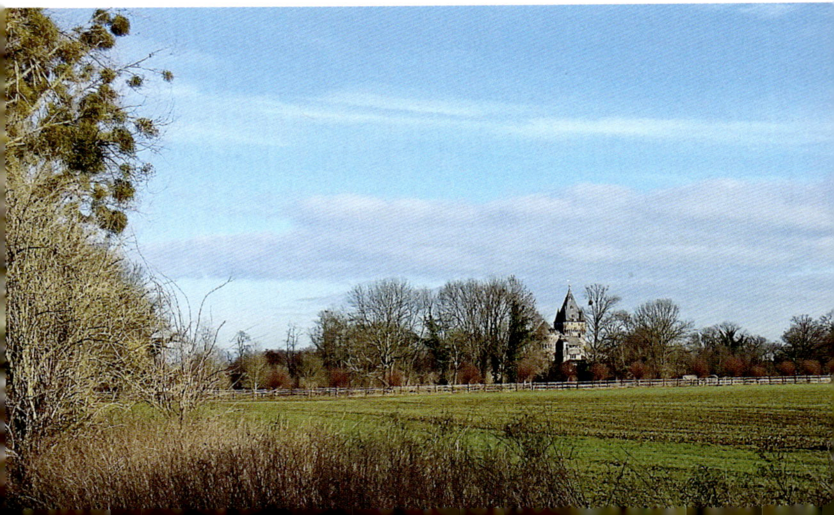

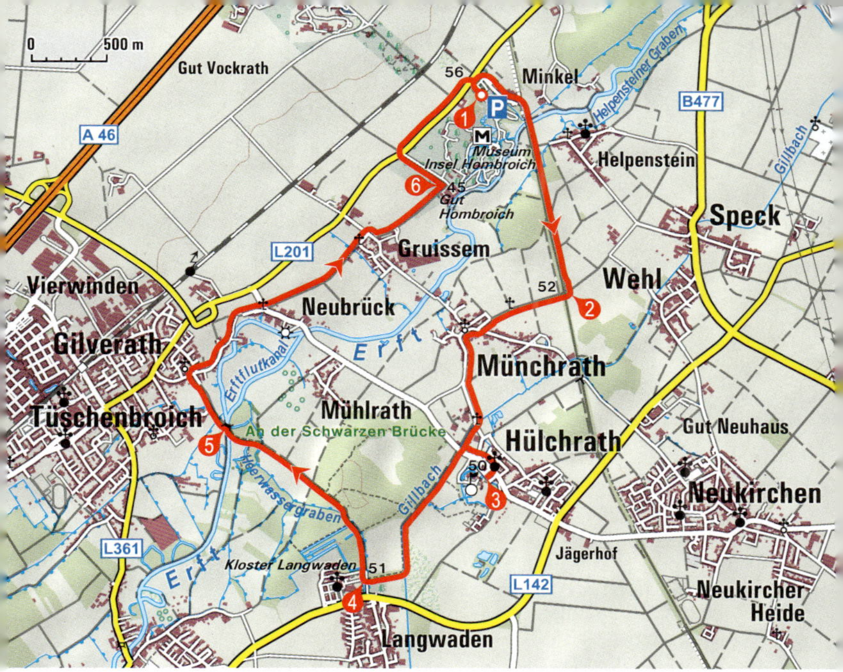

Wir gehen vom **Parkplatz Minkel (1)** bis zur Straße, dann rechts bis zu einem Damm und weiter über die **Erft** (X). Nachdem wir eine rechts liegende Motte, eine verfallene Burg, passiert haben, verläuft der weitere Weg alleenartig auf dem **Bahndamm**. Gelegentlich sehen wir Skulpturen des Bildhauers Ulrich Rückriem am Weg. Nun verlassen wir den Bahndamm nach links und queren ihn durch eine **Unterführung (2)**.

Wir wandern in Richtung Münchrath (X, A7) weiter, durchqueren den Ort und setzen unseren Weg schräg links auf der Straße Auf der Metzenheide nach **Hülchrath** fort. Am Ortsanfang überschreiten wir den Gillbach und gehen auf der Herzogstraße, wo sich auch Einkehrmöglichkeiten finden, zum Sebastianusplatz mit der Pfarrkirche. Vor dieser rechts in die Straße Am Zolltor

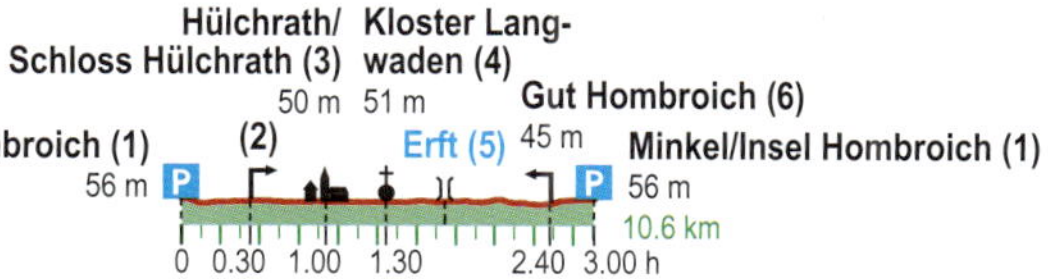

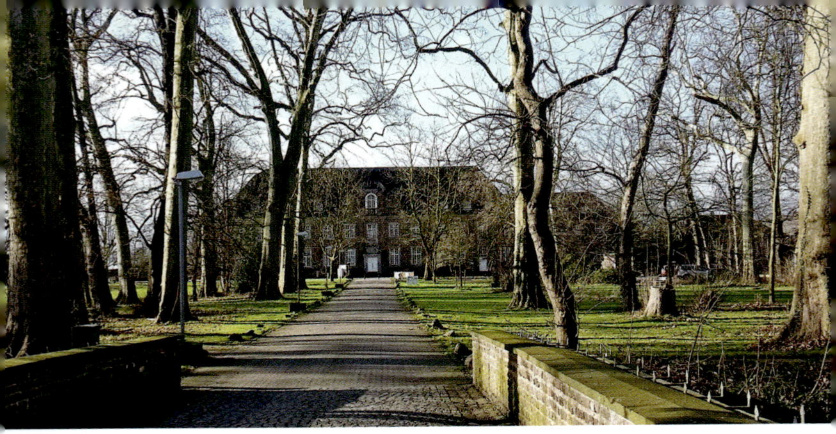

In Kloster Langwaden sorgen die Mönche auch fürs leibliche Wohl von Wanderern.

erreichen wir **Schloss Hülchrath (3)**, eine Wasserburg aus dem 12. Jahrhundert. Heute dient die in Privatbesitz befindliche Schlossanalge als Kulisse für diverse öffentliche und private Veranstaltungen, eine Besichtigung ist nur von außen möglich.

Zurück am Gillbach setzen wir unseren Weg links am Bach entlang fort in Richtung Langwaden (X). Das **Zisterzienserkloster Langwaden (4)** wurde im 12. Jahrhundert gegründet und besteht auch heute noch. Das Kloster-Restaurant bitet sich zur Einkehr an. Vor dem Kloster gehen wir rechts weiter in Richtung eines Waldstücks (A5) und durchqueren es (A5) in Richtung Erft. Vor Kapellen überqueren wir die **Schwarze Brücke (5)**, die über die **Erft** führt. Vor der nächsten Erftbrücke gehen wir weiterhin geradeaus und kommen in eine als Sackgasse markierte Stichstraße, die in einen mit rot-weißen Barrieren markierten Weg übergeht. An deren Ende biegen wir rechts ab, überqueren eine Straße und erreichen den Ort Gruissem. Dort biegen wir erst rechts und dann wieder links ab.

Schließlich kommen wir an das Gelände von **Gut Hombroich (6)**, wo man sich im Hofladen mit regionalen Produkten versorgen kann. Um zum Parkplatz zu gelangen, müssen wir hier links zur etwas belebten Landstraße gehen, der wir ein Stück nach rechts folgen, bis auf der rechten Seite der **Parkplatz Minkel (1)** an der **Museumsinsel Hombroich** auftaucht.

Die Museumsinsel ist ein aus mehreren Pavillons und restaurierten Gebäuden bestehendes Kunstmuseum, das Anfang der 1980er-Jahre in den Erftauen entstand, Kunst im Dialog mit der umgebenden Natur präsentiert und ganzjährig geöffnet ist (siehe Hinweis in Kurzinfo). Anfang der 1990er-Jahre entstand in der Nähe zusätzlich auf dem Gelände einer ehemaligen NATO-Basis die Raketenstation Hombroich.

3.00 Std.

Von Hinsbeck zu den Krickenbecker Seen

35

Rund um Schloss Krickenbeck

Die Krickenbecker Seen sind als Folge des Torfabbaus ab dem 16. Jahrhundert durch Zuleitung der Nette entstanden. Sie bestehen aus vier Seen: Hinsbecker Bruch, Glabbacher Bruch, Poelvenn und Schrolik. 1938 wurde die Region zum Naturschutzgebiet erklärt. Heute findet man hier in großer Zahl zum Teil seltene Wasservogelarten.

Ausgangspunkt: Hinsbeck, Parkplatz am Lebensmittelmarkt. (Navi: Nettetal, Hinsbeck / Johannesstraße). Anfahrt über A61 Ausfahrt Nettetal, dann die B509 bis Hinsbeck und in die Johannesstraße. Bus 095 ab Bahnhof Nettetal-Kaldenkirchen bis Hinsbeck Johannesstraße.

Höhenunterschied: 90 m.

Länge: 13,4 km.

Anforderungen: Bequeme Rundwanderung überwiegend auf Waldwegen, anfangs leicht ansteigend, sonst unwesentlich. Während oder nach Regenfällen teilweise etwas sumpfig.

Einkehr: Waldgasthaus Yamas Waldesruh, Heide 7, Tel. +49 2153 1394403, www.yamas-waldesruh.de; Forsthaus Hombergen, Krickenbecker Allee 7, Tel. +49 2153 13298, www.forsthaus-hombergen.de, Mo./Di. Ruhetag.

Karte: Wanderkarte 1:25 000 »Naturpark Maas-Schwalm-Nette Nordteil« (Hrsg. Zweckverband Naturpark Schwalm-Nette).

Der Poelvennsee ist einer der vier Krickenbecker Seen.

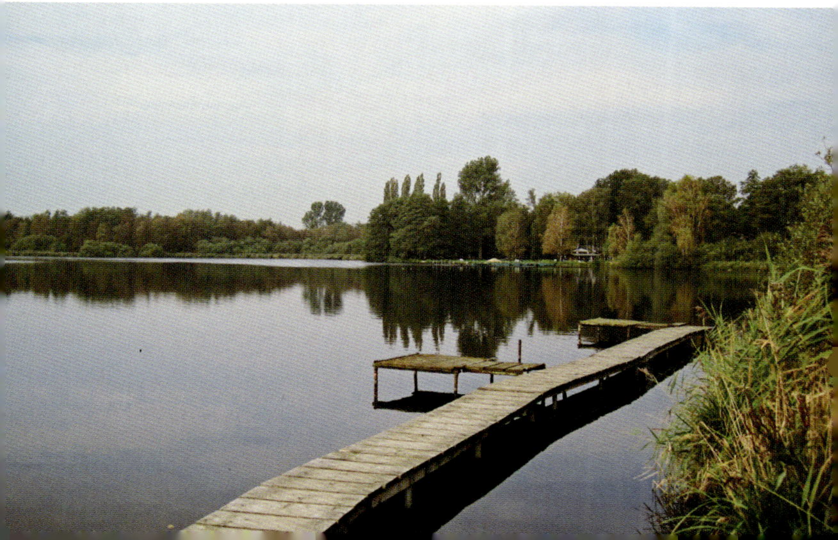

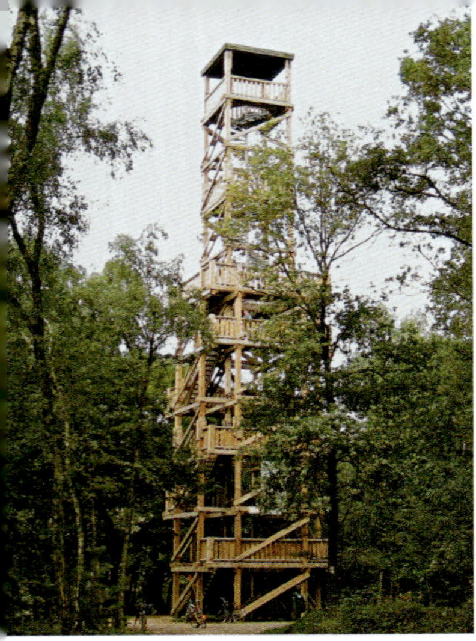

Aussichtsturm auf dem Taubenberg.

In **Nettetal-Hinsbeck (1)** gehen wir vom **Parkplatz** durch eine kleine Gasse bis zur Schlossstraße und dann rechts zur **Pfarrkirche**. Vor St. Peter biegen wir links in die Oberstraße (X) und folgen an der nächsten Gabelung dem Schild »Jugendherberge«. Hier sehen wir auch ein Hinweisschild auf den »Kunstweg Hinsbeck«, einem Skulpturenweg mit über 20 Werken von zeitgenössischen Bildhauern, die zur EUROGA 2002 angefertigt wurden. Ebenfalls hingewiesen wird hier auf die »Geer«, eine mittelalterliche Gerichtsstätte, die anlässlich des grenzüberschreitenden Kultur- und Naturprojekts 2002 wiederhergestellt wurde und rechts vom Wanderweg liegt. Wir folgen nun dem Hinweisschild »Aussichtsturm« (X, E8) und gehen an einer Weggabelung nach links zum 28 m hohen **Aussichtsturm** auf dem **Taubenberg (2)**, der einen herrlichen Blick auf die Krickenbecker Seen bietet.

Wir verlassen den Turm, gehen ein paar Meter zurück und biegen dann bei einer Bank links ab (X). Der Weg führt am Ende über ein paar Stufen abwärts. Wir überqueren einen Waldweg (X) und folgen A5 bis zum Waldrand. Vor uns sehen wir bald das **Waldgasthaus Yamas Waldesruh (3)**. Hinter dem Gasthof liegt auf der rechten Seite ein kleiner Weiher, hinter dem wir rechts in den Wald weitergehen (X) und darauf bis zum Parkplatz am Waldrand bleiben. Nun folgen wir links dem Weg in Richtung Kovermühle. Vor der ehemaligen Wassermühle gehen wir links auf dem asphaltierten Weg in Richtung Wald und folgen diesem bis zum **Teufelsstein (4)**, einem Findling, der an einer Wegkreuzung liegt.

Wir bleiben auf dem rot-gelb markierten Weg, der geradeaus weiter durch den Mischwald führt, und erreichen über eine Wiese den **Nordkanal (5)**, ein Kanalbauprojekt aus napoleonischer Zeit, das ursprünglich geplant war als Wasserstraßenverbindung von Antwerpen zum Rhein. Wir überqueren den

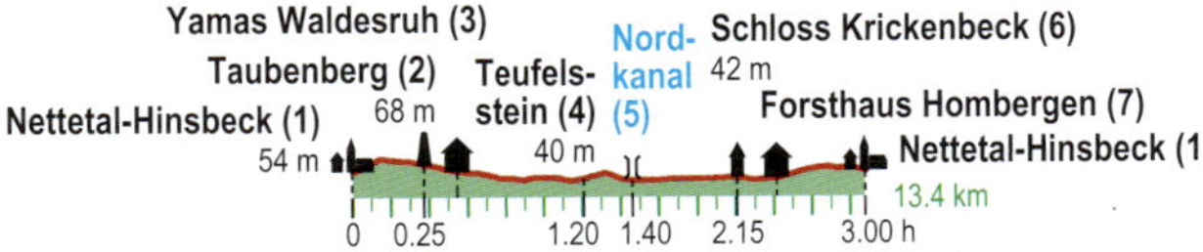

Nordkanal nach links und folgen ihm auf der anderen Seite rechts bis zu einer Schranke (A5), hinter der wir den Poelvennsee sehen können. An einer Gabelung mit Transformatorturm halten wir uns links und folgen der nun asphaltierten Straße in Richtung der Ansiedlung Plankenheide und weiter an der Gabelung links zum **Schloss Krickenbeck (6)** (A5). Das Wasserschloss aus dem 11. Jahrhundert wird heute als Tagungsstätte der Landesregierung genutzt und nur alle zwei Jahre an einem Tag der offenen Tür der Öffentlichkeit zügänglich gemacht.

Wir passieren die Schranke, die zum Schloss führt, und gehen geradeaus weiter zum Damm, der Glabbacher und Hinsbecker Bruch teilt. Auf Höhe des Schlosses sehen wir rechts im Wald die ca. 300 Jahre alte St.-Rochus-Kapelle. Hinter dem Damm passieren wir den Parkplatz und folgen dahinter links dem Hinweis zur Jugendherberge (X, A5). Wir kommen in den Ort **Hombergen**, wo es eine Einkehrmöglichkeit im gleichnamigen **Forsthaus (7)** gibt. Wir sehen links von uns wieder den Aussichtsturm und folgen bergauf weiter dem Weg nach Hinsbeck, der nun wieder mit dem rot-gelben Balken markiert ist. Am Ortsanfang von **Hinsbeck** geht es dann geradeaus zurück zum Ausgangspunkt am **Parkplatz (1)**.

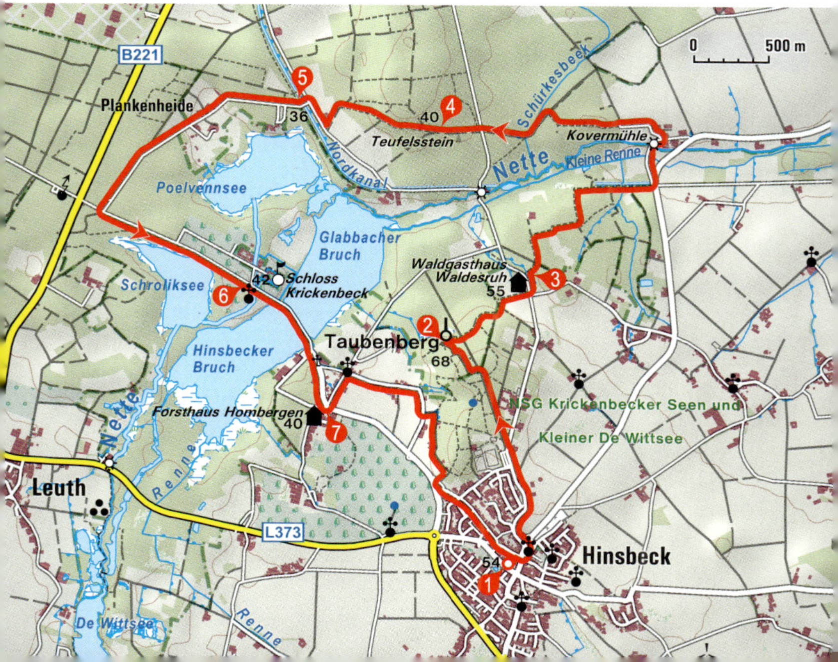

TOP **36**

Nettetaler Seenplatte

4.00 Std.

Naturwanderung am Nettebruch

Für alle, die Leben und Landschaft am mittleren Niederrhein kennenlernen möchten, ist diese Rundwanderung ideal. In Biotopen, Landschafts- und Naturschutzhöfen erfährt man hier alles, was typisch für die niederrheinische Kulturlandschaft ist.

Ausgangspunkt: Naturschutzhof Nettetal (Navi: Lobberich / Sassenfeld). Anfahrt über A61, Ausfahrt Nettetal, dann links auf B509. Nach der vierten Ampel links und dem Hinweisschild zum Naturschutzhof folgen, dort Parkplatz.
Höhenunterschied: 25 m.
Länge: 14,8 km.

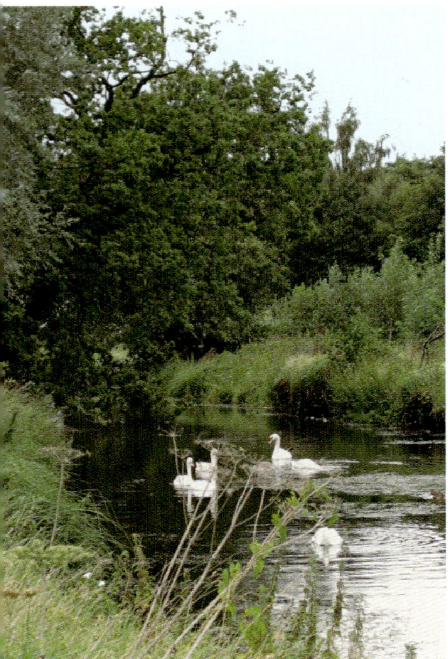

Anforderungen: Bequeme Rundwanderung, teils auf Asphalt-, teils auf Waldwegen. Nach Regen evtl. etwas sumpfig.
Einkehr: Restaurant Secretis, Schlöp 10, Nettetal, www.restaurant-secretis.de, Fr.–Mi. 11–21.30 Uhr, Do. Ruhetag; Restaurant Krickenbecker See, Tel. +49 2153 2609, www.krickenbecker-see.de, Mo./Di. Ruhetag; Café-Restaurant De Wittsee, Tel. +49 2157 1385616, www.dewittsee.de, Do.–Di. 12–21 Uhr, Mi. Ruhetag; Lüthemühle, Tel. +49 2153 9583690, www.luethemuehle.de, Do. Ruhetag; Landcafé Stemmeshof, www.stemmeshof.de, März–Okt. Fr.–So. geöffnet, Mitte Juli–Ende Aug. auch Di.–Do., Nov.–Febr. nur Sa./So.
Karte: Wanderkarte 1:25 000 Blatt 65 »Naturpark Maas-Schwalm-Nette / Nordteil« (Hrsg. Zweckverband Naturpark Schwalm-Nette).
Hinweise: Der NABU-Naturschutzhof Nettetal ist ganzjährig geöffnet Mo.–Do. 8–16 Uhr, Fr. 8–14.30 Uhr, Mai–Okt. zusätzlich So. 11–17 Uhr, Tel. +49 2153 89374, www.nabu-krefeld-viersen.de. Im Landschaftshof Baerlo ist das Freigelände ganzjährig bis Sonnenuntergang zugänglich, die Ausstellung im Hofgebäude nur So./Fei. 10–12 u. 14–17 Uhr und nach Vereinbarung, Tel. +49 2153 972972, www.landschaftshof-baerlo.de.

Wir verlassen den Parkplatz am **Naturschutzhof Nettetal (1)** und folgen der Markierung (schwarz-weißer Winkel). Dieses Stück ist bis zur

Idyll mit Schwänen an der Nette.

Weggabelung auch markiert mit dem Zeichen für die Rundtour »Wasserwanderwelt 9«. An einer Gabelung biegen wir nach rechts ab (A3, X, schwarzweißer Winkel), gehen dann bei der nächsten Gelegenheit wieder links und bleiben bis zur Bundesstraße (B509) auf diesem Weg. Ab der Gabelung sind wir bis zum **De Wittsee** auf einem Naturlehrpfad, der mit einem blauen Band gekennzeichnet ist.
Wir folgen der B509 ein kurzes Stück nach rechts bis zum **Restaurant Secretis**. Hier geht es nach links, dem nun zusätzlich mit E8 markierten Weg folgend, bis wir an der nächstmöglichen Gabelung wieder rechts abbiegen. Wir nähern uns dem Golfplatz am Haus Bey. Kurz davor, am Floristikbetrieb

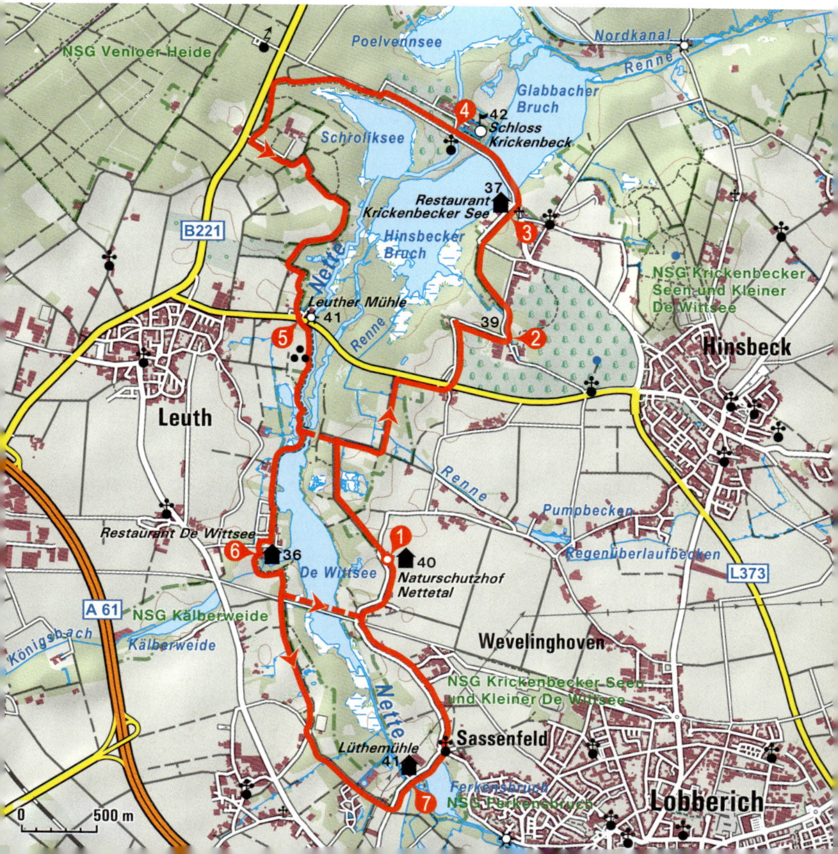

Die Blumenwerkstatt (2), biegen wir nach links ab und gehen bis zur nächsten Weggabelung. Wir wählen die schräg links abgehende Möglichkeit in Richtung Hinsbecker Bruch und sehen kurze Zeit später bereits den Parkplatz an der **Biologischen Station** und das **Restaurant Krickenbecker See (3)**. Die im Jahr 1996 eingerichtete Station setzt sich für den Erhalt beziehungsweise die Wiederherstellung von Naturschutzgebieten ein. Beim Restaurant befindet sich auch ein Naturschwimmbad.

Nun gehen wir nach links auf einen mit mehreren Markierungen gekennzeichneten Dammweg, der die beiden Seen Hinsbecker Bruch und Glabbacher Bruch teilt, zum **Schloss Krickenbeck** (**4**; siehe Tour 35). Auf der linken Wegseite gegenüber dem Schloss befindet sich versteckt zwischen Bäumen die über 300 Jahre alte Rochuskapelle, in der sich einmal im Jahr im August die Gläubigen treffen.

Von unserem Weg, der zunächst asphaltiert geradeaus verläuft, geht schräg links ein Waldweg (A3). Wir folgen ihm in Ufernähe des Schroliksees in Richtung der B221 und biegen kurz vorher links ab zum Gestüt Seehof. Am Ende einer Pferdekoppel gegenüber dem Seehof wechseln wir auf einen schmaleren Grasweg. Diesem folgen wir im Rechtsbogen zwischen Waldrand und Wiesen, bis wir die Tüschenmühle erreichen. Hinter dieser biegen wir bei nächster Gelegenheit erst zweimal links, dann einmal rechts ab und erreichen schließlich die **Leuther Mühle (5)**, heute ein Seminarhaus, an der B509. Wir überqueren die Bundesstraße und folgen dem Lauf der Nette. Auf der rechten Seite macht ein Schild auf die »Motte Alt-Krickenbeck« aufmerksam, eine ehemalige Burganlage aus dem 12. Jahrhundert. Sie wurde im 13. Jahrhundert von der Burg Neu-Krickenbeck, dem heutigen Schloss, abgelöst. An die alte Burganlage erinnert heute nur noch eine plateauartige Freifläche.

Auf unserem Weg an der Nette entlang erreichen wir schließlich einen **Vogelbeobachtungsturm**. Hier bietet sich uns ein herrlicher Blick über die vor uns liegenden Biotope. Wenn wir weitergehen, folgt auf der rechten Seite eine hölzerne Brücke, hinter der der **De Wittsee** anfängt. Ab dieser Stelle befinden wir uns auch wieder auf dem Weg der Wasserwanderwelt 9. Man könnte an dieser Stelle auch eine Abkürzungsmöglichkeit nutzen, denn nach dem Überschreiten der Brücke ist man bereits in etwa 20 Minuten wieder am Naturschutzhof.

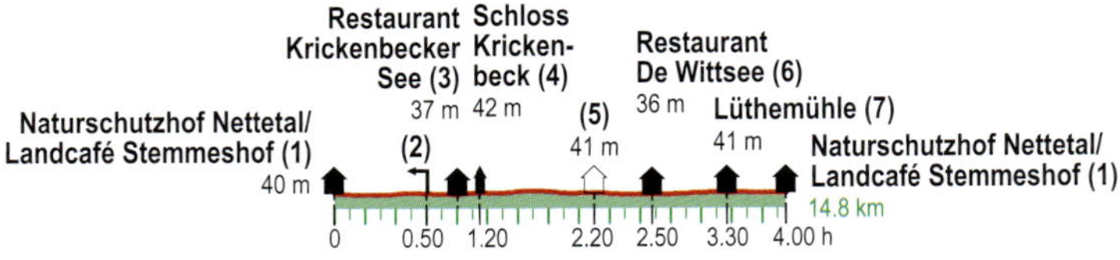

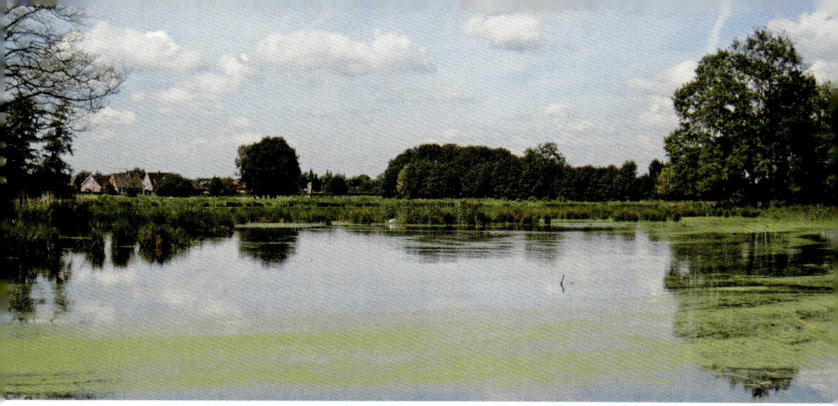

Biotop in den Netteauen bei Leuth.

Unsere Tour führt aber weiter am Seeufer entlang (X). Rechts im Wald tauchen die ersten Ferienhäuser des Freizeitzentrums am De Wittsee auf. Nach dem Überqueren des Parkplatzes sehen wir auf der linken Seite das **Restaurant De Wittsee (6)** mit den Anlegeplätzen des Segelclubs. Am Ende des Parkplatzes nehmen wir links den vor einer ehemaligen Minigolfanlage abgehenden Weg (X9 und E8), bis wir eine Kreuzung erreichen. Hier bietet sich eine zweite Abkürzungsmöglichkeit, wenn wir nach links auf den ehemaligen Bahndamm abbiegen würden.

Nach Überqueren der Kreuzung (A2 und X) beginnt auf der rechten Seite das Freigelände des **Landschaftshofs Baerlo**, einem von der AG Biotopschutz geschaffenen Stück typischer niederrheinischer Kulturlandschaft. Frei- und Hofareal sind öffentlich zugänglich, es werden auch Führungen angeboten. Bekannt ist der Landschaftshof auch wegen seiner Herde Schottischer Hochlandrinder (Highland Cattle), die hier weidet.

Nachdem wir einen Sportplatz auf der linken Seite passiert haben, folgt eine Kreuzung. Wir wählen den schräg links in den Wald führenden Weg; rechts von uns befindet sich eine Kläranlage. Kurz danach verlassen wir den markierten Weg. Es geht jetzt nach links auf eine Straße, die zur **Lüthemühle (7)** führt, einer Anlage mit Restaurant, Hotel und Reitstall.

Der Weg führt über die Nette und links am Ferkensbruch vorbei. Wir erreichen die Ortschaft Sassenfeld, wo vor der Gaststätte Strandhaus Elbers die Straße nach links weiterführt (A2). Dann lassen wir den rechts von uns liegenden Thönneshof hinter uns und folgen der Straße in einem Linksbogen zum Ausgangspunkt unserer Wanderung am **Naturschutzhof (1)**. Dort informiert der diesen Hof bewirtschaftende Naturschutzbund unter anderem mit einem Lehrpfad durch das Biotop über die niederrheinische Tier- und Pflanzenwelt. Zudem kann man hier im **Landcafé Stemmeshof** einkehren.

37 Süchtelner Höhen

4.00 Std.

»Höhenwanderung« zwischen Viersen und Süchteln

Die Süchtelner Höhen, über die diese Wanderung führt, sind mit etwa 90 Metern die höchste Erhebung im Kreis Viersen. Sie sind allerdings nicht, wie lange vermutet, als Stauchendmoräne eine Folge der Saale-Eiszeit, sondern eine Anhebung durch isostatische Kräfte.

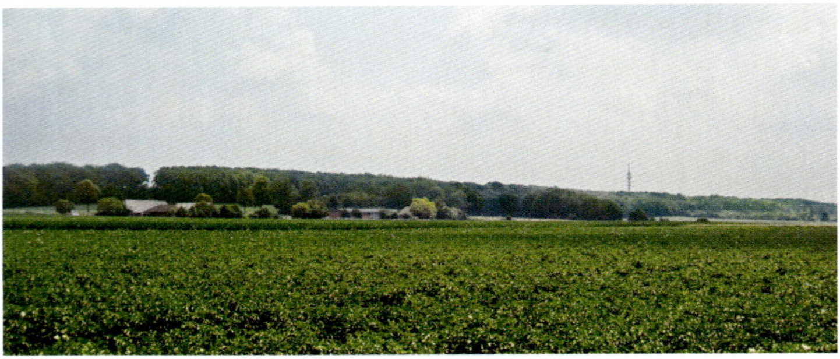

Die Süchtelner Höhen erstrecken sich vor den Toren der Stadt Viersen.

Ausgangspunkt: Viersen, Parkplatz am Stadion Hoher Busch (Navi: Viersen / Josef-Kaiser-Allee). Anfahrt über A61 Ausfahrt Viersen, dann Richtung Viersen und an der nächsten Abzweigung links zur Sportanlage. Bus 080 ab Viersen Busbahnhof bis Stadion Hoher Busch.
Höhenunterschied: 150 m.
Länge: 14,0 km.
Anforderungen: Bequeme Wanderung überwiegend durch Wald.
Einkehr: Hotel-Restaurant Haus Berger, Lobbericher Str. 20, Dornbusch, Tel. +49 2162 6127, www.haus-berger-viersen.de, Mo.–Sa. ab 17 Uhr; Chinarestaurant Jade, Hindenburgstr. 150, Süchteln, Tel. +49 2162 103056, Mi.–Mo. 12–14.30 u. 17.30–22 Uhr, Di Ruhetag.
Karte: Wanderkarte 1:25 000 Blatt 65 »Naturpark Maas-Schwalm-Nette / Nordteil« (Hrsg. Zweckverband Naturpark Schwalm-Nette).

Vom **Hohen Busch (1)** aus gehen wir in Richtung Wald (A2). An der nächsten Wegkreuzung nehmen wir den Weg nach links und kommen an den Greef-Stein, ein Denkmal zu Ehren des Textilunternehmers Friedrich Greef, gleich danach zum **Bismarckturm (2)** und schließlich zum schmiedeeisernen Wasserhochbehälter. Der Turm stammt aus dem Jahre 1901 und gilt als eines der Wahrzeichen der Stadt Viersen, während der Trinkwasserbehälter im Jahr 1911 errichtet wurde.

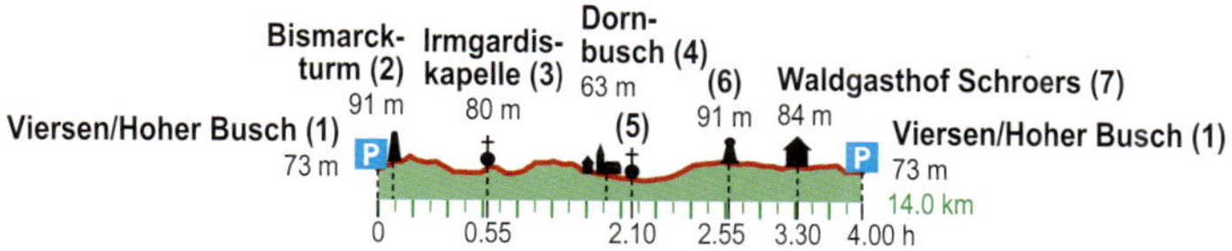

Danach führt der Weg bergab zu einer Sternkreuzung, wo wir die Tour schräg links fortsetzen (A1, X). Weiter geht es wieder aufwärts, an einer Schutzhütte vorbei, dann rechts auf einem schmalen Weg. Bei der nächsten Gelegenheit halten wir uns links bergauf und weiter geradeaus. Wir lassen den Kletterwald Niederrhein rechts liegen und nähern uns dem Waldrand,

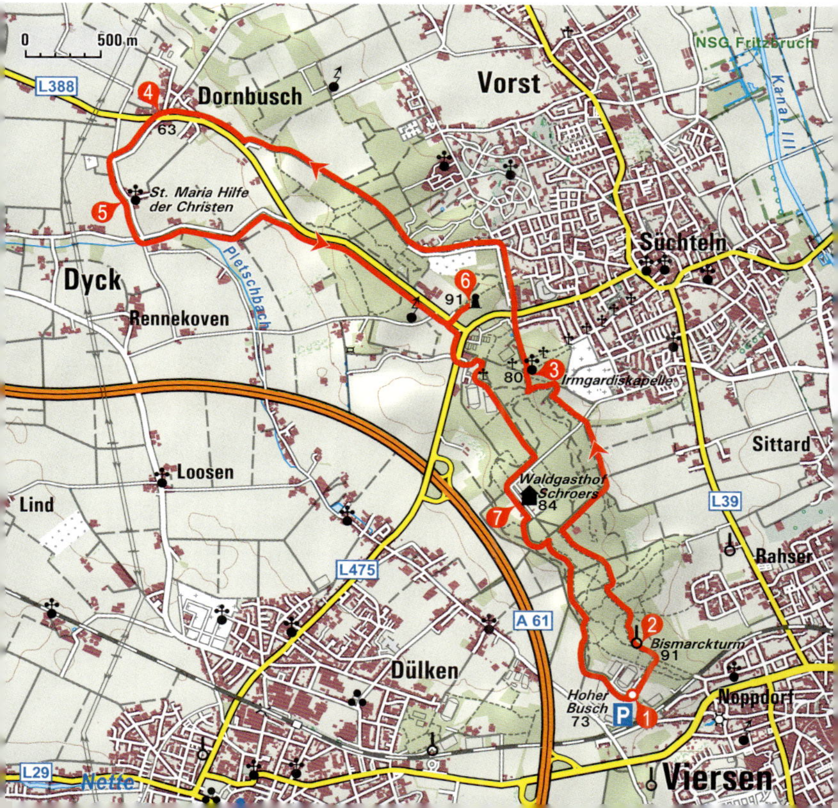

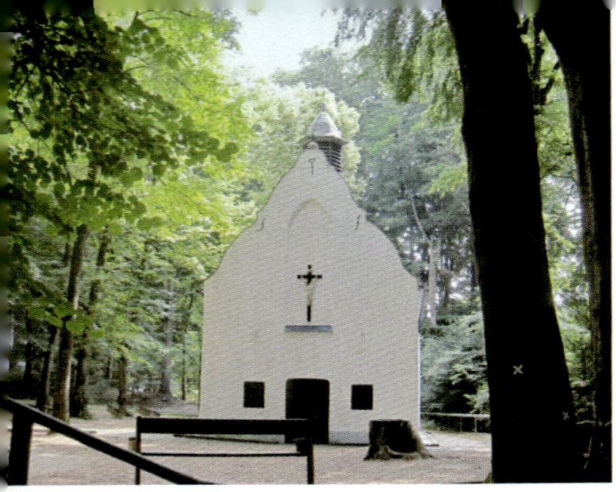

Die Irmgardiskapelle auf dem sogenannten Heiligenberg oberhalb von Süchteln.

um dort links weiterzugehen. Dann halten wir uns bei der nächsten Möglichkeit rechts (A3, X), wandern bergab und über eine Treppe wieder bergauf bis zur **Irmgardiskapelle (3)**. Diese lassen wir rechts liegen und folgen dem Weg geradeaus (A4), passieren das Vereinsheim des ASV Süchteln und unterqueren die L475. An der nächsten Kreuzung wechseln wir links in den Dornbuscher Weg (A5, X) und folgen ihm in den Wald.

Nach einem längeren Stück geradeaus kommen wir an die Landstraße und folgen ihr rechts ein Stück nach **Dornbusch (4)**, wo es auch Einkehrmöglichkeiten gibt. Im Ort biegen wir schräg links in die Dorfstraße ab, gehen vor dem kleinen Friedhof links weiter und erreichen den südlichen Teil von Dornbusch mit der weithin sichtbaren Kirche **St. Maria Hilfe der Christen (5)**. Dahinter folgen wir links der Straße, die wieder zur Landstraße führt (X), überqueren sie und wechseln auf die linke Seite, einen Radweg. Diesem folgen wir entlang der Lobbericher Straße (L388) bis zum 24 Meter hohen **Kreiskriegerdenkmal (6)** für die in den Kriegen 1864, 1866 und 1870/71 Gefallenen, zu dem nach einem Gehöft links ein Weg in den Wald führt. An der Einmündung in die Hindenburgstraße (L475) beim **Chinarestaurant Jade** geht es ein kleines Stück rechts, dann wieder links am Sportpark vorbei (A3) und weiter geradeaus durch den Wald bis zum querenden Radweg. Diesem folgen wir nach rechts bis zum **Waldgasthof Schroers (7)**. An diesem gehen wir rechts vorbei (A2, X) und dann in einem Rechtsbogen, schließlich links, dann wieder rechts durch den Hohen Busch. Wir wechseln nach rechts und wieder nach links, kommen an einer Schutzhütte vorbei (A2) und erreichen schließlich wieder die Sportanlage **Hoher Busch (1)** und den Ausgangspunkt.

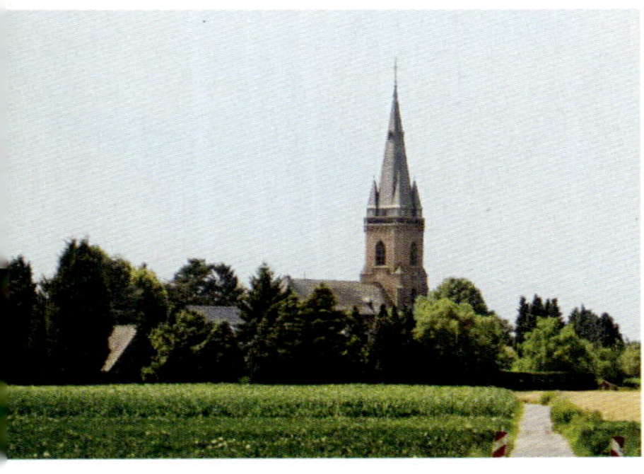

Backsteinbasilika St. Maria Hilfe der Christen in Dornbusch.

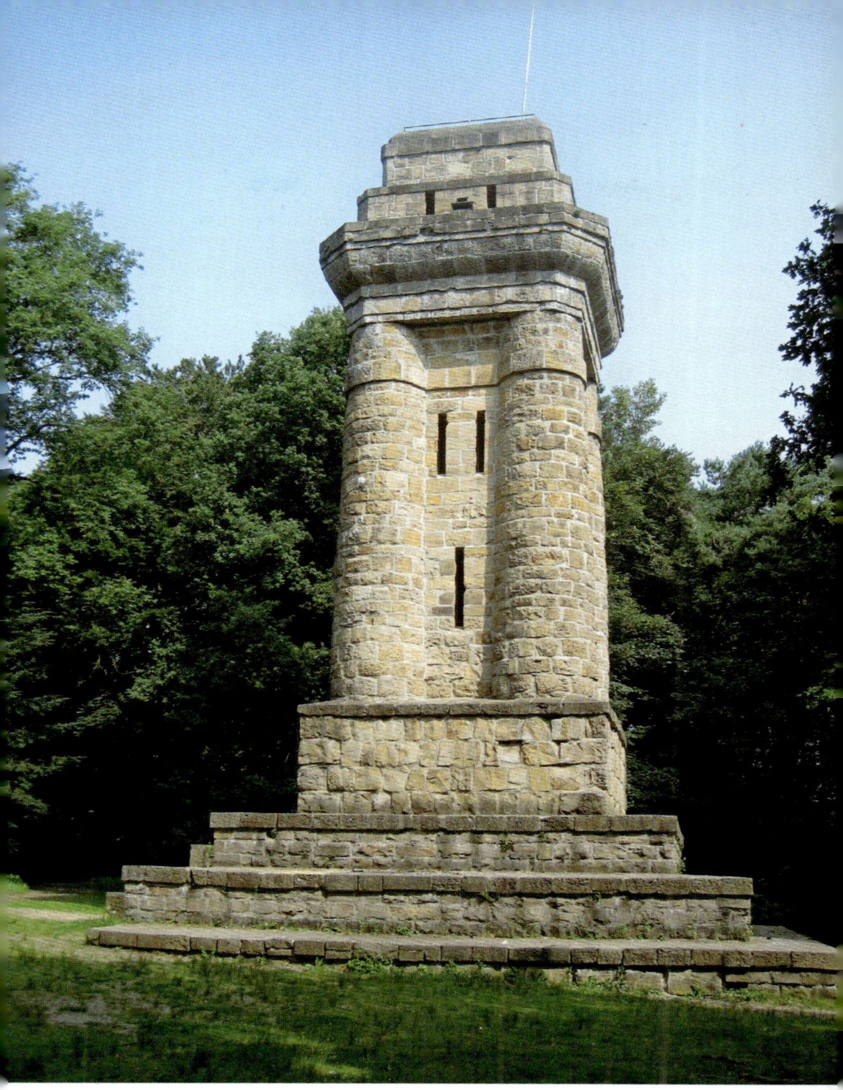

Der Bismarckturm ist ein Wahrzeichen von Viersen.

TOP **38** # Im Kaldenkirchener Grenzwald

3.30 Std.

Durch den Brachter Wald zum Weißen Stein

Der Grenzwald liegt an der niederländischen Grenze und wird begrenzt durch die sogenannte »Schlucht«, den Abhang zum Tal der Maas. Unterwegs auf meist sandigen Wegen findet man vorwiegend Kiefernwälder und vereinzelt Moorflächen.

Ausgangspunkt: Nettetal-Kaldenkirchen, Parkplatz am Gasthaus Galgenvenn (Navi: Kaldenkirchen / Knorrstraße). Anfahrt über A61 Ausfahrt Kaldenkirchen-Süd, Richtung Kaldenkirchen, nach dem zweitem Kreisverkehr in die Gerberstraße und bis zum Parkplatz.
Höhenunterschied: 25 m.
Länge: 13,8 km.
Anforderungen: Bequeme Rundwanderung über vorwiegend sandigen Untergrund ohne nennenswerte Steigungen. Nach Regen teilweise etwas sumpfig.
Einkehr: Waldgasthaus Galgenvenn, Tel. +49 2157 6757, www.haus-galgenvenn.de, Mi.–So. 12–22.30 Uhr; Café de Grens, Tel. +31 474 1463, tgl. geöffnet, Nov.–April Mo. Ruhetag; De Witte Stein, Tel. +31 77 4762776, www.dewittestein.nl, Mo. Ruhetag außer Juili/Aug.
Karte: Wanderkarte 1:25 000 Blatt 65 »Naturpark Maas-Schwalm-Nette / Nordteil« (Hrsg. Zweckverband Naturpark Schwalm-Nette).
Hinweis: Die Sequoiafarm Kaldenkirchen im Grenzwald, Buschstraße 98, ist von Anfang April bis Ende Oktober So./Fei. 10–17 Uhr geöffnet, Gruppenführungen werden auch außerhalb der Öffnungszeiten angeboten, Infos unter Tel. +49 2157 6133, www.sequoiafarm-kaldenkirchen.de.

Im Waldgasthaus Galgenvenn kann man sich nach der Tour stärken.

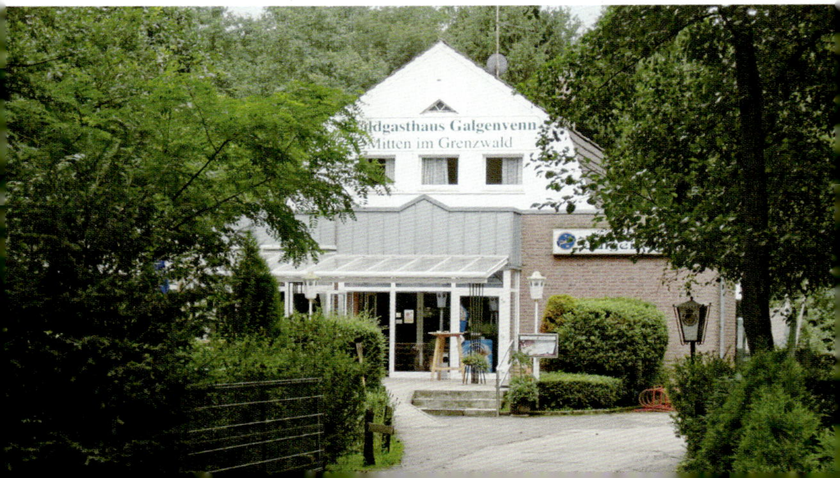

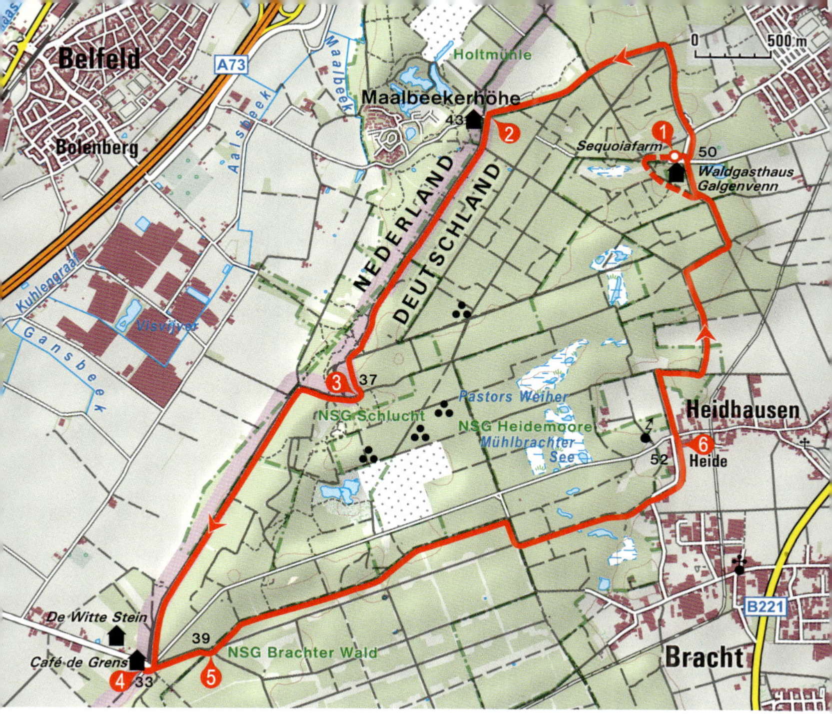

Wir gehen am **Gasthaus Galgenvenn (1)** dem Hinweisschild zur **Sequoiafarm Kaldenkirchen** nach, die wir schon nach wenigen Metern erreichen. Das Arboretum – also eine Art Botanischer Garten – ist mit ihren bis zu 40 m hohen Mammutbäumen eine der Hauptsehenswürdigkeiten des Naturparks Schwalm-Nette (s. auch Hinweis). Gegründet wurde sie 1946 mit dem Ziel, zu erforschen, ob die damals angepflanzten Sämlinge des Riesenmammutbaums, der vor der Eiszeit hier heimisch war, wieder in die deutsche Forstwirtschaft eingeführt werden können. Im Laufe der Jahre wurde die Zahl exotischer Gehölzarten ständig vergrößert auf heute etwa 600.
Wir lassen die umzäunte Sequoiafarm hinter uns und folgen dem Forstweg weiter, bis wir an eine Gabelung kommen. Hier nehmen wir den links abgehenden, mit (A1) markierten Weg. Ab hier befinden wir uns bis zum Weißen Stein zeitweise auf dem Weg E8, dessen Bezeichnung wir gelegentlich noch finden werden. An einer Kreuzung gehen wir geradeaus weiter in Richtung Maalbeek (A2). Kurze Zeit später liegt rechts von uns der Hühnerkamp, eine heideartige Lichtung.

Nun halten wir uns an der folgenden Weggabelung rechts. Hier steht auch eine Infotafel, die über das grenzüberschreitende Radwegenetz informiert. Auf dem jetzt zusätzlich mit X bezeichneten Weg erreichen wir die **Maalbeekerhöhe (2)**. Im früheren Grenzhaus an einem sternartigen Knotenpunkt aus Rad- und Wanderwegen befindet sich heute ein Café. Wir gehen links am Haus vorbei und finden am Beginn dieses Wegs sämtliche vorher genannten Wegmarkierungen sowie die blaue Markierung der Wasserwanderwelt. Hier sind wir auch auf dem Pieterpad, einem der bekanntesten Fernwanderwege der Niederlande, der über 481 Kilometer von Groningen nach Maastricht führt und mit einem rot-weißen Querbalken markiert ist.

In der Folge orientieren wir uns an der blauen Markierung der Wasserwanderwelt bis zum Aussichtspunkt Schlucht, den wir nach Durchquerung des grenzüberschreitenden **Naturerlebnisgebietes Holtmühle-Galgenvenn** erreichen. Auf der rechten Seite fällt der Wald in Richtung Maas ab, die wir auch sehen können, wenn es die Bäume erlauben. Die Route teilt sich öfter in zwei, manchmal drei Wege, um nach wenigen Metern wieder zusammenzuführen. Sie fällt leicht ab und wird auch etwas schmaler, bis wir dann auf eine an der linken Seite stehende **Schutzhütte** zugehen. Der Pieterpad verläuft in einem Rechtsbogen leicht bergab. Wir befinden uns nun in einer in Richtung Landesgrenze verlaufenden Brandschutzschneise, die hier als »**Schlucht**« **(3)** bezeichnet wird.

Wir verlassen die Schlucht und die blaue Wegmarkierung nach rechts, folgen dem mit X und dem rot-weißen Querbalken bezeichneten Weg und erreichen den Waldrand, wo sich eine Sicht auf die Wiesen und Spargelfelder südlich von Tegelen und ins Tal der Maas eröffnet. Hier gehen wir nach links weiter auf dem Pieterpad in den Wald (X, E8). In den weiterhin geradeaus verlaufenden Sandweg mündet bald ein von links kommender Weg. Hier befindet sich eine Bank auf einer kleinen Lichtung. Danach teilt sich der Pieterpad wieder und wir nähern uns dem Weißen Stein, einer ehemaligen Gerichtsstätte. Heute befinden sich hier das **Café de Grens (4)**,ein Kinderspielplatz und in unmittelbarer Nähe das **Restaurant De Witte Stein**. Am Weißen Stein entschieden einst sieben Schöffen unter Leitung eines Bürgermeisters im Freien nicht nur über Wegerechte oder Grundstückskäufe, sondern auch über das Leben von Bürgern, die sich etwas zuschulden hatten kommen lassen. Diese Leute wurden dann, je nach Schwere der Schuld, im Galgenvenn hingerichtet.

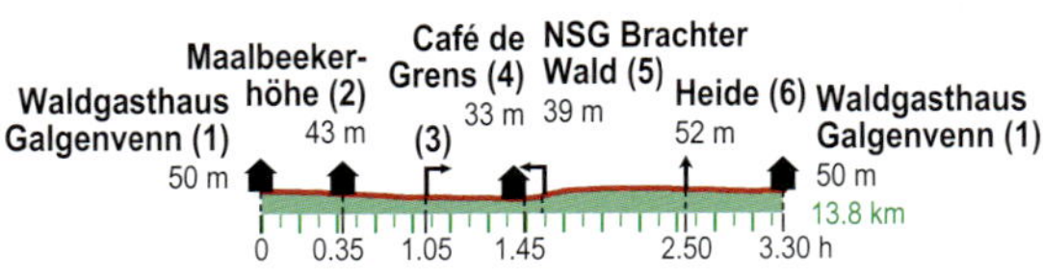

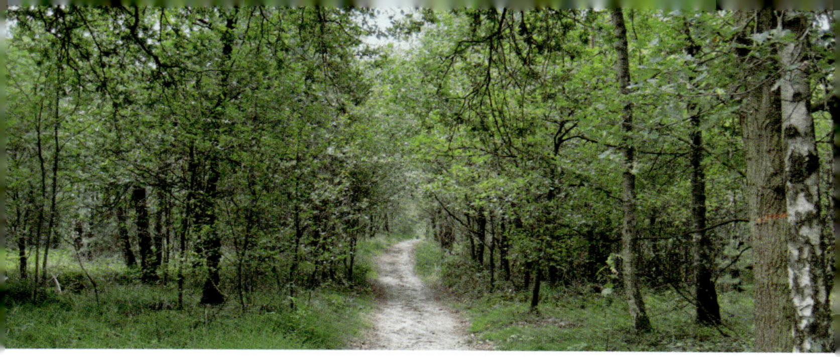

Auf dem Pieterpad im Kaldenkirchener Grenzwald.

Wir verlassen den Weißen Stein, wo mehrere Wege und Straßen zusammenführen, und gehen zunächst in Richtung der Straße nach Bracht. Sogleich biegen wir aber halb rechts auf einen Rad- und Reitweg ab, der mit dem Hinweisschild in Richtung Brüggen und Bracht markiert ist. Hier gehen wir, uns links haltend, am Eingang zum **Naturschutzgebiet Brachter Wald (5)** vorbei, wo sich bis 1996 ein Munitionsdepot der britischen Rheinarmee befand. Es ist mit einem Zaun eingegrenzt. Im Laufe der Zeit entwickelte hier sich eine einmalige Heidelandschaft mit vielen zum Teil seltenen Tier- und Pflanzenarten (siehe Tour 39). Vor dem Eingang halten wir uns links und folgen einem breiten, sandigen, als Reitweg bezeichneten Weg entlang des Begrenzungszaunes. An Werktagen hört man aus der links von uns im Wald liegenden Kiesgrube die Geräusche der dort tätigen Bagger.
Bald erreichen wir eine Kreuzung, an der von links der Weg A7 einmündet. Hier gehen wir nach rechts und folgen dem A7, der bei der nächsten Gelegenheit links in den Wald führt. Nun sind wir im **Christenvenn**, einem der Heidemoore im Brachter Wald. Nach etwa einem Kilometer verlassen wir den Wald und folgen der jetzt asphaltierten Straße in einem Linksbogen in Richtung **Heide (6)** (A7). Schräg rechts vor uns sehen wir die ersten Häuser von Bracht. Wir kreuzen nun die Straße, die nach links in Richtung Weißer Stein führt, und gehen geradeaus weiter, eine rechts von uns liegende Ziegelei passierend. Es geht an einer Baumschule vorbei bis zu einer Weggabelung, an der wir nach rechts weitergehen (A7).
Bei der ersten Gelegenheit biegen wir wieder nach links ab und bleiben weiter auf dem Weg A7 bis zu einer Gabelung, an der wir nach rechts dem A4 folgen. Wir gehen, auf dem A4 bleibend, nach links und nähern uns nun dem Waldgasthaus am Galgenvenn, das jetzt ausgeschildert ist. Schließlich kommen wir an eine Weggabelung. Hier können wir den linken oder rechten Weg wählen, denn beide führen zum **Gasthaus Galgenvenn (1)** und zum Parkplatz.

TOP **39**

Naturschutzgebiet Brachter Wald

4.00 Std.

Naturerlebnistour im ehemaligen Munitionsdepot

Das ehemalige Munitionsdepot-Gelände der britischen Rheinarmee ging 1998 an die NRW-Stiftung über, mit dem Ziel einer Konversion im Sinne des Naturschutzes. Seitdem entwickelt sich auf den Flugsandböden dieser Heidelandschaft eine beispielhafte Flora und Fauna, in der auch zum Teil seltene Tierarten ihre Heimat gefunden haben.

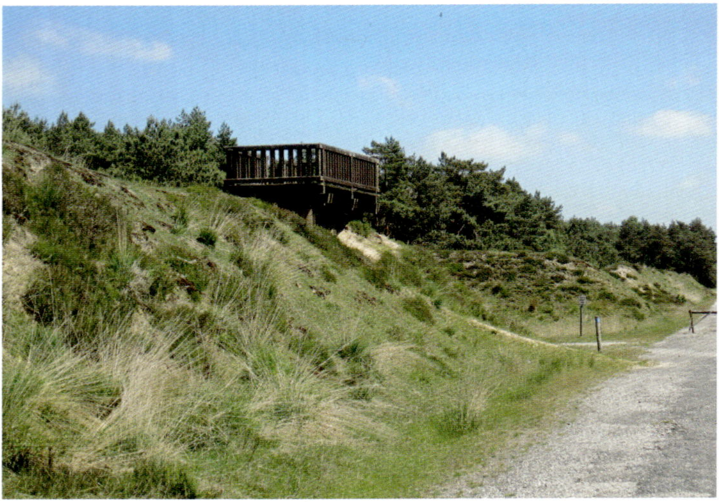

Aussichtsplattform im Schäferstrauch.

Ausgangspunkt: Brüggen, Wanderparkplatz an der Swalmener Straße (Navi: Brüggen / Swalmener Straße). Anfahrt über A52 Ausfahrt Niederkrüchten, dann B221 in Richtung Brüggen, dahinter die L373 in Richtung Swalmen, Parkplatz ca. 3 km hinter Oebel auf der rechten Seite.
Höhenunterschied: 90 m.
Länge: 14,4 km.
Anforderungen: Bequeme Wanderung auf Waldwegen, teilweise auf Asphalt.
Einkehr: Café de Grens, Tel. +31 474 1463, tgl. geöffnet, Nov.–April Mo. Ruhetag; De Witte Stein, Tel. +31 77 4762776, www.dewittestein.nl, Mo. Ruhetag außer Juili/Aug.
Karte: Wanderkarte 1:25 000 Blatt 65 »Naturpark Maas-Schwalm-Nette / Nordteil (Hrsg. Zweckverband Naturpark Schwalm-Nette).

Wir gehen am Ende des **Wanderparkplatzes (1)** durch das Eisentor, hinter dem sich ein Wegweiser zum Weißen Stein befindet. Nachdem wir ein Drehtor passiert haben, führt der asphaltierte Weg leicht bergauf, an einem **Unterstand (2)** mit **Infotafel** zum Naturpark vorbei (Punktmarkierung), bis wir nach dem ersten Erdwall einen verlassenen Schuppen aus der Militärzeit sehen. Der mit Punkten bezeichnete Weg ist nach der Infotafel auch der weiße Weg.

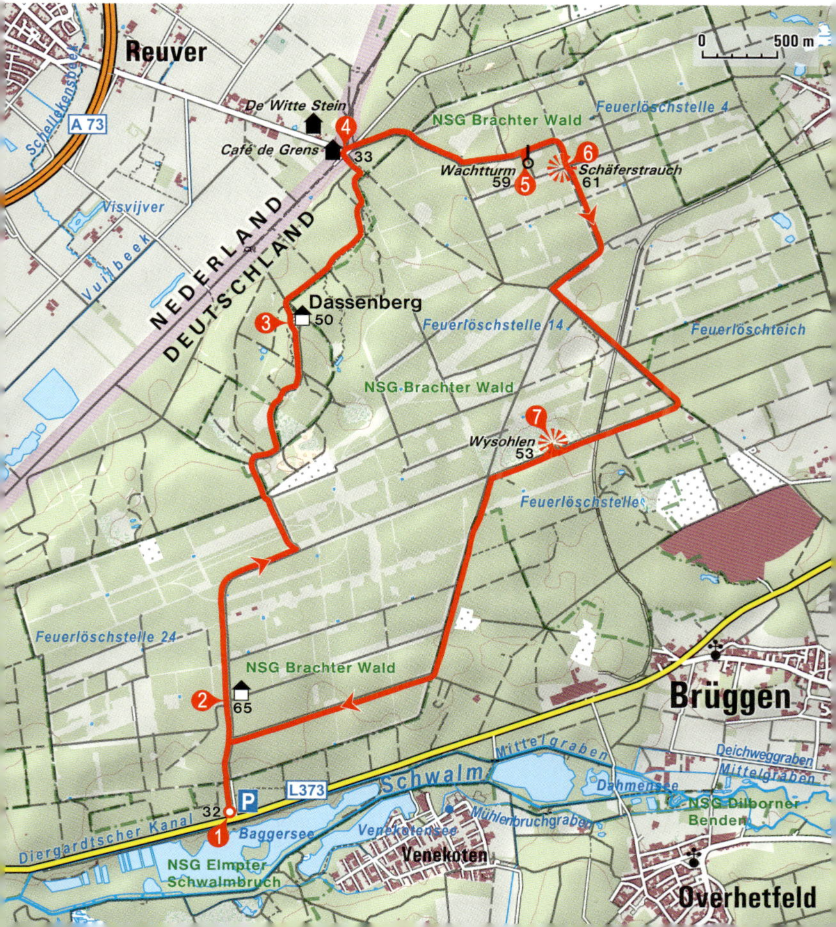

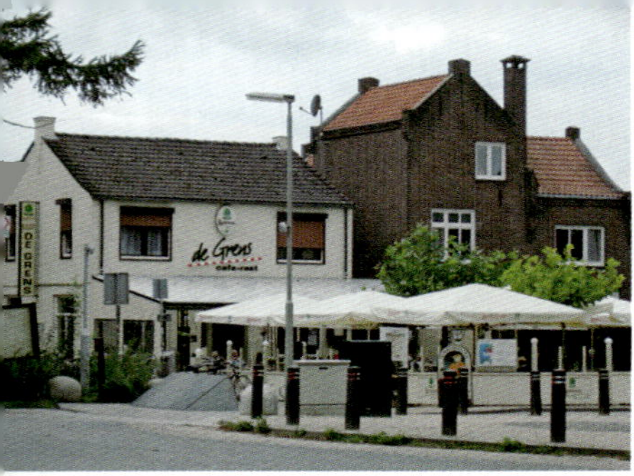

Das Café de Grens am Weißen Stein.

Nachdem wir eine stillgelegte Bahntrasse überquert haben, folgen wir der Straße nach rechts und gehen nach dem zweiten Erdwall links weiter (Punktmarkierung). Auf vielen Wegen im Naturschutzgebiet ist der Zutritt verboten, sodass wir also nur eine begrenzte Zahl an Routen zur Verfügung haben. Wir kommen jetzt wieder zum Begrenzungszaun mit Drehtor und passieren es.

Unser Weg führt nun zur **Kahlbergschen Heide**, die am Waldrand beginnt. Hier gehen wir rechts entlang mit einer Freifläche auf der rechten Seite. An einem einzeln stehenden Baum nehmen wir nun den ersten Weg nach links und folgen dem sandigen, leicht bergab führenden Pfad. Unser Weg geht in eine pistenartige Straße über, bis wir zu der auf der linken Seite befindlichen Lichtung auf dem **Dassenberg (3)** mit **Schutzhütte** kommen.

Ein Pfad bringt uns wieder bergab zur Piste, die wir aber gleich wieder nach rechts auf einen Waldweg (A9) verlassen. Wir bleibem auf diesem auf und ab führenden Weg, bis wir rechts wieder die Umzäunung des Gebietes sehen. Nachdem wir das Stahltor passiert haben, erreichen wir den Weißen Stein (s. Tour 38) mit dem **Café de Grens (4)** und dem nahen **Restaurant De Witte Stein** als weitere Einkehrmöglichkeit.

Wir folgen nun dem schräg rechts von der Straße abgehenden Weg, der mit dem Hinweisschild »Depot« bezeichnet ist, passieren das Tor und nehmen den blauen Weg, der geradeaus am Zaun entlangführt. An der nächsten Wegkreuzung wählen wir den linken, blau markierten Weg bis zu dem Punkt, wo der blaue Weg rechts zu einem ehemaligen **Wachtturm (5)** führt. Der Turm ist allerdings verschlossen. So gehen wir weiter bis zu einem asphaltierten Weg und folgen diesem nach links

Ehemaliger Wachtturm im Brachter Wald.

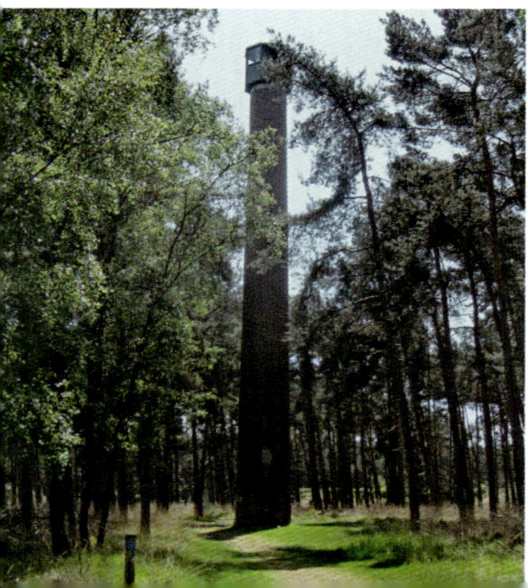

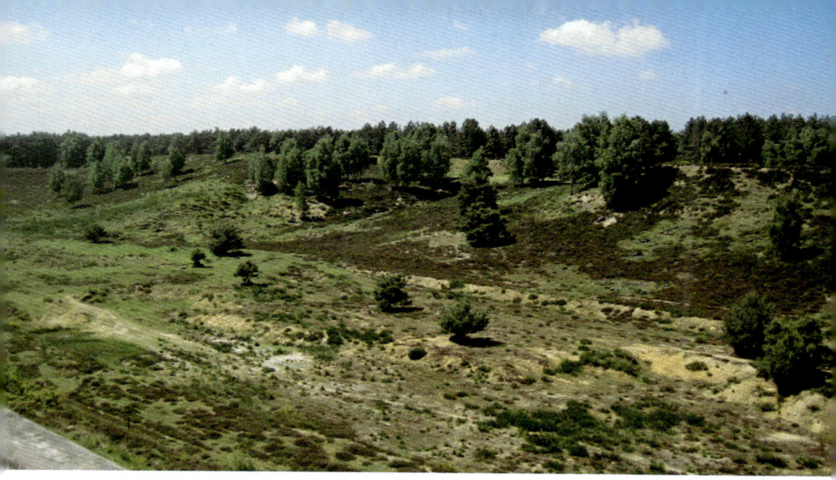

Blick über die Heidelandschaft von der Aussichtsplattform Wysohlen.

bis zum **Aussichtspunkt Schäferstrauch (6)**, der von der dortigen Plattform aus eine gute Übersicht über die Heidelandschaft bietet.
Wir verlassen den Aussichtspunkt weiter auf dem blau markierten Weg bis zu einem Holztor. Hier gehen wir dann rechts auf dem weißen Weg weiter. Nach einer Linksabbiegung folgen wir zunächst geradeaus dem roten Weg, bis dieser nach rechts abknickt und auf einem Pfad durch ein Birkenwäldchen verläuft. Am Ende dieses Abstechers kommen wir an ein großes ehemaliges Militärgebäude und folgen rechts wieder dem Hauptweg, bis wir an der nächsten Rechtsabbiegung in Richtung Swalmen weitergehen. Auf diesem rot oder weiß markierten Weg kommen wir zum nächsten **Aussichtspunkt Wysohlen (7)**.
Danach nehmen wir den nächsten, links abgehenden Weg (Punktmarkierung), der ein längeres Stück am Zaun entlangführt. Wir folgen schließlich dem rechts abgehenden markierten Weg (Punktmarkierung), der zunächst leicht bergauf, dann stetig bergab verläuft, und erreichen den am Beginn der Tour begangenen Weg. In diesen links einschwenkend kommen wir zurück zum **Wanderparkplatz (1)** an der **L373** (Swalmener Straße).

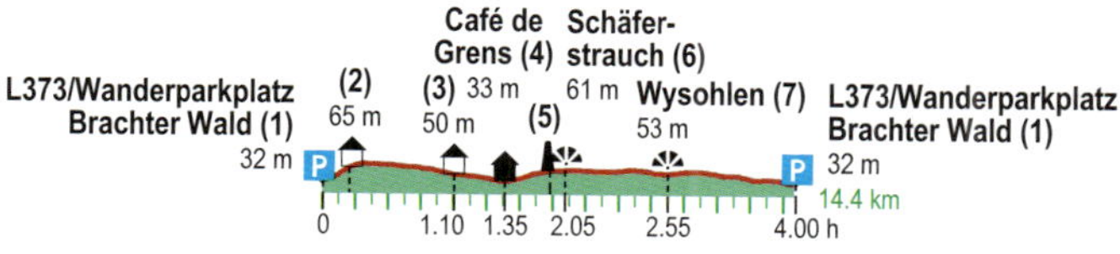

40 Elmpter Schwalmbruch

2.30 Std.

Naturerlebnistour zwischen Brüggen und Swalmen

Der Elmpter Schwalmbruch ist ein etwa 300 Hektar großes Naturschutzgebiet mit einem an der Schwalm gelegenen ausgedehnten Niedermoor in dessen Zentrum. Den Schwalmbruch und seine Natur erleben kann man intensiver über einen Holzbohlensteg im Westen des Bruchs und eine Aussichtsplattform auf dem Blockenberg.

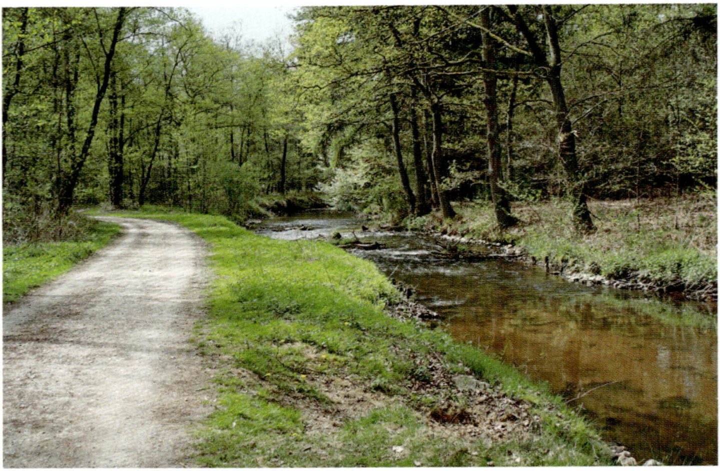

Idyllischer Uferweg an der Schwalm bei Brüggen.

Ausgangspunkt: Brüggen, Parkplatz am Oebeler Bruch an der Swalmener Straße (Navi: Brüggen / Hotschlagweg). Anfahrt über A61, Ausfahrt Niederkrüchten, dann B221 Richtung Brüggen, an der dritten Ampel links Richtung Swalmen; der Parkplatz ist der erste hinter Oebel.
Höhenunterschied: 35 m.
Länge: 8,8 km.
Anforderungen: Bequeme Rundwanderung, teilweise asphaltiert.

Einkehr: Direkt am Weg keine Möglichkeit. Als Abstecher in Niederkrüchten-Venekoten: Venekoten Stube, Venekotenweg 5, Tel. +49 2163 83553, tgl. 15–21 Uhr, Sa. ab 12, So. ab 10 Uhr; Restaurant Auszeit, Venekotenweg 6, Tel. +49 2163 2037198, www.auszeit-venekoten.de, Mi.–Sa. ab 17,So. ab 12 Uhr, Mo./Di. Ruhetag.
Karte: Wanderkarte 1:25 000 Blatt 67 »Naturpark Maas-Schwalm-Nette / Südostteil« (Hrsg. Zweckverband Naturpark Schwalm-Nette).

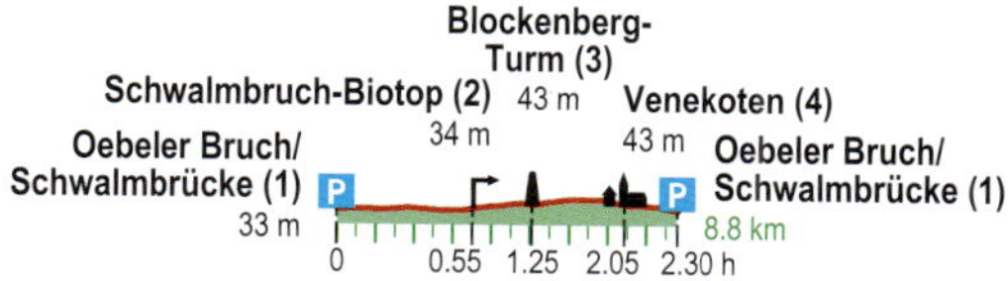

Wir gehen vom Parkplatz am **Oebeler Bruch (1)** über die Schwalmbrücke und ein kleines Stück geradeaus weiter. Hinter der nächsten Brücke folgen wir rechts dem Weg an der Schwalm entlang (X, A4). Nach den letzten Gebäuden verläuft der sandige Weg zwischen dem Venekotensee und einem weiteren Baggersee hindurch bis zu einem auf der rechten Seite liegenden Wehr. An einem Baum sehen wir das blaue Zeichen der »Wasserwanderwelt Niederrhein 1«.

Nun folgen wir dem Weg nach links und kommen an eine Abzweigung. Hier zweigt nach rechts ein hölzerner **Bohlenweg (2)** ab, der in einem kleinen Bogen um ein **Biotop** führt und gleichzeitig mittels Informationstafeln über dieses informiert (A5, A12). An der folgenden Wegkreuzung biegen wir links ab, dem Zeichen der Wasserwanderwelt weiter folgend.

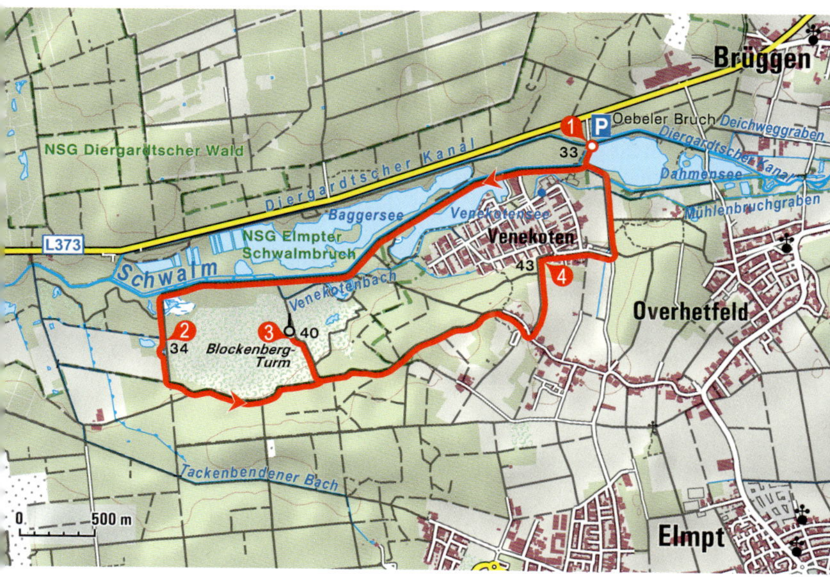

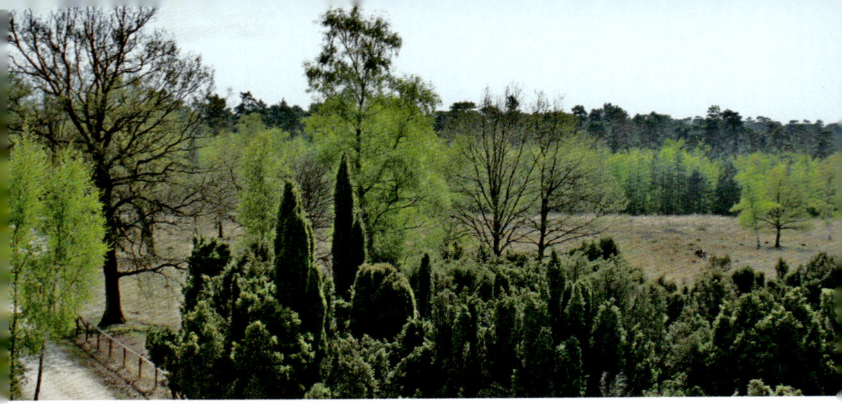

Blick von der Aussichtsplattform Blockenberg.

Nun gehen wir links in einen Weg, der zur Aussichtsplattform **Blockenberg-Turm (3)** führt, von dem man einen schönen Ausblick auf die dortige Bruchlandschaft hat. Zudem stehen hier Infotafeln, die Auskunft über die dort vorkommenden Vogelarten geben. So nisten hier beispielsweise auch Störche. Wir gehen den Weg zurück bis zur Abzweigung und dort links weiter (A5), an einer rot-weißen Schranke vorbei bis zu einem Reetdachhaus.
Dahinter geht es links weiter bis zur Siedlung **Venekoten (4)** (A4). Hier folgen wir jetzt der Straße nach rechts, gehen am Ortseingang vorbei und biegen am Ende des Parkplatzes nach links ab. Schließlich passieren wir einen links liegenden Reiterhof, kommen wieder an einen Seitenkanal der Schwalm, gehen links weiter bis zur Brücke und kehren zurück zum Ausgangspunkt am **Oebeler Bruch (1)**.

Im Zentrum des Elmpter Schwalmbruchs erstreckt sich ein 65 Hektar großes Moor.

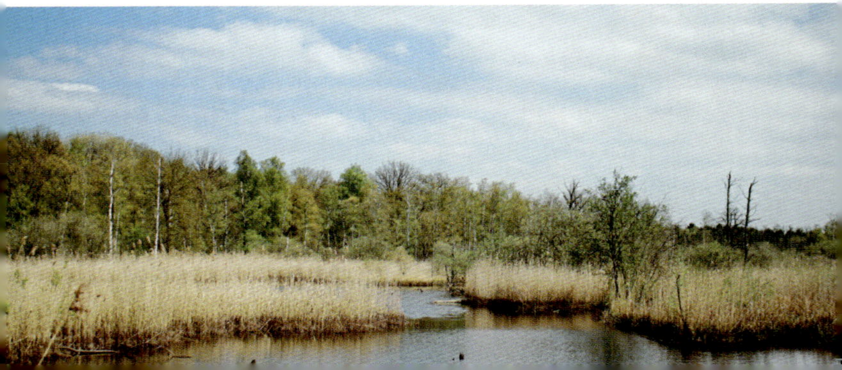

3.30 Std.

Durchs Brüggener Schwalmtal 41

Entlang der Schwalm zum Hariksee

Das erste Teilstück dieser Tour führt durch das nördliche Schwalmtal, das auch als »Tal der Mühlen« bekannt ist (siehe Tour 42). Im zweiten Abschnitt wird der bei Naherholern beliebte, moorige Hariksee umrundet.

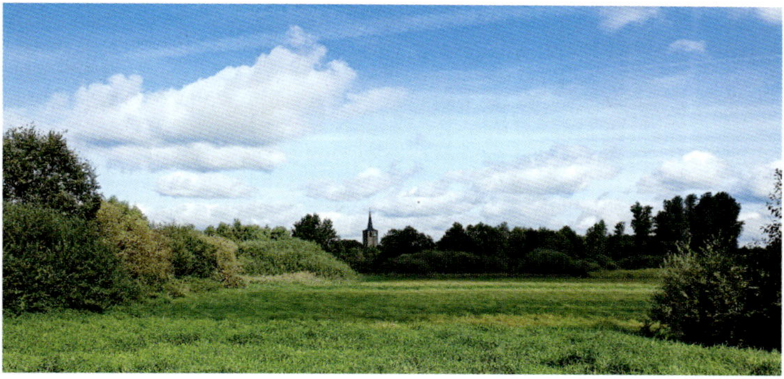

Wald- und Wiesenblick aus dem Schwalmtal nach Born.

Ausgangspunkt: Brüggen, Parkplatz beim Kreuzherrenplatz (Navi: Brüggen / Kreuzherrenplatz). Anfahrt über A52, Ausfahrt Niederkrüchten, dann B221 in Richtung Brüggen und zum Parkplatz Kreuzherrenplatz. Bus 074 ab Bahnhof Nettetal-Kaldenkirchen bis Brüggen, Burg.
Höhenunterschied: 50 m.
Länge: 14,7 km.
Anforderungen: Bequeme Rundwanderung, teilweise asphaltierte Wege.
Einkehr: Restaurant Steakhouse Mühlrather Mühle, tgl. geöffnet, Tel. +49 2163 5716276, www.r-mm.de; Burghof, Klosterstr. 33, Brüggen, Tel. +49 2163 575446. www.burghof-brueggen.de, Mo.–Fr. ab 15, Sa./So. ab 12 Uhr, Di. Ruhetag. Waldhaus am Hariksee, Harikseeweg 15, Schwalmtal, Tel. +49 2163 1703, www.waldhaus-hariksee.de, Sa.–Mi. 11–20 Uhr, Do./Fr. Ruhetag.
Karte: Wanderkarte 1:25 000 Blatt 65 »Naturpark Maas-Schwalm-Nette / Nordteil« (Hrsg. Zweckverband Naturpark Schwalm-Nette).

Vom **Kreuzherrenplatz (1)** in **Brüggen** gehen wir zum Westring, dann rechts (A6) und in den Deichweg. Diesem folgen wir knapp 500 m und biegen dann bei einem kleinen Waldstück links in einen schmalen Weg ein. Der Weiterweg führt über Wiesen bis zu einer Brücke, die uns über die Schwalm führt. Wir nähern uns nun der Ortschaft **Overhetfeld (2)**, gehen aber am

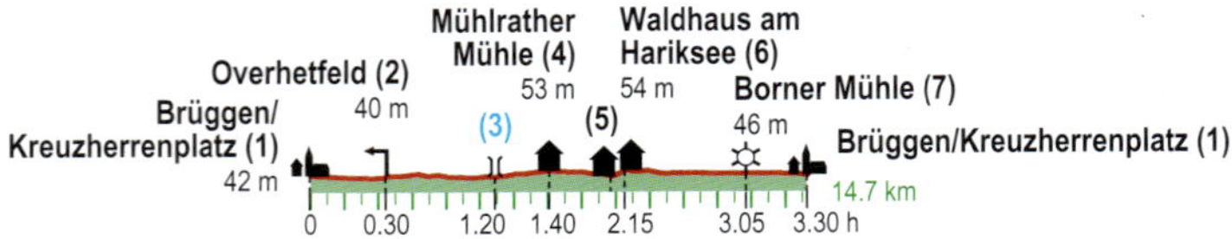

Ortsrand links auf die Dilborner Straße. Wir passieren links von uns den Campingplatz an der Dilborner Mühle und gehen weiter, bis eine Straße schräg links zum **Schloss Dilborn** abzweigt. Darin befindet sich heute eine Jugendhilfeeinrichtung. Wir lassen das ehemalige Wasserschloss hinter uns, folgen vorne der Landstraße ein kleines Stück links bis zur Tankstelle. Dahinter gehen wir in den Groutenweg bis zur Wendefläche, wo ein schmaler Weg weiter zur querenden Straße führt. Dort halten wir uns rechts und nähern uns der Bundesstraße 221, die wir überqueren (A4).

Nun setzen wir unsere Tour über Wiesen in Richtung Borner See fort und gehen nach einem Linksbogen rechts über eine **Steinbrücke (3)** über den **Laarer Bach** weiter. Hier sehen wir auch den Hinweis auf die Zwei-Seen-Runde der Wasserwanderwelt (W). Auf dem Schotterweg kommen wir an eine von links kommende Straße, die mit einer Linkskurve an der Ortschaft

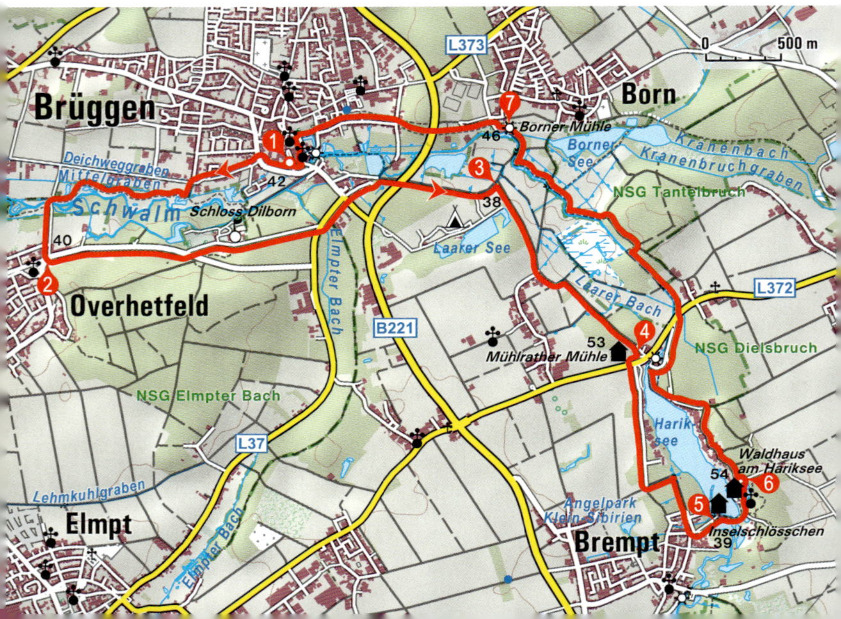

Laar vorbeiführt und der wir nach rechts folgen. Nun befinden wir uns nach einer Links- und Rechtsabbiegung auf dem Weg in Richtung Mühlrather Hof, von dem wir zuerst den Minigolfplatz sehen und an den sich die **Mühlrather Mühle (4)** mit Einkehrmöglichkeit anschließt (W).

Den hier beginnenden **Hariksee** umrunden wir jetzt, indem wir den von der Landstraße links abzweigenden Weg (A5) wählen. Nach einem längeren Stück geradeaus, knickt der Weg links ab zum See, um dann an der linken Uferseite weiterzugehen. Wir folgen diesem Weg bis nach **Brempt** und gehen links in Richtung **Inselschlösschen (5)** wieder zum See (A5).

Über einen Damm kommen wir dann zur gegenüberliegenden Seite des Hariksees und folgen dem Waldweg, vorbei am Café-Restaurant **Waldhaus am Hariksee (6)**, wieder Richtung Mühlrather Mühle. Kurz bevor wir diese erreichen, zweigt rechts ein Weg ab, der in einem Bogen um den Mühlenteich bis vor zur Landstraße führt (A10).

Der Weg führt nun an der Schwalm entlang bis zur **Borner Mühle (7)**, einem ehemaligen, seit geraumer Zeit geschlossenen Restaurant-Landhotel. Nach der Mühle bleiben wir ein kleines Stück an der Schwalm und folgen dann links dem Weg zurück nach **Brüggen** (A4), wo wir dann kurz vor der Burg links abbiegen müssen, um ins Zentrum und zum **Kreuzherrenplatz (1)** zurückzukommen.

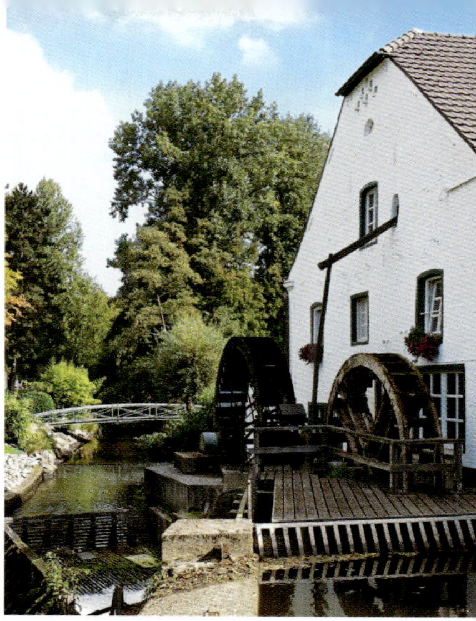

Oben: Die Dilborner Wassermühle.
Unten: Am moorigen Hariksee.

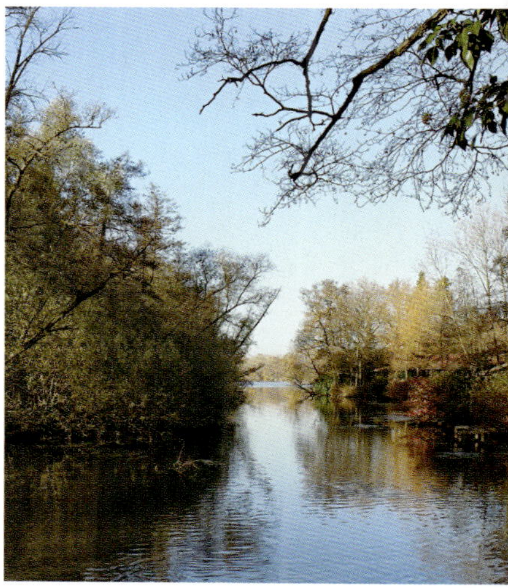

TOP **42**

Schwalmtaler Mühlentour

4.00 Std.

Zwischen Rickelrath und Niederkrüchten

Warum das Schwalmtal auch »Tal der Mühlen« genannt wird, erfährt man auf dieser Tour. Zu sehen sind Wassermühlen, die früher Getreide gemahlen oder Öle aus Flachssamen produziert haben.

Ausgangspunkt: Rickelrath, Parkplatz an der Kirche (Navi: Rickelrath / Angerweg). Anfahrt über A52, Ausfahrt Schwalmtal, dann in Richtung Wegberg bis nach Rickelrath. Bus 408 ab Bahnhof Erkelenz bis Rickelrath.
Höhenunterschied: 65 m.
Länge: 15,7 km.
Anforderungen: Bequeme Wanderung auf gut ausgebauten Wegen, teilweise auch asphaltiert.

Einkehr: Molzmühle, Tel. +49 2434 99770, www.molzmuehle.de, Mi.–Sa. 11–21 Uhr, So./Fei. 11–19 Uhr, Mo./Di. Ruhetag; Gasthof Timmermans, Tel. +49 2434 91991, www.gasthof-timmermans.de, Mo. Ruhetag; Lüttelforster Mühle, Tel. +49 2163 571040, www.die-lue.de, Di.–So. 16.30–22 Uhr, Mo. Ruhetag.
Karte: Wanderkarte 1:25 000 Blatt 67 »Naturpark Maas-Schwalm-Nette / Südostteil« (Hrsg. Zweckverband Naturpark Schwalm-Nette).

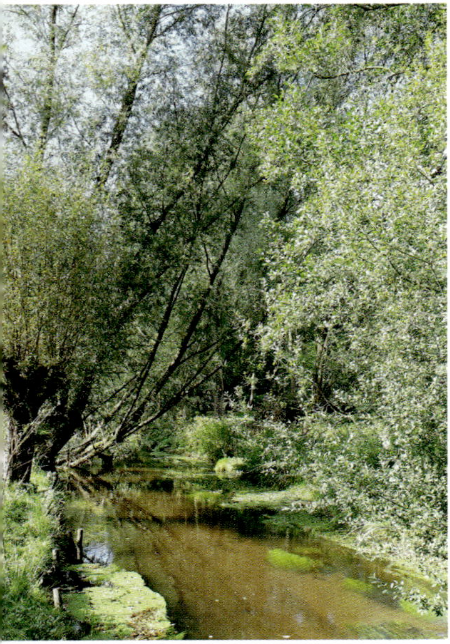

In **Rickelrath** gehen wir an der Kirche **St. Mariä Himmelfahrt (1)** vorbei, die Hauptstraße entlang und folgen dem Wanderweg, der am Ortsrand rechts von der Straße abgeht (A6), in den Wald. Kurz danach sehen wir ein hölzernes Hinweisschild zur Molzmühle, einer ehemaligen Wassermühle, in der heute ein Gasthof betrieben wird. An der **Molzmühle (2)** links vorbei erreichen wir einen kleinen Wald und folgen dann rechts der Straße am Waldrand (A6) entlang, an Reiterhöfen vorbei, bis zum **Gasthof Timmermanns (3)**.
Vor dem Gasthof gehen wir links weiter, verlassen am Ortsende von Schwaam die Straße nach einer Linkskurve rechts auf einen Feldweg (A6, X) und bleiben am Wald-

Schwalmauenlandschaft bei Venn.

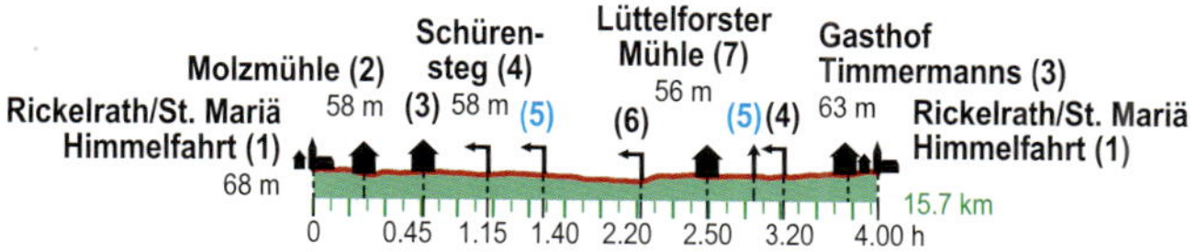

rand bis zur Kreuzung des Weges mit der Straße **Schürensteg (4)**. Dieser folgen wir links in Richtung Merbeck und biegen bei der ersten Gelegenheit rechts ab nach **Venn**. Hinter dem letzten Haus von Venn nehmen wir den Weg nach rechts in Richtung Wald und wählen im Wald den ersten Weg nach links bis zur **Schwalmbrücke (5)** nach Lüttelforst. Vor dieser biegen wir nach links und folgen dem Verlauf der Schwalm bis zur nächsten Abbiegemöglichkeit nach links (A5).

Hier gehen wir zunächst links und dann wieder rechts in den schmaleren Weg am Bachlauf des Liplakenbachs entlang. Unterwegs kommen wir zu

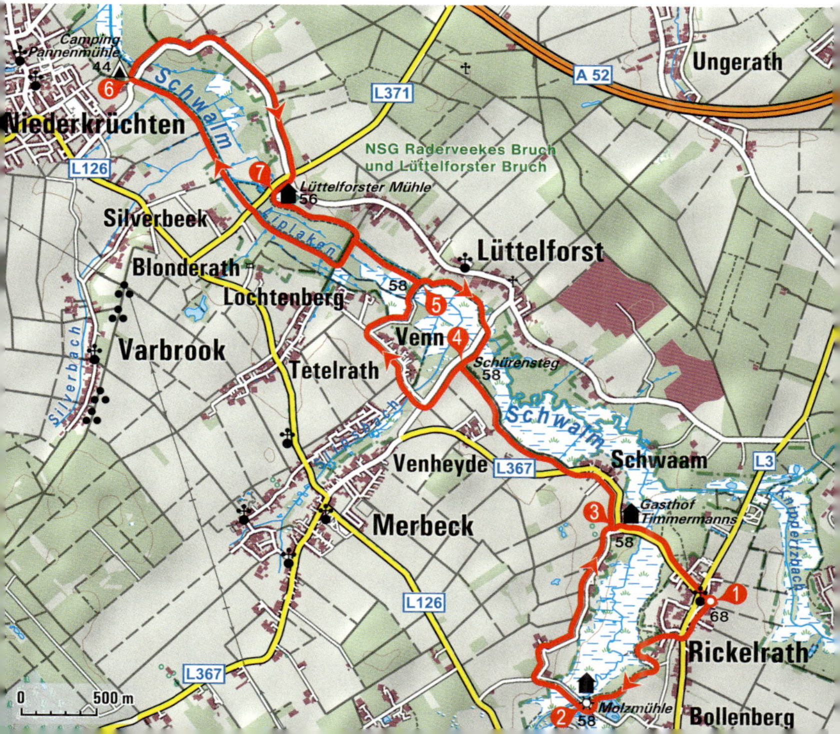

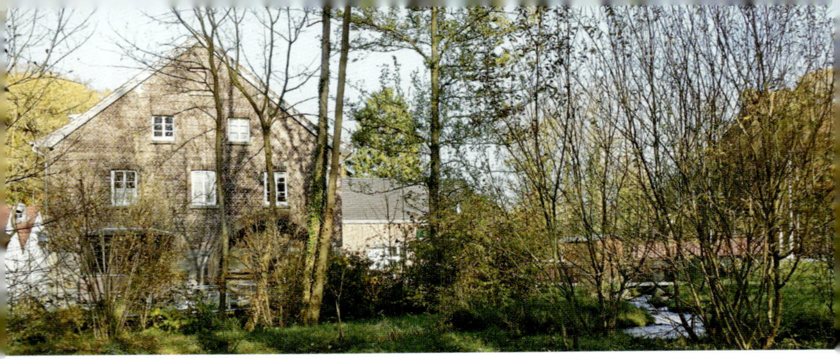

Die Lüttelforster Mühle lädt unterwegs zur Einkehr.

einer querenden Landstraße, wo wir, wenn wir nach rechts schauen, die Lüttelforster Mühle sehen. Wir bleiben auf dem Wanderweg und gehen geradeaus weiter (A3) bis zu einer Holzbrücke am Zusammenfluss von Schwalm und Liplaken und dann weiter geradeaus bis nach **Niederkrüchten** zum **Campingplatz Pannenmühle (6)**. Der querenden Kreisstraße folgen wir rechts bis zur Pannenmühle. Die ehemalige Wassermühle war im 17. Jahrhundert auch eine Grenzstation mit Zollhaus.

Wir folgen der Kreisstraße bis zur Siedlung Lousberg und folgen an der nächsten Kreuzung der Straße nach rechts bis zu einem Parkplatz. Dort rechts weiter kommt man zur **Lüttelforster Mühle (7)** mit gemütlichem Terrassenrestaurant. Von der Mühle gehen wir nach links an der Schwalm entlang (X), lassen die **Schwalmbrücke (5)** nach Lüttelforst links liegen und bleiben am Flusslauf bis zum Wegende, wo wir rechts in die Straße einbiegen.

Bei der nächsten Abzweigung von der Straße **Schürensteg (4)** halten wir uns links und sind wieder auf dem Weg, der zurück nach **Schwaam** und am **Gasthof Timmermanns (3)** links vorbeiführt. Wer hier einkehren will, hält sich kurz rechts. So oder so folgen wir der Schwaamer Straße (L367) direkt bis zur **Kirche (1)** in **Rickelrath**.

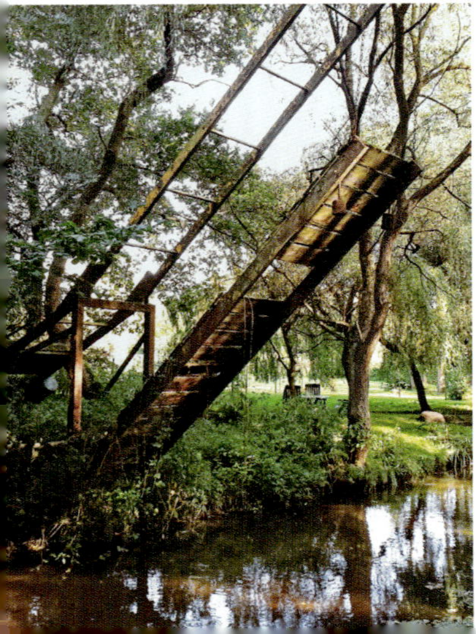

Im Naturschutzgebiet Lüttelforster Bruch.

3.00 Std.

De Meinweg 43

Durch den niederländischen Nationaal Park

Unser Weg führt durch den Nationalpark De Meinweg, der Teil des grenzübergreifenden Naturparks Maas-Schwalm-Nette ist. Er besteht überwiegend aus Mooren und Heideflächen mit Kiefernwäldern.

Ausgangspunkt: Parkplatz am Venhof (Navi: NL / Roerdalen / Melicker Venweg). Anfahrt über die niederländische A73 Ausfahrt Roermond-Oost, dann Richtung Heinsberg bis Herkenbosch, dort an der zweiten Abfahrt links in Richtung Nationalpark De Meinweg.
Höhenunterschied: 75 m.
Länge: 10,6 km.
Anforderungen: Einfache Wanderung ohne nennenswerte Steigungen auf vielfach sandigem Untergrund.
Einkehr: Unterwegs keine Möglichkeit. Am Ausgangspunkt das Café-Restaurant Rijstal Venhof, Tel. +31 475 531495, www.venhof.nl, ab 11 Uhr, Di. Ruhetag.
Karte: Wanderkarte 1:25 000 Blatt 66 »Naturpark Maas-Schwalm-Nette / Südwestteil« (Hrsg. Zweckverband Naturpark Schwalm-Nette).

Ausgangspunk der Tour ist das Café-Restaurant Venhof mit Reiterstall.

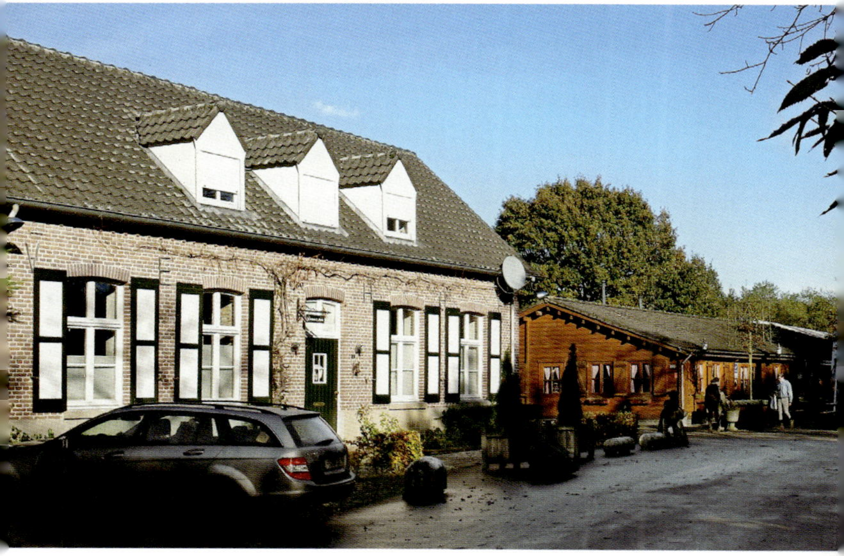

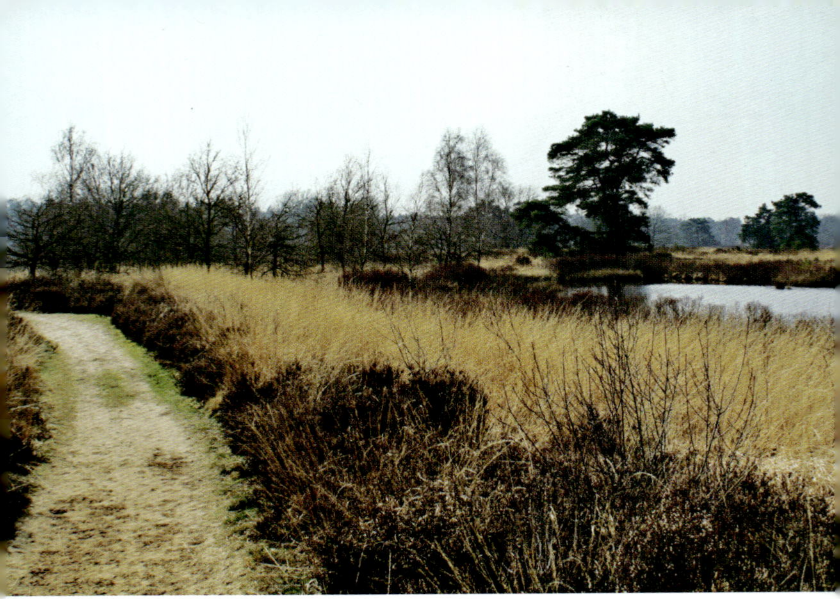

Unterwegs auf sandigen Wegen im Nationalpark De Meinweg.

Vom **Venhof (1)** gehen wir zurück durch die Toreinfahrt und folgen dem Hinweisschild »Wandelroute 100 m«, wo dann die Markierung der Wasserwanderwelt (W) zu sehen ist. Auf dem parallel zum Radweg verlaufenden Weg kommen wir zum Knotenpunkt 27. Diese Knotenpunkte sind in den Beneluxländern auf Radwegen übliche Nummernsysteme, die aber auch für Wanderungen nützlich sind.

Wir gehen geradeaus weiter in Richtung Knotenpunkt 52 und danach an einer weiteren Knotenpunktsäule rechts bis zu einer Bahntrasse, die wir überqueren (W). An einer Weggabelung nehmen wir den Weg rechts und nähern uns dem Knotenpunkt 51. Bald erreichen wir auf sandigem Boden über den Knotenpunkt 7 den See im **Melickerven (2)**, den wir nach links umgehen. Auf dem Weg um den See kommen wir über die Grenze, was wir bei Passieren eines Grenzsteins bemerken. Wir halten uns rechts (W), lassen den See hinter uns und wählen bei der nächsten Weggabelung den linken Weg, der leicht bergauf verläuft (A12). Nach einer leichten Linkskurve hinter einem Verkehrszeichen zweigt ein sandiger

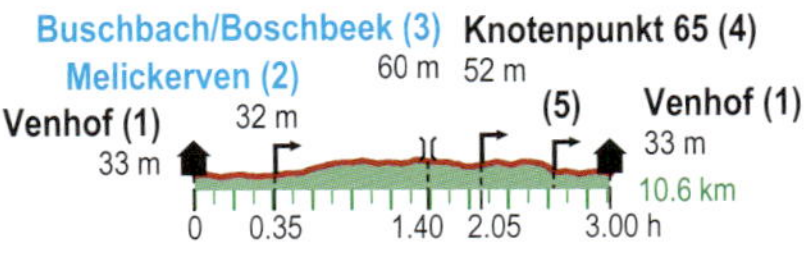

Weg rechts ab, der dann links abknickt und entlang der Grenze verläuft. Nach einer Linkskurve gehen wir an einem Hochstand vorbei und halten uns bei der nächsten Kreuzung rechts. Kurz danach passieren wir eine Holzschranke und überschreiten auf einem **Holzsteg** über den **Buschbach/ Boschbeek (3)** die deutsch-niederländische Grenze. Hinter der Grenze geht es dann nach rechts in den Nationalpark durch die sehr schöne Heidelandschaft und wir kommen dabei an Knotenpunkt 66 vorbei.

Nachdem wir durch eine Linkskurve an mehreren kleinen Heideseen vorbeigekommen sind, erreichen wir den **Knotenpunkt 65 (4)**, wo wir zuerst rechts und dann gleich wieder links den als Reitweg markierten Weg begehen. Auf diesem bleiben wir, bis wir rechts wieder der Markierung der Wasserwanderwelt (W) folgen können.

Nun überqueren wir eine stillgelegte Bahnlinie und biegen gleich danach rechts ab auf einen mit einem **violetten Holzpfahl (5)** markierten Weg. Dieser Weg verläuft in Richtung der Bahnlinie, biegt aber, bevor wir diese erreichen, links ab. Wir treffen auf den Knotenpunkt 60 und biegen danach bei der nächsten Möglichkeit rechts ab (W). Schließlich folgen wir dem Waldweg nach rechts bis zum Parkplatz am **Venhof (1)**, wo sich das **Café-Restaurant** zur Einkehr anbietet.

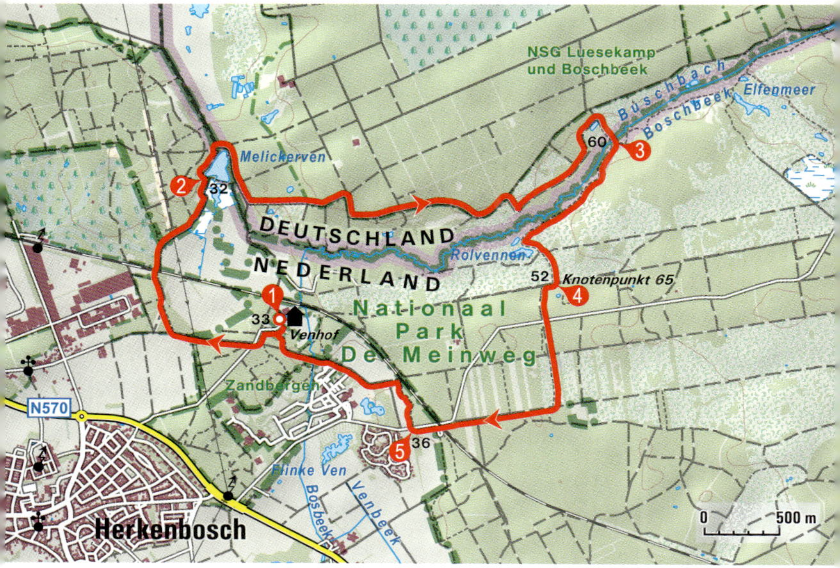

44 Swalmen

3.00 Std.

Heide- und Moorlandschaft an der Grenze

Das Gebiet östlich von Swalmen ist eigentlich die Fortsetzung dessen, was sich auf der deutschen Seite im Schwalmbruch bei Brüggen und Elmpt zu sehen ist, also Moorseen, Heidelandschaften und Kiefernwälder. Gelegentlich finden wir hier auch alte Grenzsteine, die als Zeugen des »alten« Grenzverlaufs übrig geblieben sind.

Ausgangspunkt: Swalmen, Herberg de Bos (Navi: NL / Swalmen / Bosstraat, Zwembaad). Anfahrt über A52, Ausfahrt Niederkrüchten, dann in Richtung Brüggen und Swalmen. Hinter der Grenze zum Schwimmbad De Bosberg, Parkplatz auf der linken Seite.
Höhenunterschied: 65 m.
Länge: 10,8 km.
Anforderungen: Bequeme Wanderung auf oft asphaltierten Wegen.
Einkehr: Unterwegs keine Möglichkeit. Am Ausgangspunkt Herberg de Bos, Bosstraat 115, Tel. +31 475 502557, www.herbergdebos.nl, Di.–So. ab 10 Uhr, Mo. Ruhetag.
Karte: Wanderkarte 1:25 000 Blatt 66 Naturpark »Maas-Schwalm-Nette / Südwestteil« (Hrsg. Zweckverband Naturpark Schwalm-Nette).

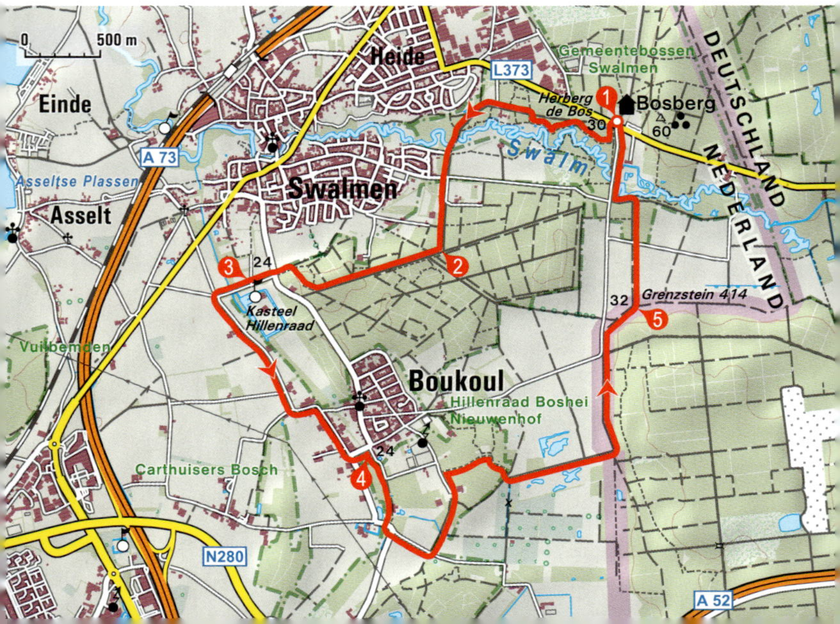

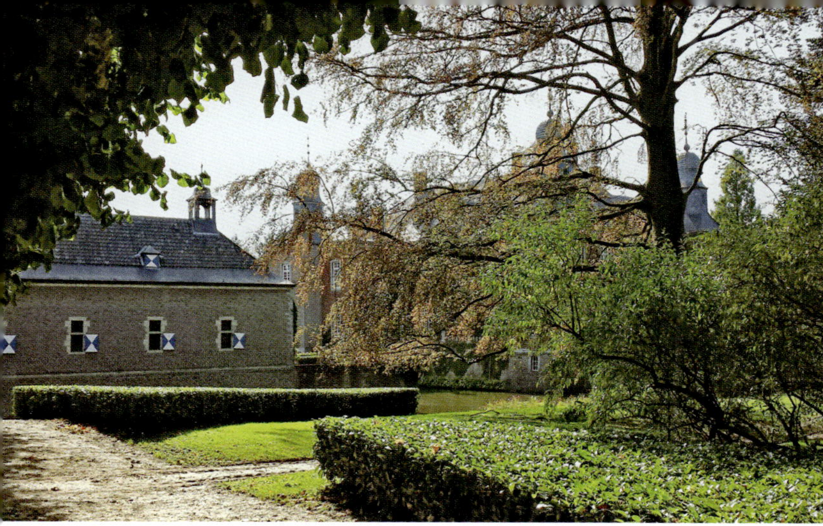

Kasteel Hillenraad ist in einen schönen Park eingebettet.

Vom Parkplatz an der **Herberg de Bos (1)** aus überqueren wir die L373 und folgen der Markierung der Wasserwanderwelt (W) rechts in den Wald. Nach Passieren der Pension Groenewoud knickt der Weg nach links ab.
Wir folgen ihm ein längeres Stück geradeaus, bis wir an der **Weggabelung (2)** schräg rechts in Richtung Kasteel Hillenraad weitergehen. Nun kommen wir an eine Wegkreuzung, wo wir nur rechts weiter können, weil geradeaus ein Privatweg den Durchgang versperrt. Wir passieren einen Grenzstein mit Wappen, überqueren die Straße und erreichen das **Kasteel Hillenraad (3)**, das leider nicht zugänglich ist, da in Privatbesitz.
An Hillenraad gehen wir vorbei bis zur nächsten Abbiegung links in den Graeterweg. Hinter einer Jugendstilvilla biegen wir links ab und folgen der Straße durch eine Rechtskurve (schwarz-weißes Dreieck) nach **Boukoul**. Bei der nächsten Möglichkeit biegen wir links ab, um dann nach Überquerung eines Bachs rechts auf der **Bergstraat (4)** ortsauswärts weiterzugehen.
An einer querenden Straße halten wir uns schräg links bis zu einer Wegkreuzung am Waldrand. Hier nehmen wir den Weg links, der mit einer rot-weißen

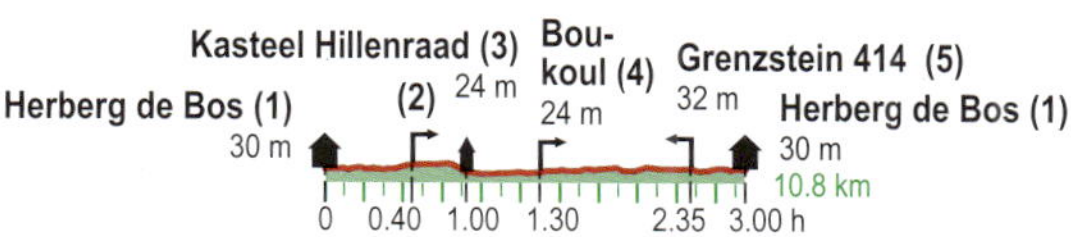

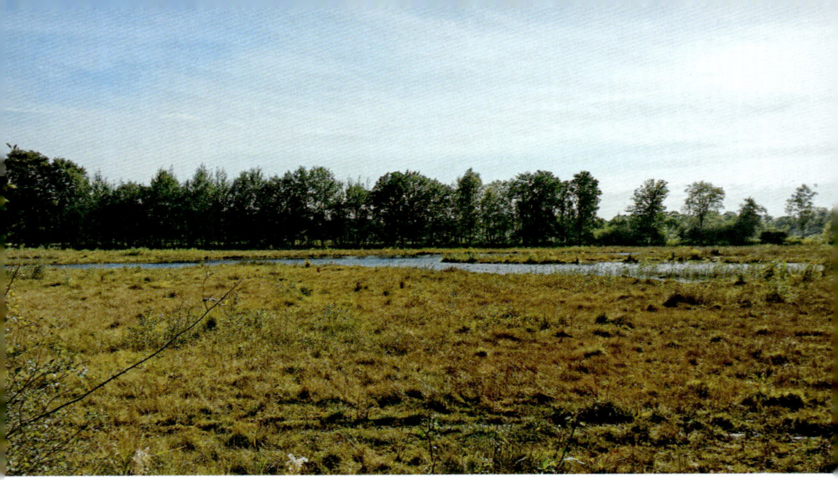

Sumpfige Moorlandschaft beim Landgut Blankwater.

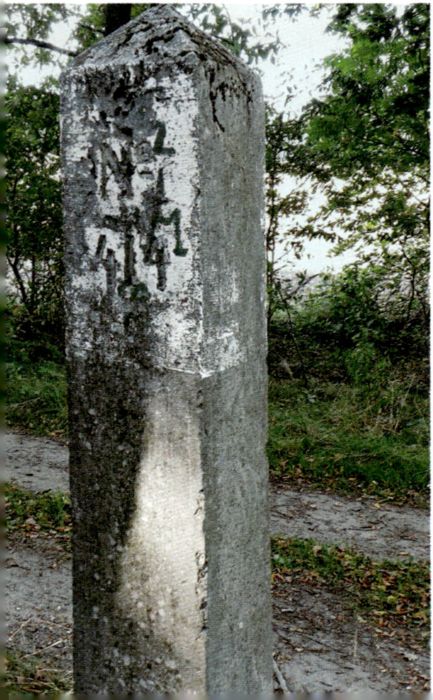

Markierung gekennzeichnet ist. Gegenüber einer Pferdeweide zweigt nun ein schmaler, unmarkierter Waldweg ab, der von einem Zaun begrenzt ist. Am Waldrand wechseln wir dann auf den mit Pappeln gesäumten Weg, der geradeaus durch die Moorlandschaft von Blankwater und zur Grenze führt. Am Waldrand biegen wir gleich links ab und gehen dort entlang (A12).
Nachdem unser Weg durch eine leichte Linkskurve geführt hat, biegen wir links beim **Grenzstein 414 (5)** ab und folgen dem baumgesäumten Weg bis zu einer Gabelung. Bei dieser halten wir uns zuerst links und dann wieder rechts, überqueren die Schwalm (Swalm) und kommen schließlich wieder an der **Herberg de Bos (1)** an.

Der alte Grenzstein 414 an der deutsch-niederländischen Grenze bei Swalmen.

3.30 Std.

Von Arsbeck zur Dalheimer Mühle 45

Waldwanderung durch den Forst Meinweg

Der Forst Meinweg ist Teil des Nationalparks De Meinweg. Er verfügt über ausgedehnte Eichenwälder und wird im Norden durch die Schwalm und im Süden durch die Rur begrenzt. Der Begriff »Meinweg« leitet sich mundartlich ab von der gemeinsamen Nutzung des Waldes durch mehrere deutsche und niederländische Gemeinden in der Region.

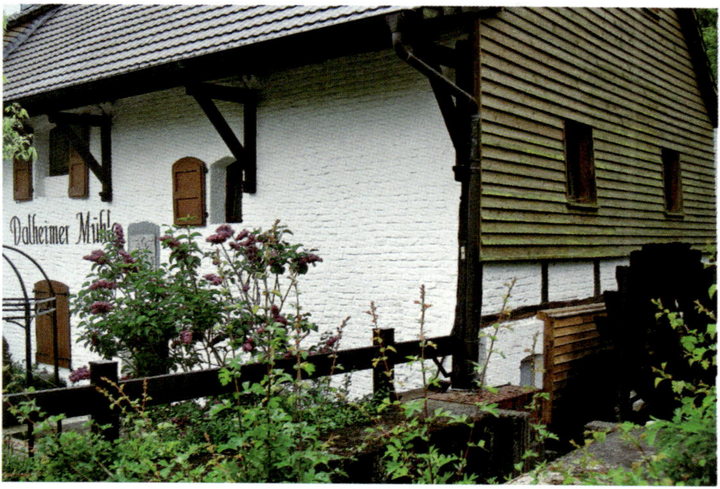

Die Dalheimer Mühle ist heute ein einladendes Ausflugslokal.

Ausgangspunkt: Arsbeck, Parkplatz an der Kirche St. Adelgundis (Navi: Arsbeck / Endstraße). Anfahrt über A52, Ausfahrt Niederkrüchten, dann B221 in Richtung Wassenberg bis Arsbeck. Bus 413 ab Bahnhof Erkelenz bis Arsbeck Kirche.
Höhenunterschied: 60 m.
Länge: 13,4 km.
Anforderungen: Einfache Rundwanderung größtenteils durch Wald auf Forst- und Waldwegen.

Einkehr: Dalheimer Mühle, Tel. +49 2436 382488, www.dalheimer-muehle.de, März–Okt. Mo./Di. Ruhetag, in den Sommerferien nur Mo., Nov.–Febr. nur Sa./So.; Crazy XXL, Heiderstr. 11, Arsbeck, Tel. +49 2436 382124. www.crazyxxl-arsbeck.de, Mi.–So. ab 17 Uhr, Mo./Di. Ruhetag.
Karte: Wanderkarte 1:25 000 Blatt 67 »Naturpark Maas-Schwalm-Nette / Südostteil« (Hrsg. Zweckverband Naturpark Schwalm-Nette).

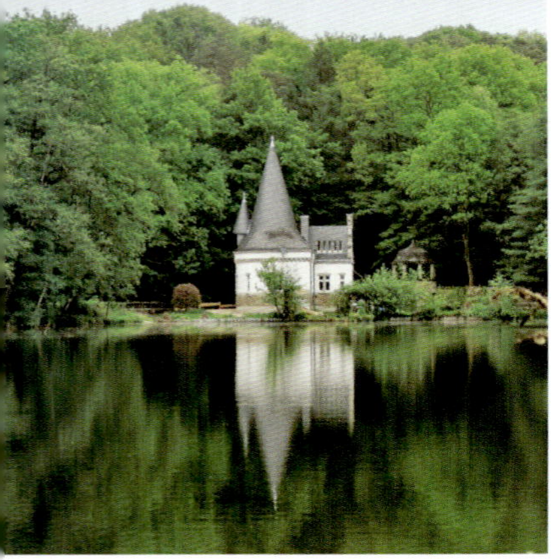

Pförtnerhäuschen am Raky-Weiher.

Wir beginnen die Wanderung an der **Arsbecker Kirche (1)**, überqueren die Helpensteinstraße und folgen geradeaus der Heuchterstraße, bis die Bücher Straße rechts abgeht. Nach der nächsten Abzweigung links, dem Burghofweg. Wir folgen diesem ortsauswärts, bis A2 scharf links in den Wald abzweigt und als schmaler Weg, den **Helpensteiner Bach (2)** überquerend, zwischen zwei Seen des **Raky-Weihers** hindurchführt. Die Seen wurden 1903 vom Erkelenzer Bohrpionier Anton Raky künstlich angelegt und drohen zu versanden, wenn keine Gegenmaßnahmen ergriffen werden. An den Seen liegt auch das ebenfalls von Raky errichtete malerische Pförtnerhäuschen, das rechts von uns idyllisch am Ufer liegt.

Nun halten wir uns an der nächsten Weggabelung links und gleich danach wieder rechts. An der folgenden Gabelung gehen wir dann wieder links in Richtung **Rödgen**, wo wir den Weg an der Kirche **St. Rochus (3)** zuerst rechts und am Ortsrand wieder links Richtung Wald fortsetzen.

Nach der folgenden Rechtsabbiegung bleiben wir auf der Straße in Richtung Dalheimer Mühle. Auf dieser Straße kommen wir am Dalheimer Klosterhof vorbei und unterqueren die Bahntrasse, wo früher der »Eiserne Rhein« verlief, ehe wir die **Dalheimer Mühle (4)** erreichen. Der Eiserne Rhein war eine überwiegend als Güterverkehrsstrecke genutzte Bahnverbindung zwischen dem Ruhrgebiet und Antwerpen, deren Betrieb heute größtenteils eingestellt ist.

Am Naturdenkmal Sechseichen.

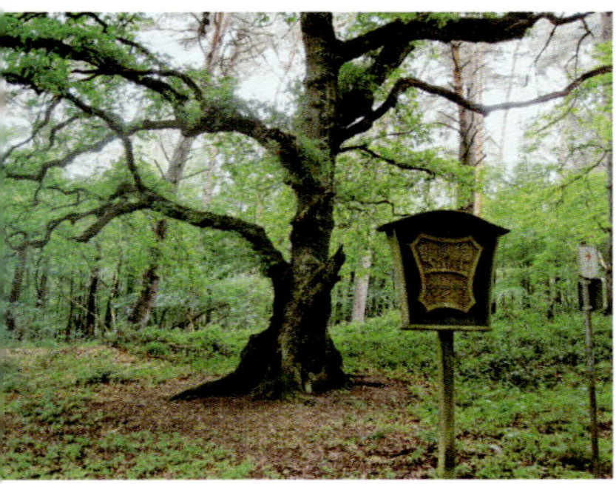

Hinter dem Mühlenteich setzen wir den Weg in Richtung Bahndamm fort, unterqueren ihn wieder und bleiben dann auf diesem Weg (A4). Im Folgenden gehen wir geradeaus, an einer **Schutzhütte** am Naturdenkmal **Sechseichen (5)** vorbei und weiter bis zum historischen **Forsthaus Ritzrode (6)**. An diesem folgen wir dem Weg nach rechts immer geradeaus weiter (A1, A6) und

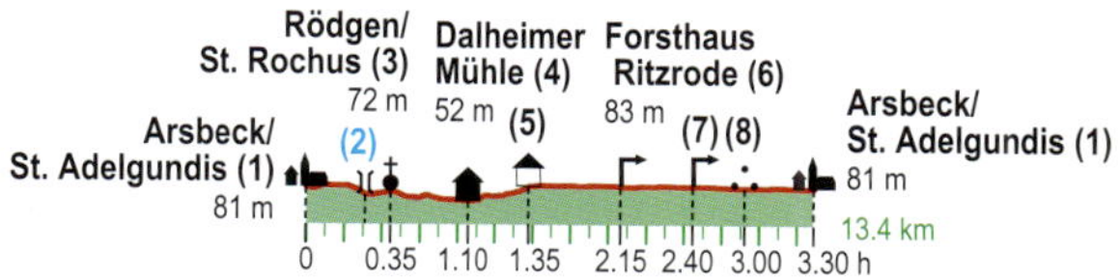

passieren ein Gehöft. Wir überqueren die B221 und biegen schließlich nach einer links liegenden Freifläche nach rechts auf einen **Pfad (7)** ab (A1). Dann unterqueren wir wieder die Bundesstraße und gehen, nachdem der Weg zunächst nicht ganz deutlich verläuft, geradeaus in Richtung **Büch**, wo wir an Resten einer **Landwehr (8)** des ehemaligen Westwalls vorbeikommen. Am Ortsanfang von **Arsbeck** halten wir uns dann schräg links bis zum Bahnhof, um schließlich die Tour nach rechts hin zur Ortsmitte und zur dortigen Kirche **St. Adelgundis (1)** abzuschließen.

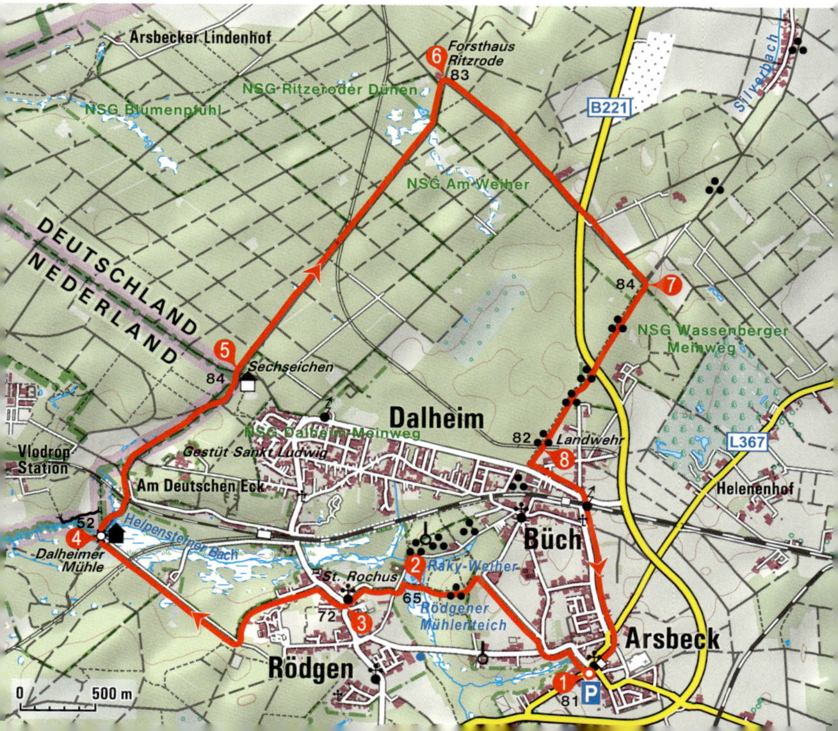

46 Von Wassenberg in den Birgeler Urwald

3.15 Std.

Durch faszinierende Auenwälder und Bruchlandschaften

Der Birgeler Urwald steht im Mittelpunkt einer der Touren der Wasserwanderwelt Niederrhein. Hier findet man urwüchsige Natur in herrlicher Bruchlandschaft mit Mooren und Auenwäldern. Weitere Höhepunkte dieser Tour sind außer der Wallfahrtskapelle Birgeler Pützchen die Burg Wassenberg am Anfang oder Ende der Rundwanderung.

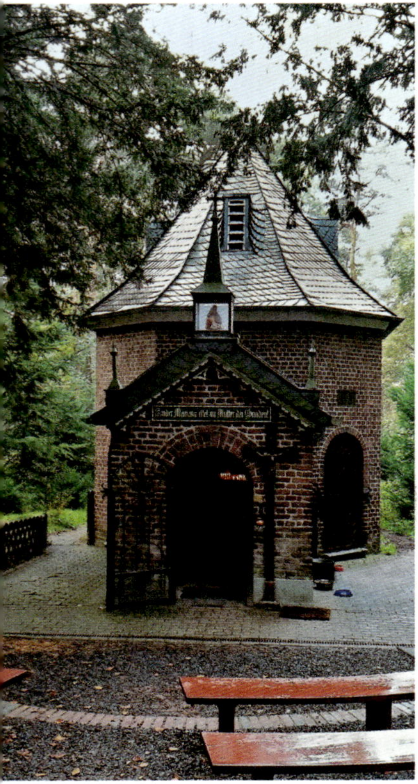

Wallfahrtskapelle Birgeler Pützchen.

Ausgangspunkt: Wassenberg, Parkplatz am Burgberg (Navi: Wassenberg / Burgstraße, Burgplatz). Anfahrt über A46, Ausfahrt Hückelhoven West, dann Richtung Wassenberg. Parken im Zentrum an der Burgstraße. Bus SB1 ab Bahnhof Erkelenz bis Wassenberg Burg.
Höhenunterschied: 150 m.
Länge: 12,8 km.
Anforderungen: Rundwanderung mit gelegentlichen Anstiegen, überwiegend auf Waldwegen.
Einkehr: Unterwegs keine Möglichkeit. Am Ausgangspunkt in Wassenberg: Restaurant Braukeller Wassenberg, Am Rosstor 1, Tel. +49 2432 4910834. www.braukeller-wassenberg.de, Mi–Sa ab16.30, So ab 12 Uhr, Mo/Di Ruhetag; Restaurant Burg Wassenberg by Savio, Auf dem Burgberg 1, Tel. +49 2432 890020, www.burg-wassenberg.de.
Karte: Wanderkarte 1:25 000 »Naturpark Maas-Schwalm-Nette / Südostteil« (Hrsg. Zweckverband Naturpark Schwalm-Nette).

In **Wassenberg** gehen wir vom Parkplatz über **Burgplatz (1)** und Kreisverkehr in die Burgstraße und schließlich in den Loher Weg, am Waldrand entlang und beim Parkplatz in den Wald (A1). Über einen anfangs bergauf verlaufenden Waldweg erreichen wir bald das bei einem Rastplatz stehende **Birgeler**

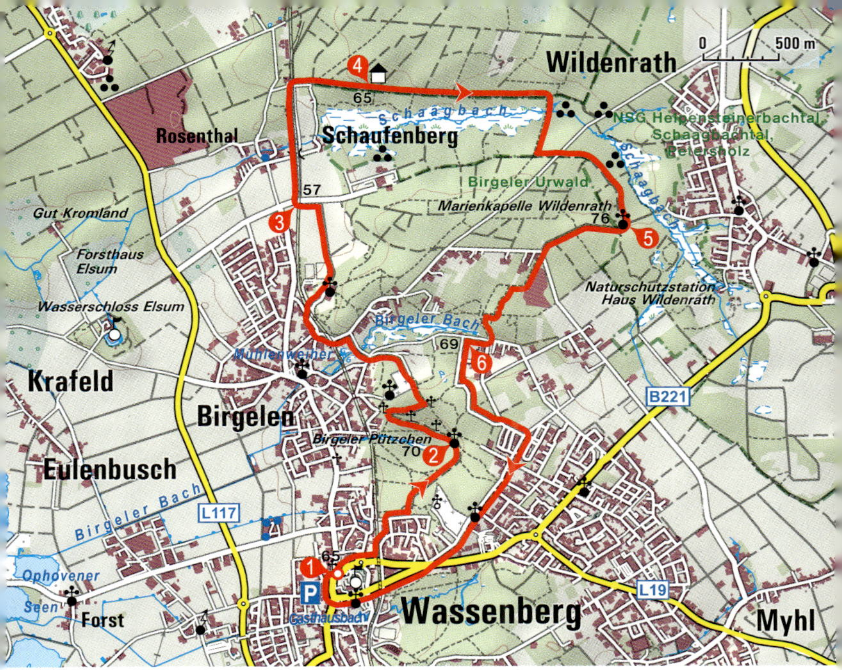

Pützchen (2), eine Marienwallfahrtskapelle aus dem 18. Jahrhundert, mit dem Willibrordusbrunnen.Nun nehmen wir den linken Waldweg, einen Kreuzweg mit verschiedenen Heiligenfiguren, bis wir an der kommenden Abbiegemöglichkeit, an der auch eine Bank steht, rechts weitergehen. An der nächsten Weggabelung folgen wir der Wasserwanderwelt-Markierung (W) rechts weiter bis zu einer Freifläche, wo wir uns links halten und schließlich einen kleinen Friedhof mit Parkplatz passieren. Wir kommen an eine querende Straße und gehen weiter geradeaus, überqueren den Birgeler Bach. Wir schwenken in die nächsten Querstraße links ein in Richtung der Sportanlagen, die wir links liegen lassen. So folgen wir dem asphaltierten Feldweg bis zur nächsten querenden Straße.

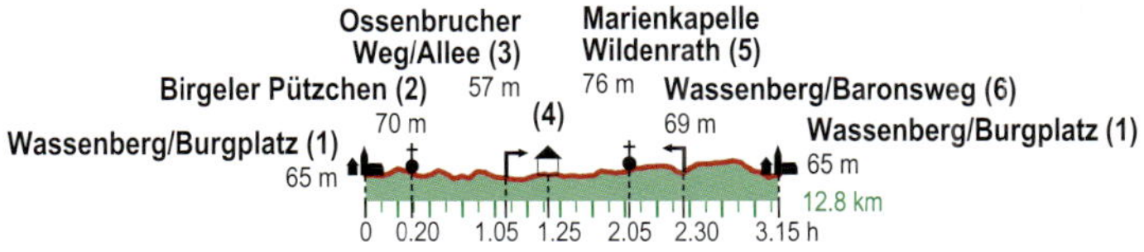

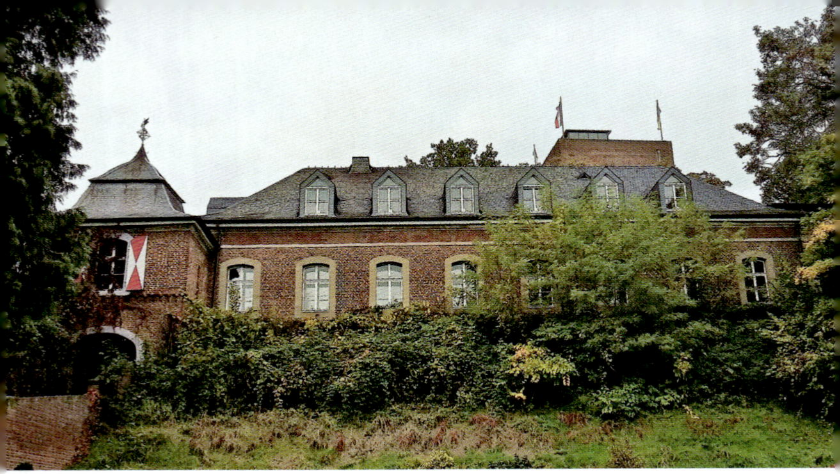

Burg Wassenberg ist eine der wenigen Höhenburgen am Niederrhein.

Dort halten wir uns zuerst links und biegen hinter dem Stromkasten an der **Allee (3)** wieder rechts in einen Pfad ab (W). Wir passieren eine Schranke, gehen hier rechts und an der Straße links bis zur nächsten querenden Straße, der wir wiederum rechts folgen (A8). Wir passieren eine **Schutzhütte (4)** und biegen an dem Naturschutzgebiet-Hinweisschild rechts ab (X).
An der nächsten Abzweigung folgen wir dem Weg (A8, X) nach links bis zur **Marienkapelle (5)**, hinter der wir rechts abbiegen. Auf diesem Weg bleiben wir, bis wir zu einer Freifläche kommen, bei der die Straße Obere Heide beginnt. Wir setzen den Weg geradeaus fort und befinden uns wieder auf dem Themenweg »Birgeler Urwald« (W).

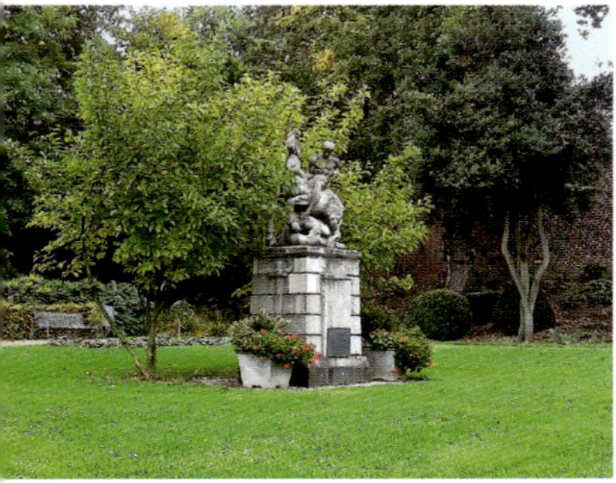

Auf diesem bleiben wir, bis wir nach Überquerung des Birgeler Bachs links in den **Baronsweg (6)** einbiegen und ihm bis zum Ende folgen. Auf dem querenden Weg gehen wir links weiter (A1) und kommen so zur Bergstraße. Hier biegen wir rechts ab und folgen der Berg- und der Kirchstraße bis zum Ausgangspunkt im Ortszentrum von **Wassenberg (1)**.

Statue des heiligen Georg im Kampf mit dem Drachen in Wassenberg.

Rund um Wegberg

Durch das Zentrum des Flachsanbaus

Wegberg ist umringt von zahlreichen Mühlen, von denen wir auch auf dieser Tour einige sehen. Außerdem war die Region ein Zentrum des Flachsanbaus und dessen Verarbeitung, was man auch in dem im Stadtteil Beeck gelegenen Flachsmuseum ansehen kann.

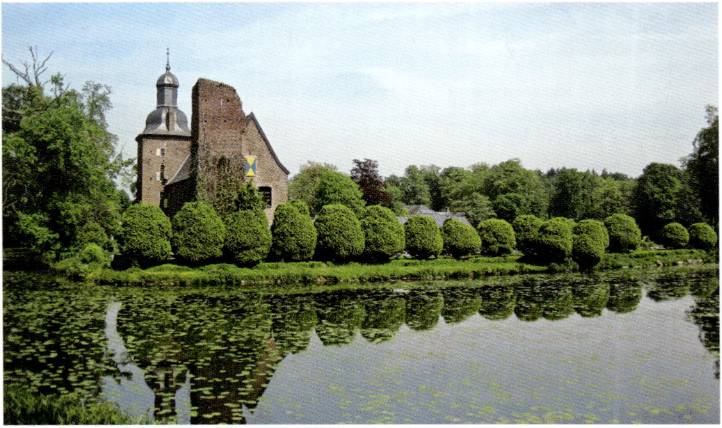

Das Wasserschloss Tüschenbroich mit dazugehöriger Ölmühle.

Ausgangspunkt: Wegberg, Parkplatz am Gelderner Weg (Navi: Wegberg / Gelderner Weg). Anfahrt über A52, Ausfahrt Hostert, dann Richtung Wegberg. Ins Zentrum bis zum Parkplatz Gelderner Weg. Bus 403 ab Bahnhof Erkelenz bis Wegberg Busbahnhof.

Höhenunterschied: 60 m.

Länge: 14,5 km.

Anforderungen: Bequeme Rundwanderung auf größtenteils asphaltierten Wegen.

Einkehr: Tüschenbroicher Mühle, Tel. +49 2434 4280, www.tueschenbroicher-muehle.de, Mi.–So. 10–22 Uhr, Mo./Di. Ruhetag; Café am See, Holtmühle, Tel. +49 2434 809006, www.holtmuehle.de, Mi.–So. 10–18 Uhr, Mo./Di. Ruhetag; Restaurant Flachse, Kirchplatz 5, Beeck, Tel. +49 2434 925333.

Karte: Wanderkarte 1:25 000 Blatt 67 »Naturpark Maas-Schwalm-Nette / Südostteil« (Hrsg. Zweckverband Naturpark Schwalm-Nette).

Hinweis: Das Beecker Flachsmuseum ist Ende März–Anfang Nov. So. 14–17 Uhr geöffnet, Führungen auf Anfrage unter Tel. +49 152 3780 5636, Informationen unter www.heimatverein-beeck.de/flachs-museum.

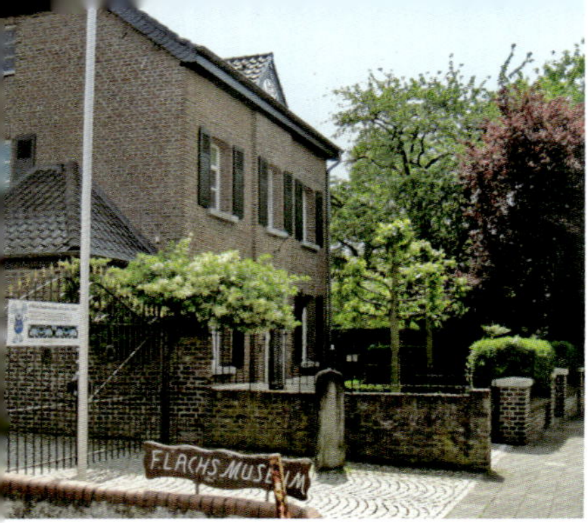

Das sehenswerte Flachsmuseum in Beeck.

In **Wegberg** gehen wir vom **Parkplatz Gelderner Weg (1)** in die Bergstraße (A4), überqueren den Grenzlandring und wechseln ortsauswärts über den Nachtigallenweg in die Straße »In Bissen«. An der Kreuzung »Zur Bischofsmühle« mit Feldern auf der rechten Seite biegen wir links ab und überschreiten auf der Brücke den Schwalmbach. Wir treffen auf den Mühltalweg, überqueren diesen und gehen halb rechts leicht bergauf in einen schmaleren Waldweg (A4) bis zu einer Landstraße. Hier setzen wir den Weg rechts fort und erreichen kurz danach die **Schloss Tüschenbroich**, wo sich außer einer ehemaligen Kornmühle auch eine Ölmühle befindet. Heute befindet sich hier das weithin bekannte Restaurant **Tüschenbroicher Mühle (2)**.

Wir umgehen den Weiher und setzen unseren Weg durch den Wald fort (A4) bis zum Waldrand. Schräg links vor uns sehen wir einen Wasserturm. Auf unserem Weg über die Felder erreichen wir die Ortschaft **Uevekoven (3)**, durch die wir, die Erkelenzer Straße (L3) überquerend, weiter in Richtung Beeck gehen (A4). Unterwegs überqueren wir die Landstraße und biegen bei den ersten Häusern rechts in Richtung Ortskern von **Beeck (4)** ab. Die Ortsgeschichte reicht bis in 9. Jahrhundert zurück. Beeck galt früher als eines der Zentren der Flachsverarbeitung, was auch das dort sich befindende Flachsmuseum und der jährlich im September stattfindende Flachsmarkt belegen. Vom Kirchplatz gehen wir zum Flachsmuseum und von dort über die Straße »Am Friedhof« in Richtung Ortsrand (A2) durch ein Wohngebiet. Über einen Radweg erreichen wir das Stadion, an dem wir rechts vorbeigehen (A2).

Ruhe am Weiher bei der Buschmühle.

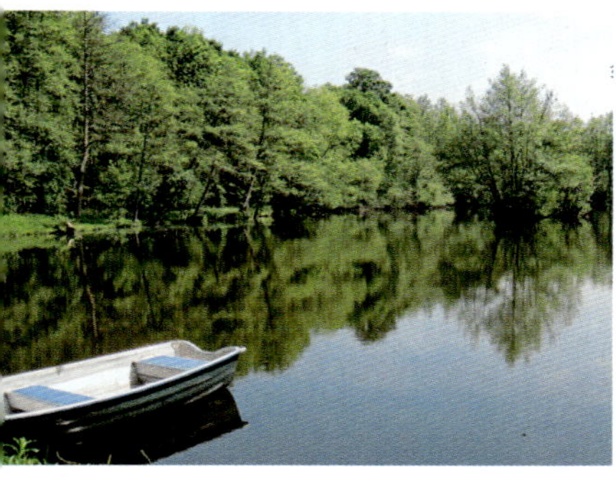

Wir kommen an die Landstraße, der wir ein kurzes Stück nach links folgen. Nach etwa 100 Metern biegen wir von der L400 rechts ab in einen Weg am Waldrand entlang bis zu einem einzeln

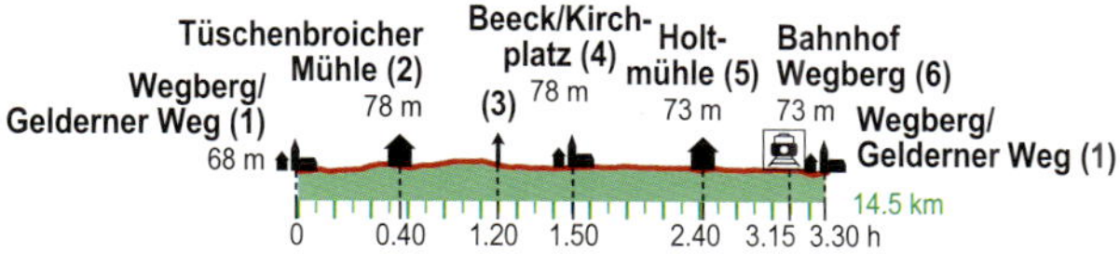

stehenden Haus. Dort knickt der Weg (A2) links ab und führt in den Wald. Nach Überqueren einer Bahnlinie kommen wir an eine Wegkreuzung und setzen unseren Weg (U) in Richtung **Holtmühle (5)** fort. Dort lädt das am gleichnamigen See liegende **Café** zur Einkehr. Die Holtmühle liegt an der den Beecker Busch begrenzenden Kreisstraße. Dieser folgen wir ein kurzes Stück nach links bis zur Buschmühle, wo wir den Weg nach links in Richtung Ortszentrum von **Wegberg** fortsetzen (U). Dieser Weg führt durch ein Gewerbegebiet und am **Bahnhof (6)** vorbei zurück zum **Parkplatz (1)**.

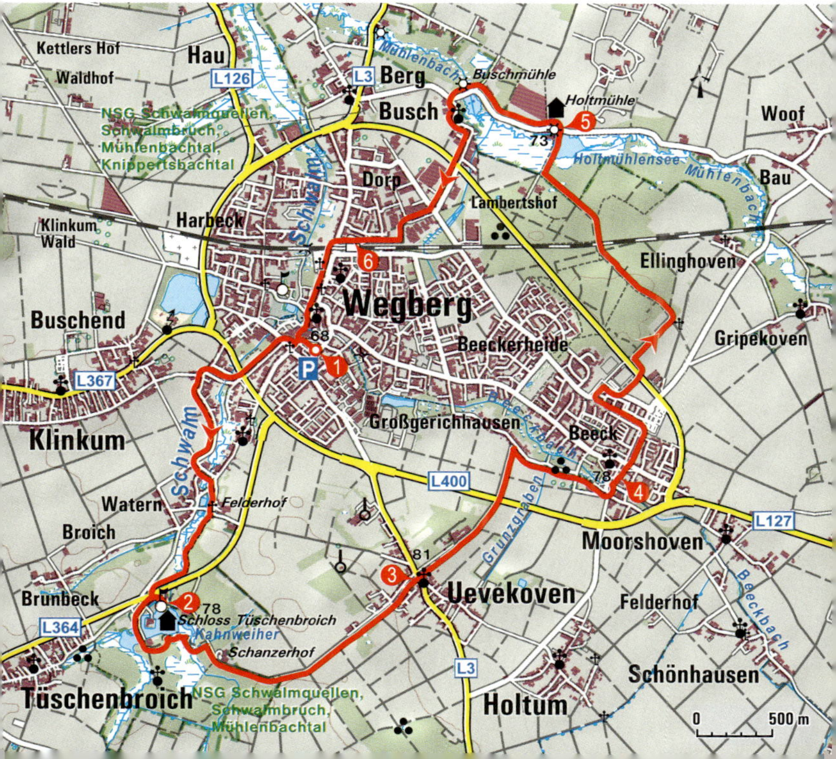

48 Durch das Wurmtal nach Geilenkirchen

2.00 Std.

An der Wurm entlang von Randerath nach Geilenkirchen

Die Wurm ist ein 53 Kilometer langer Nebenfluss der Rur. Sie entspringt im Aachener Wald und mündet bei Heinsberg. Das Flusstal ist sehr malerisch, weitgehend unverbaut und steht dem Tal der Rur in nichts nach.

Ausgangspunkt: Randerath, Bahnhof (Navi: Randerath / Himmericher Str. 2). Anfahrt über A46, Ausfahrt Hückelhoven-Ost, dann Richtung Geilenkirchen über Himmerich nach Randerath. Parken am Bahnhof auf dem P+R Platz. Regionalbahn RB33 ab Bahnhof Geilenkirchen bis Randerath.
Endpunkt: Geilenkirchen, Bahnhof. An der Regionalbahnstrecke Heinsberg – Aachen gelegen, Rückfahrt mit Regionalbahn RB33 nach Randerath möglich.
Höhenunterschied: 40 m Aufstieg, 5 m Abstieg.

Länge: 8,3 km.
Anforderungen: Leichte Streckenwanderung.
Einkehr: Unterwegs keine Möglichkeit. Restaurant Kornmühle, Herzog-Wilhelm-Str. 8, Geilenkirchen. Tel. +49 2451 4908760. www.restaurant-kornmühle.de, Mi./Do. 17–23, Fr./Sa. 16–0, So. 12–22 Uhr, Mo./Di. Ruhetag; Burgstuben Residenz, Feldstr. 50, Randerath, Tel. +49 2453 306980, www.burgstuben-residenz.com.
Karte: Kompass-Wanderkarte 1:50 000 Blatt 755 »Niederrhein-Süd«.

An der Wurm mit Blick nach Tripsrath.

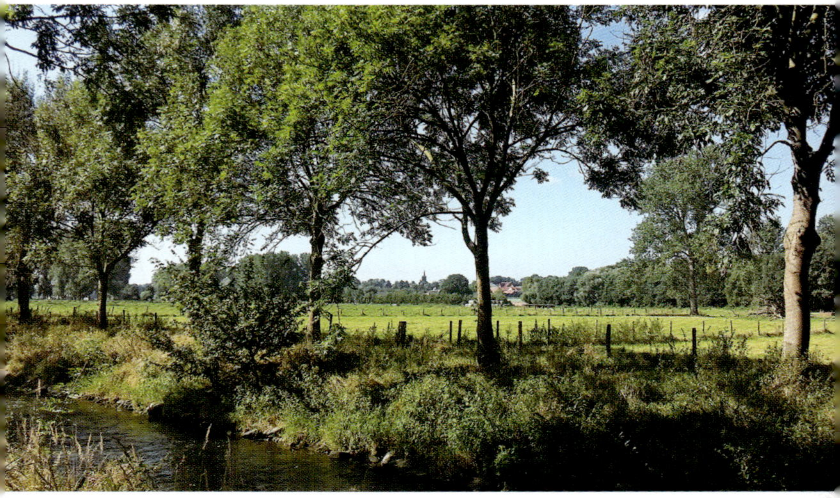

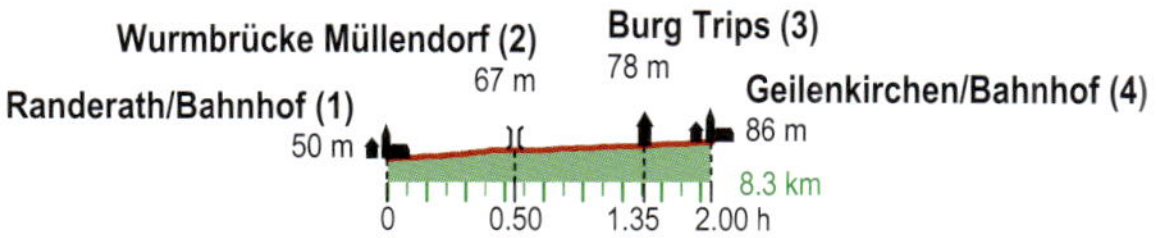
Wurmbrücke Müllendorf (2)
67 m
Burg Trips (3)
78 m
Randerath/Bahnhof (1)
50 m
Geilenkirchen/Bahnhof (4)
86 m
8.3 km
0
0.50
1.35
2.00 h

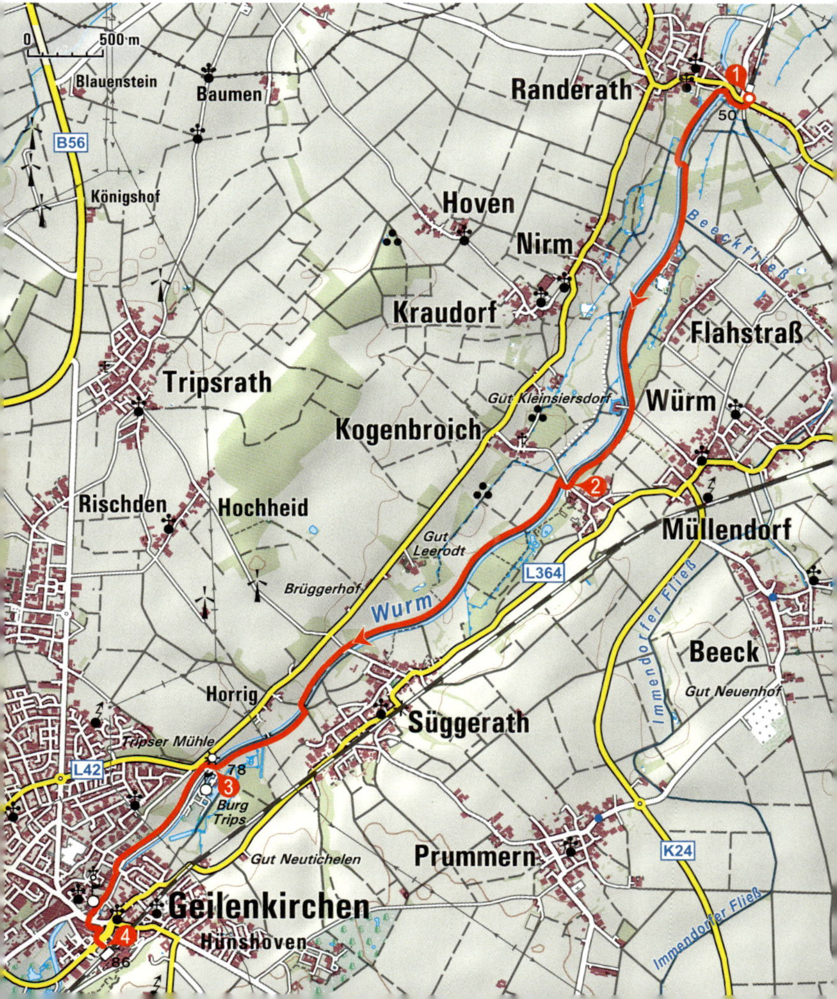
0
500 m
Blauenstein
Baumen
Randerath
50
B56
Königshof
Hoven
Nirm
Beeckfließ
Kraudorf
Flahstraß
Tripsrath
Gut Kleinsiersdorf
Würm
Kogenbroich
Rischden
Hochheid
Müllendorf
Gut Leerodt
L364
Brüggerhof
Wurm
Immendorfer Fließ
Beeck
Horrig
Gut Neuenhof
Süggerath
Tripser Mühle
L42
78
Burg Trips
Gut Neutichelen
Prummern
K24
Geilenkirchen
Hünshoven
86
Immendorfer Fließ

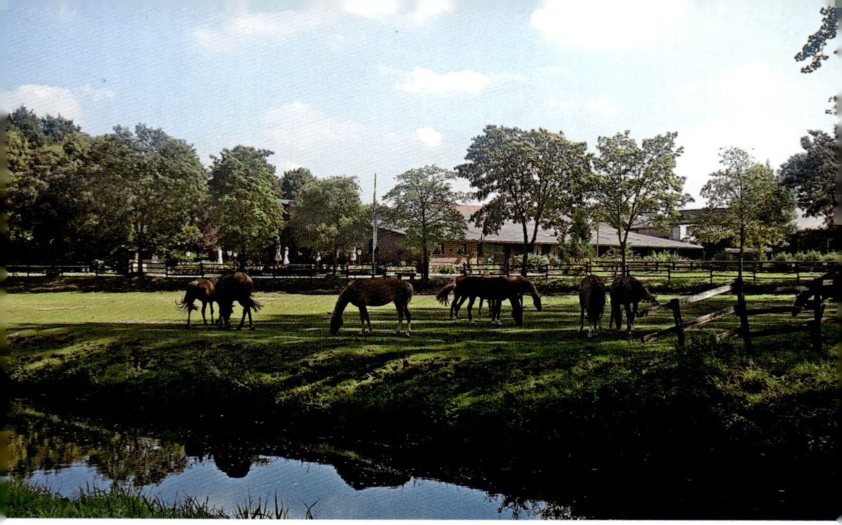

Oben: Reitstall und Freizeitanlage Müllendorf.
Unten: Die Wurm bei Süggerath.

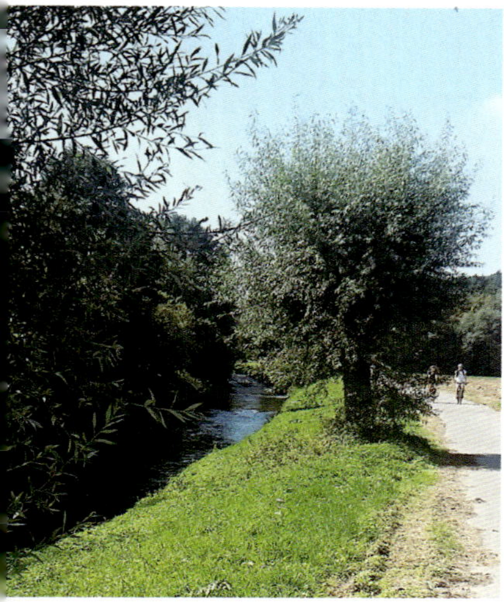

Wir gehen vom **Bahnhof Randerath (1)** rechts in die Heerstraße, über die Wurmbrücke und dann links, dem Hinweisschild folgend, ins Tal der **Wurm** (X). Über eine Brücke wechseln wir wieder auf die andere Seite des Flusses. Das Wechseln der Uferseite kommt in der Folge noch mehrmals vor, das nächste Mal über die **Wurmbrücke Müllendorf (2)** bei einer idyllisch gelegenen Freizeit- und Reitanlage.
Anschließend kommen wir zur **Burg Trips (3)**, einem Wasserschloss, das heute als Seniorenwohnheim dient (X). Dann erreichen wir die ersten Häuser von **Geilenkirchen**, nähern uns dem Stadtzentrum und folgen dabei den Hinweisen, bis wir durch die Bahnhofstraße am **Bahnhof Geilenkirchen (4)** ankommen. Von dort können wir mit der Regionalbahn wieder nach Randerath zurückfahren.

3.00 Std.

Durch die Rurauen nach Linnich

49

Von Jülich durchs Rurtal

Die ehemalige Kreisstadt Jülich besitzt einige sehenswerte Baudenkmäler wie die Zitadelle, den Brückenkopf oder den Hexenturm. Geografisch liegt Jülich sehr reizvoll im Rurtal, das gerade hier eine sehr schöne Auenlandschaft zu bieten hat.

Ausgangspunkt: Jülich, Parkplatz Stadionbrücke (Navi: Jülich / Aachener Straße 10). Anfahrt über A44, Ausfahrt Jülich-West, dann Richtung Jülich. An der Esso-Tankstelle links in die Ellbachstraße. Weiter links in die Aachener Straße und parken auf dem Parkplatz an der Rurbrücke. Regionalbahn 21 ab Bahnhof Jülich bis Jülich-Nord. Von dort hinter der Tankstelle rechts, durch Grünanlage und Zitadelle und dann rechts in die Aachener Straße (ca. 15 Min.).
Endpunkt: Linnich, Bahnhof. An der Regionalbahnstrecke Linnich – Düren gelegen, Rückfahrt mit Regionalbahn RB21 nach Jülich-Nord möglich. Rückweg von dort zum Parkplatz Stadionbrücke siehe Beschreibung bei Ausgangspunkt.
Höhenunterschied: 10 m Aufstieg, 30 m Abstieg.
Länge: 11,3 km.
Anforderungen: Bequeme Streckenwanderung, die nach Regen gelegentlich etwas sumpfig sein kann.
Einkehr: Unterwegs keine Möglichkeit. Pizzeria Nido, Rurstr. 31, Linnich, Tel. +49 2462 906384, www.pizzanido.de, Di.–So 11.30–14.30 u. 17–23 Uhr, Mo. Ruhetag; Alt Jülicher Stuben im Haus Heitzer, Linnicher Str. 21, Jülich (etwa 600 m nordöstlich von WP 2), Tel. +49 2461 2235. www.alt-juelicher-stuben.de, Di.–Sa. ab 17 Uhr, So./Mo. Ruhetag.
Karte: Kompass-Wanderkarte 1:50 000 Blatt 755 »Niederrhein-Süd«.

In **Jülich** verlassen wir den Parkplatz an der **Stadionbrücke (1)** und gehen rurabwärts, wobei wir links oder rechts der Rur bleiben können, da nach etwa einem Kilometer beide Wege über die hölzerne **Brücke am Freibad (2)** zusammenkommen. Ab hier geht es also nur links der Rur weiter (X). Wir gehen an einer Kläranlage vorbei und unterschreiten die Autobahn und die kurz darauf folgende Kreisstraße, der wir dann ein kurzes Stück nach links folgen, um auf den Radweg zu wechseln.

In den Rurauen bei Barmen.

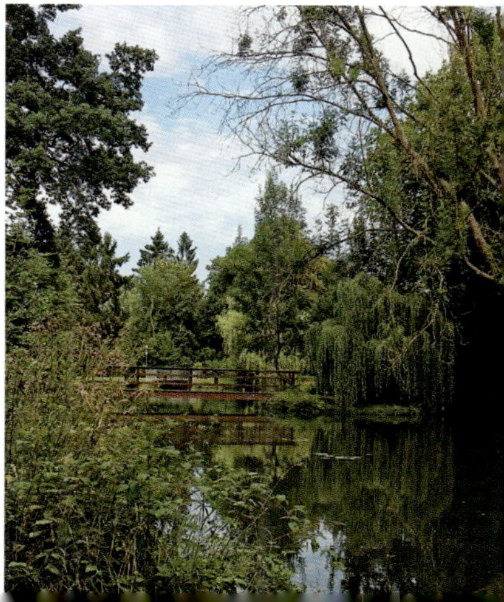

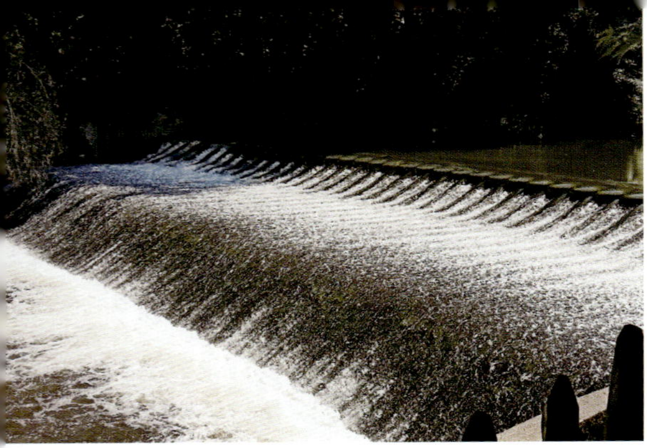

Das Rurdorfer Wehr.

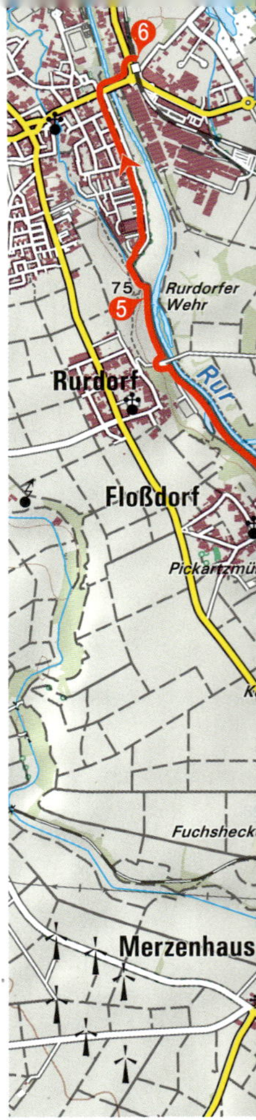

Wir bleiben auf dem Weg bis zur Rur und schwenken dann nach links am **Barmener See (3)** entlang bis zur nächsten Rechtsabbiegung nach **Barmen**. Nun durchqueren wir den Ort und folgen dabei X, auf dem wir an **Schloss Kellenberg (4)** vorbeigehen. In der Folge durchqueren wir eine überaus attraktive Auenlandschaft und erreichen eine sehr niedrige Brücke, die wir umgehen müssen, um weiter nach Linnich zu kommen.

Kurz vor Linnich kommen wir an das **Rurdorfer Wehr (5)**. Danach teilt sich unser Weg; wir nehmen den rechten (X) und gehen an einem umzäunten Gelände vorbei, bis wir an eine querende Straße gelangen. Ihr folgen wir rechts bis zum **Bahnhof Linnich (6)**.

Für den Rückweg nach Jülich können wir die Regionalbahn nehmen, die im Stundenrhythmus fährt und die günstiger ist als die Busverbindung, weil der Haltepunkt näher am Parkplatz liegt. Als Bahnhof bietet sich hier der Haltepunkt Jülich-Nord an (siehe Kurzinfo).

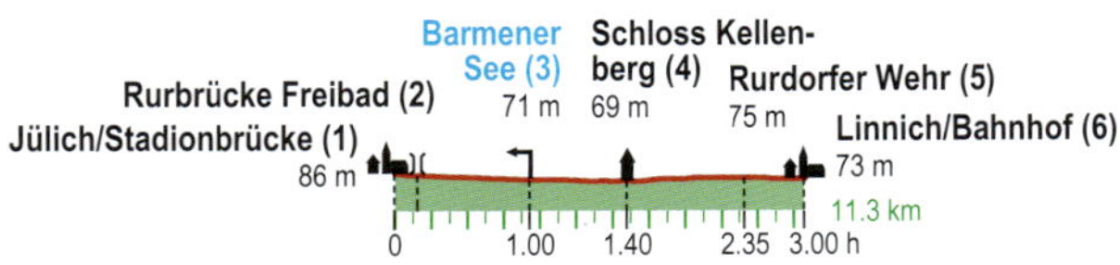

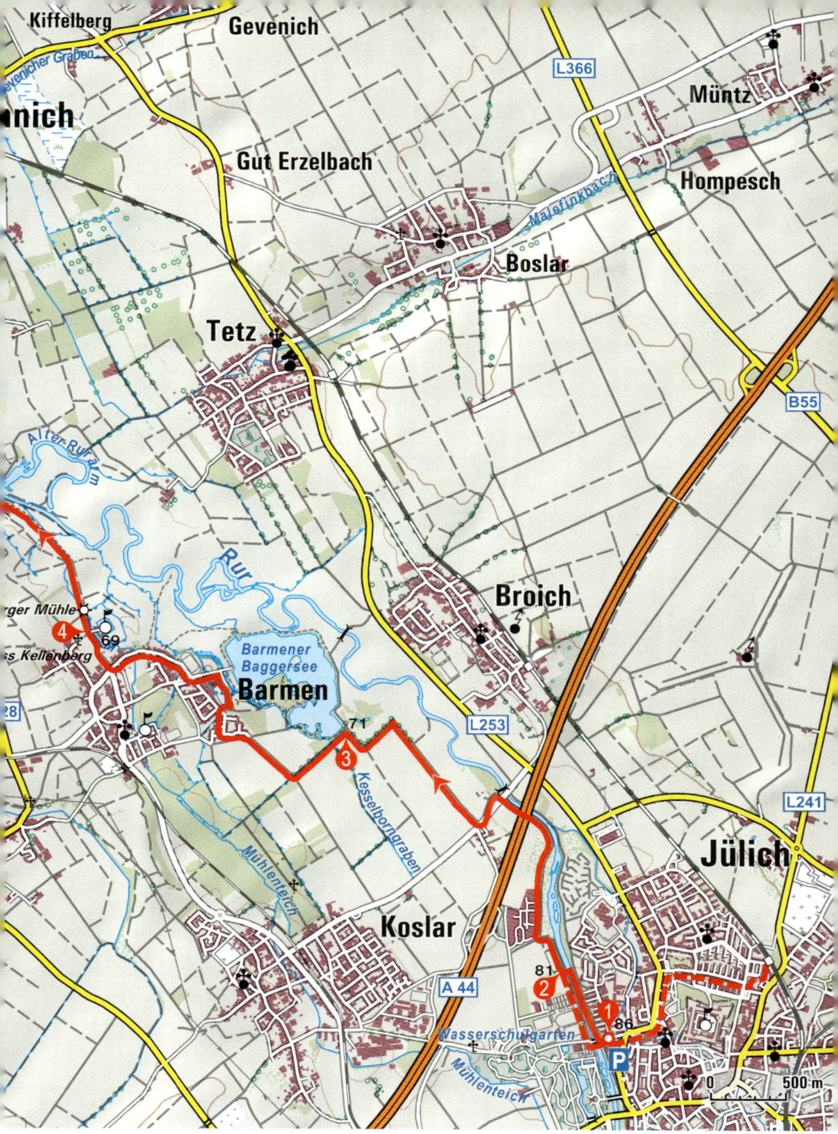
Kiffelberg
Gevenich
Gut Erzelbach
L366
Müntz
Hompesch
Malefinkbach
Boslar
Tetz
B55
Alter Ruraru
Rur
Broich
Barmener Baggersee
Barmen
4
69
71
3
L253
Kesselborngraben
L241
Jülich
Mühlenteich
Koslar
81
2
1
86
A 44
Wasserschulgarten
Mühlenteich
P
0
500 m

50 Von Schloss Wickrath zur Niersquelle

4.30 Std.

Durch das Tal der Niers zu ihrem Ursprung

Die Niers ist ein rechter Nebenfluss der Maas, der sich über 100 Kilometer vom Quellgebiet bei Erkelenz bis nach Gennep erstreckt. Als typischer Flachlandfluss hat er ein nur leichtes Gefälle von etwa 70 Metern von der Quelle bis zur Mündung und eine mäßige Fließgeschwindigkeit. Die Niers besaß im Gebiet des Erkelenzer Stadtteils Kuckum mehrere Quellflüsse, die heute alle, bedingt durch den Braunkohletagebau Garzweiler, versiegt sind. Um ein weiteres Absinken der Wasserführung zu verhindern, wird die Niers im Quellbereich über Rohrleitungen durch Sümpfungswasser aus dem Tagebau mit Wasser versorgt. In weiterer Zukunft (etwa 2080) schließlich soll die Niers durch Wasser aus dem dann durch den Tagebau entstandenen, mit Rheinwasser befüllten See gespeist werden. Der See selbst wird dann mit einer Tiefe von 185 Metern einer der größten Deutschlands sein.

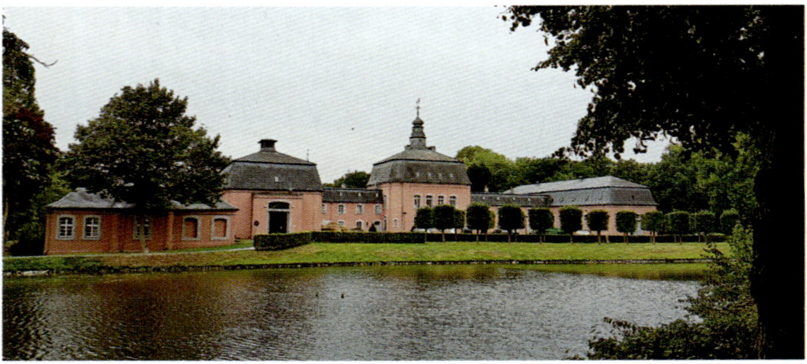

Die Wasserschlossanlage von Wickrath an der Niers.

Ausgangspunkt: Parkplatz am Schloss Wickrath (Navi: Mönchengladbach, Wickrath / Schloss). Anfahrt über A61, Ausfahrt Wickrath, an der Gabelung links Richtung Schloss. Bahnlinie RB33 ab Bhf. Mönchengladbach bis Bhf. Wickrath.
Höhenunterschied: 50 m.
Länge: 17,4 km.
Anforderungen: Bequeme Fluss-Rundwanderung ohne wesentliche Höhenunterschiede.
Einkehr: Rittergut Wildenrath, Tel. +49 2166 954954, www.rittergut-wildenrath.de, Restaurant Mi.–Sa. 17–23 Uhr, So./Fei. 11–23 Uhr, Golfbistro tgl. ab 8.30 Uhr; Café-Restaurant Schloss Wickrath, Tel. +49 2166 846063, www.wickrather-schloss.de, Mi.–So. 11–22 Uhr, Mo./Di. Ruhetag.
Karte: Wanderkarte 1:25 000 Blatt 67 »Naturpark Maas-Schwalm-Nette / Südostteil« (Hrsg. Zweckverband Naturpark Schwalm-Nette).

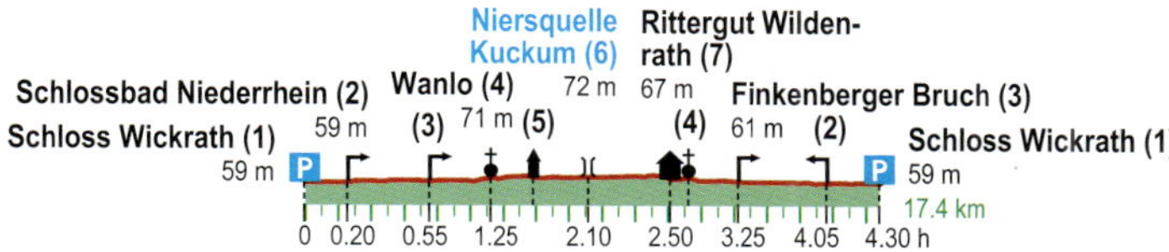

Wir starten vom Parkplatz am **Schloss Wickrath (1)** und folgen am Schlosspark links dem Weg am Flutgraben entlang bis zur Wickrathberger Straße. Ab hier können wir uns an der Wegmarkierung mit zwei querliegenden weißen Streifen orientieren. Im folgenden durchqueren wir nach Kreuzung der Wickrathberger Straße den Park, gehen rechts am **Schlossbad Niederrhein (2)** vorbei und erreichen, links an der Alten Niers entlang, **Wickrathberg**. Dort halten wir uns an der Niersstraße zuerst rechts und dann gleich wieder links und passieren so den **Finkenberger Bruch (3)**. Das Naturschutzgebiet ist durch den im Braunkohletagebau entstehenden Wasserentzug extrem betroffen, womit das Feuchtbiotop gefährdet ist. Durch Wasserzuführung über technische Anlagen in die Niers und ins Grundwasser wird versucht, dem Trockenfallen entgegenzuwirken. Eine weitere Stelle, an der der Niers künstlich Wasser zugeführt wird, befindet sich wenig später kurz vor der Autobahn in einem kleinen Wäldchen.

Hinter dem Bruch halten wir uns rechts und gleich wieder links in Richtung der A46, die wir nach

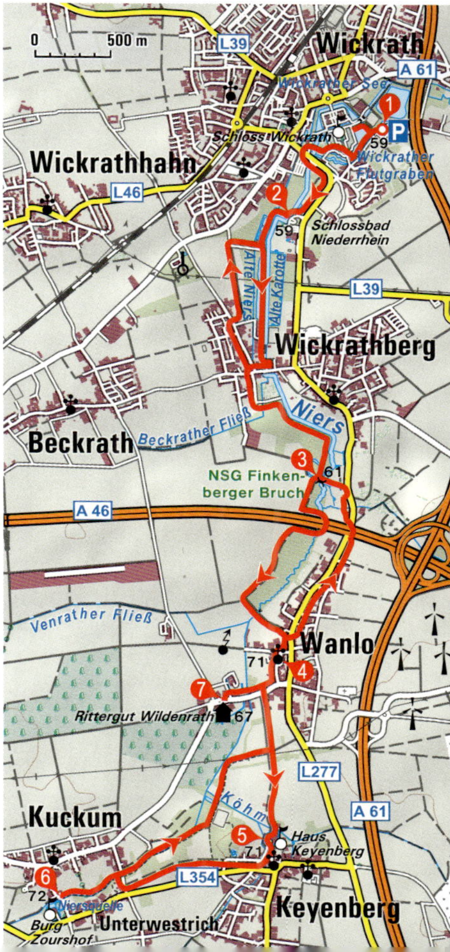

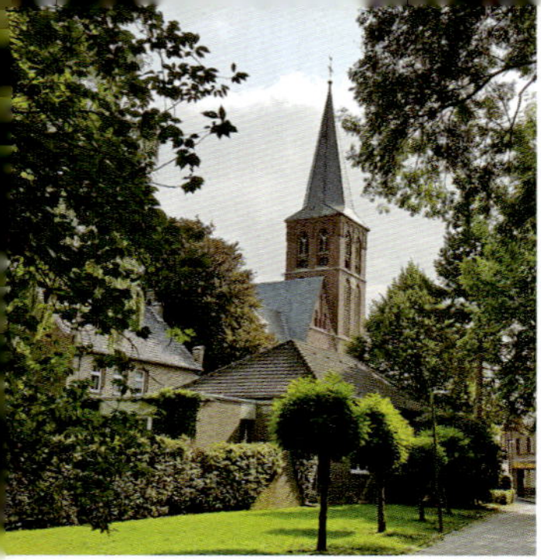

Der historische Ort Keyenberg muss bis 2027 dem Braunkohle-Tagebau weichen.

einem Linksknick unterqueren und nach der wir links weitergehen. Hier passieren wir ein auf der linken Seite liegendes Wäldchen und folgen an der Gabelung den auf dem Boden zu sehenden zwei querliegenden weißen Streifen nach links. Wir bleiben auf diesem Feldweg, biegen bei der nächsten Gelegenheit links ab und sehen **Wanlo** vor uns. Dort wechseln wir nach rechts in die Hauptstraße, dann wieder nach rechts in die Straße Schweinemarkt und schließlich nach links zur **Kirche (4)**, die wir umgehen, bis wir die Kuckumer Straße erreichen. Wir halten uns nun rechts und wechseln gleich wieder nach links in den Feldweg, der uns nach Keyenberg führt. Jetzt befinden wir uns in dem Gebiet, das für den Braunkohletagebau vorbereitet wird. In **Keyenberg** treffen wir am Ortsanfang auf die ehemalige **Wasserburg Haus Keyenberg (5)**. Vor Erreichen der L354 wechseln wir nun auf den parallel zur Straße verlaufenden Feldweg, der uns nach Kuckum führt. Am Ortsende von Keyenberg passieren wir dabei die Motte Keyenberg, die im Mittelalter eine befestigte fränkische Bauernsiedlung war.

Am Ortsrand von **Kuckum** halten wir uns zunächst rechts und nehmen vor der Brücke links den Weg, der entlang der Niers weiterführt, bis wir die **Niersquelle (6)** an der **Burg Zourshof** erreichen. Die Burg befindet sich in Privatbesitz und ist somit wie die Niersquelle leider nicht zugänglich.

Auf dem Rückweg folgen wir zunächst dem Verlauf der Niers durch den Wald, biegen dann links ab auf den breiteren Weg in Richtung Sportplatz. An diesem gehen wir links vorbei und erreichen nach einem Halbbogen nach rechts wieder die auf dem Hinweg gewählte Route. Am Ortsanfang machen wir dabei einen Abstecher nach links zum **Rittergut Wildenrath (7)**, wo es eine Einkehrmöglichkeit bietet. Dann gehen wir zurück bis zur Hauptstraße, halten uns links und durchqueren **Wanlo** in Richtung Autobahn.

Diese unterqueren wir wieder, biegen dahinter gleich links ab und folgen dem Feldweg bis zum **Finkenberger Bruch (3)**. In der Folge durchwandern wir wieder **Wickrathberg** und halten uns nun auf der linken Seite der Alten Niers. Dann biegen wir rechts ab zum **Schlossbad (2)** und erreichen, auf dem gleichen Weg gehend, wieder die **Schlossanlagen von Wickrath (1)**. Das barocke, im 18. Jahrhundert erbaute Wasserschloss mit sehenswerten Parkanlagen bietet zum Abschluss der Tour außer der Möglichkeit einer Außen- und Parkbesichtigung auch ein **Café-Restaurant** zur Einkehr.

Die von üppigem Grün gesäumte junge Niers bei Kuckum.

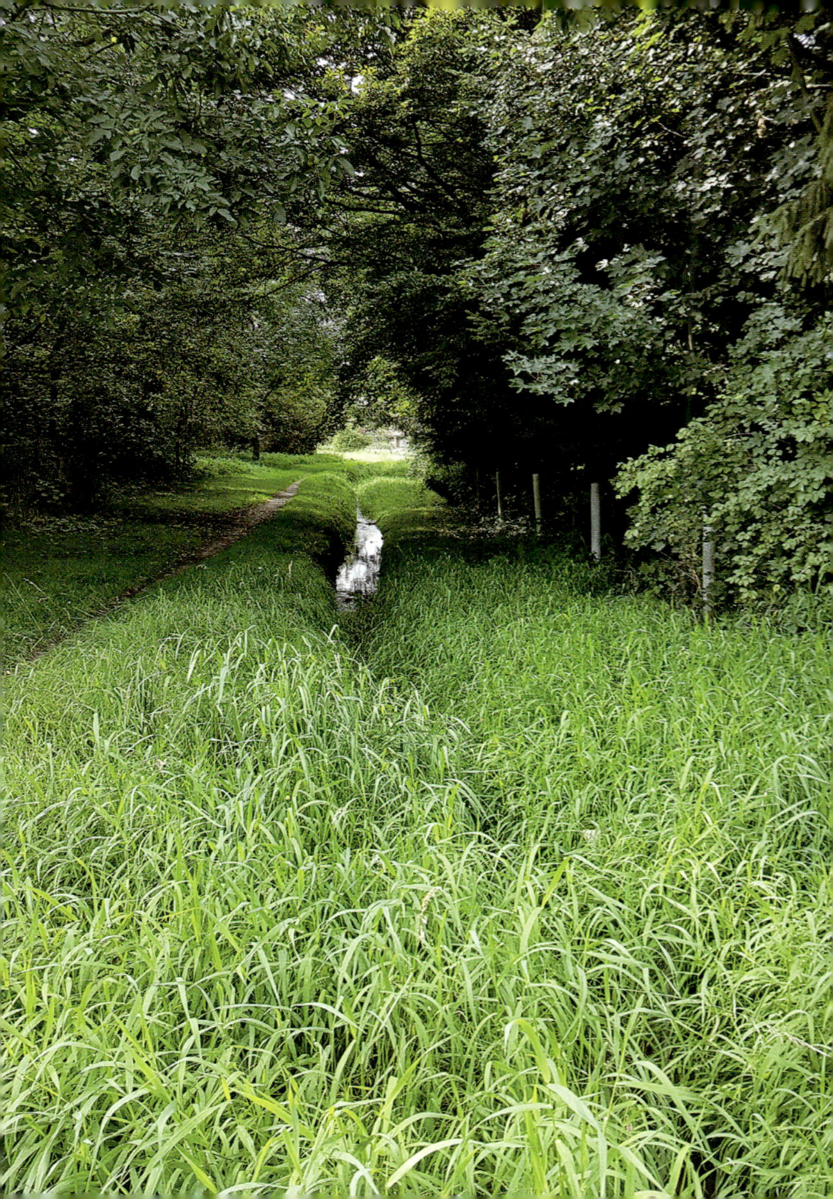

Stichwortverzeichnis

Umschlagbild: Die Steprather Mühle in Geldern-Walbeck (Tour 25).

Bild im Innentitel: Die Niers bei Kessel (Tour 10).

Alle 142 Fotos stammen vom Autor.

Kartografie:
Wanderkarten im Maßstab 1:50.000,
Geodaten © OpenStreetMap und Mitwirkende,
kartografisches Design: Freytag & Berndt Prag, www.freytagberndt.cz;
zwei Übersichtskarten im Maßstab 1:700.000 und 1:900.000
© Freytag & Berndt, Wien

Die Ausarbeitung aller in diesem Führer beschriebenen Wanderungen erfolgte nach bestem Wissen und Gewissen des Autors. Die Benutzung dieses Führers geschieht auf eigenes Risiko. Soweit gesetzlich zulässig, wird eine Haftung für etwaige Unfälle und Schäden jeder Art aus keinem Rechtsgrund übernommen.

3., aktualisierte Auflage 2021

ISBN 978-3-7633-4469-7

FSC www.fsc.org
MIX
Papier aus verantwortungsvollen Quellen
FSC® C021956

Wir freuen uns über jeden Korrekturhinweis zu diesem Wanderführer!
Bitte per E-Mail an: leserzuschrift@rother.de

ROTHER BERGVERLAG · München
D-82041 Oberhaching · Keltenring 17 · Tel. +49 89 608669-0 · www.rother.de